SIRO DARLAN

PERDOAI

ELES [ÀS VEZES] NÃO SABEM O QUE FAZEM

KOTTER
EDITORIAL

Coordenação editorial: Sálvio Nienkötter
Editor-executivo: João Lucas Dusi
Editor-assistente: Claudecir de Oliveira Rocha
Capa: Jussara Salazar
Design editorial: Carlos Garcia Fernandes
Produção: Cristiane Nienkötter
Preparação de originais e revisão: O Autor

Este livro foi composto a partir de entrevistas dos jornalistas: Andre Felipe De Lima e José Catlos Mattos

Dados Internacionais de Catalogação na Publicação (CIP)
Angelica Ilacqua CRB-8/7057

Darlan, Siro
Perdoai. Eles [às vezes] não sabem o que fazem / Siro Darlan. -- Curitiba: Kotter Editorial, 2024.
256 p.

ISBN 978-65-5361-363-8

1. Advogados – Biografia 2. Juízes – Biografia 3. Oliveira, Siro Darlan de - Biografia I. Título

CDD 923.4

24-4415

KOTTER EDITORIAL

Kotter Editorial Ltda.
Rua das Cerejeiras, 194
CEP: 82700-510 - Curitiba - PR
Tel. + 55(41) 3585-5161
www.kotter.com.br | contato@kotter.com.br

Feito o depósito legal
1ª Edição
2024

SIRO DARLAN

PERDOAI

ELES [ÀS VEZES] NÃO SABEM O QUE FAZEM

Perdoai

Sumário

I

Passado que desenha e constrói ou gente forte nordestina

"Uma educação pela pedra: por lições;
Para aprender da pedra, frequentá-la;
Captar sua voz inenfática, impessoal
(pela de dicção ela começa as aulas).
A lição de moral, sua resistência fria
Ao que flui e a fluir, a ser maleada;
A de poética, sua carnadura concreta;
A de economia, seu adensar-se compacta:
Lições da pedra (de fora para dentro,
Cartilha muda), para quem soletrá-la.
Outra educação pela pedra: no Sertão
(de dentro para fora, e pré-didática).
No Sertão a pedra não sabe lecionar,
E se lecionasse, não ensinaria nada;
Lá não se aprende a pedra: lá a pedra,
Uma pedra de nascença, entranha a alma."

João Cabral De Melo Neto, poema *"Educação pela pedra"*

A busca e apreensão se mostrara infrutífera, e último policial cruzava a porta de saída de nossa casa, deixando atrás de si um silêncio espesso, levemente entrecortado pelos passos sempre suaves de Heloisa, que vagava incrédula pela casa – uma casa agora profanada, revirada. De minha parte, de algum modo, era preciso acalmar a mente, já tão atormentada pelos acontecimentos que precederam aquela visita sinistra e malfazeja. Naquele instante, deixar-me levar por devaneios era um gesto quase involuntário, ainda que fugisse à minha natureza. Desde cedo, aprendi a não desperdiçar o tempo; fui forjado na disciplina da vida, no rigor do ensino religioso, no pulso firme do serviço militar, e nos prazos implacáveis da magistratura. O sono, os sonhos, sempre tiveram de ceder ao chamado do dever. Essa disciplina de uma vida inteira, contudo, desabou quando fui acusado de ter vendido uma sentença para favorecer um antigo cliente de meu filho.

Não pode haver acusação mais devastadora para um juiz. A carreira de mais de quarenta anos na magistratura estava ameaçada por uma alegação infundada e maliciosa, fruto de vingança – embora eu sequer saiba de quem ou do que se querem vingar. Desenvolvi minha trajetória profissional com dedicação ao Estatuto da Criança e do Adolescente, defendendo órfãos, crianças abandonadas, vítimas de violência doméstica e de maus-tratos nas ruas do Rio de Janeiro.

Minha carreira, sempre tão pautada por princípios éticos e morais, agora, ironicamente, via-se ameaçada de desmoronamento devido àquelas acusações injustas. Precisava de um momento de reflexão para tentar compreender como havia chegado a esse ponto, mas as respostas desapareciam como a fumaça desaparece no vento. Cada passo que havia dado na magistratura fora com o intuito de servir à justiça e proteger os mais vulneráveis, mas aquele episódio parecia fazer eclipsar todo meu esforço. A tensão causada por essa situação permanece e tem sido implacável, mas a batalha pela justiça e pela verdade ainda não terminou.

Talvez o reconhecimento que me trouxe tanto no Brasil quanto no exterior o meu cuidado com as crianças tenha incomodado aos meus inimigos. Elogios de personalidades como Betinho, de instituições de prestígio como as Nações Unidas, e, principalmente, o reconhecimento dos humildes a quem fiz justiça, a quem não virei as costas, preferindo não me ocultar atrás de códigos legais. Em vez disso, fui ao encontro dessas pessoas, demonstrando que poderiam receber um tratamento digno e afável dentro de uma Corte brasileira.

Minha trajetória profissional, esculpida com dedicação ao Estatuto da Criança e do Adolescente, sempre foi guiada pela defesa dos mais vulneráveis: órfãos, crianças abandonadas, vítimas de violência doméstica e dos maus-tratos que as ruas do Rio de Janeiro impõem. Agora, todo esse legado parecia estar à mercê de uma acusação que, como um terremoto, ameaçava devastar tudo o que construí com tanto zelo.

***

Minha história começa bem longe deste Rio de Janeiro, da cidade maravilhosa que eu aprenderia a conhecer pelo seu lado mais sombrio. Minha infância foi marcada pela pobreza, onde cada centavo era contado com cuidado. Como tantos outros brasileiros, encontrei em minha mãe meu único esteio, meu suporte inabalável.

Não exagero ao me apoiar em Euclides da Cunha para afirmar que minha mãe, Maria de Lourdes era, antes de tudo, uma mulher forte. Posso apenas imaginar o quanto ela sofreu e hesitou antes de tomar a corajosa decisão de pegar seus quatro filhos e sair de Cajazeiras, uma cidade incrustada no interior da Paraíba. Em pleno ano de 1950, abandonar seu casamento, família e amigos não foi uma escolha feita levianamente. Havia razões contundentes para essa decisão: seu marido era violento, alcoólatra e a maltratava, como só vim a saber muitos anos depois, através de testemunhos de pessoas que conviveram com eles.

Apesar desse ambiente de adversidade, ou talvez exatamente por causa dele, minha mãe enfrentou 18 partos, dos quais apenas quatro filhos sobreviveram. Os 14 que "não vingaram", como se dizia antigamente, provavelmente nasceram debilitados devido à sífilis contraída de seu marido. Uma de minhas irmãs nasceu cega e viveu apenas dois anos; os outros morreram ainda bebês. Mas, apesar de toda essa tragédia, Maria de Lourdes Rolim não se deixou abater. Ela se recusou a aceitar a vida miserável e abusiva que o casamento lhe impunha. Em um dia decisivo, resolveu pôr fim à existência sem esperança: reuniu seus quatro filhos e deixou para trás seu marido, sua família, suas amizades, os fantasmas de seus filhos mortos, e os dias de uma mulher submissa e abusada.

O Rio de Janeiro não foi nosso primeiro destino. Nossa jornada começou em João Pessoa, onde passamos alguns meses – eu, meus irmãos Francisco Rudimaci, Iatagan Anderson e Wtigard Gray. Naquela época, eu tinha apenas dois anos e não guardo memórias de nossa estadia na bela capital paraibana.

Por meus irmãos, sei que vivemos no bairro do Roger, perto do Parque Zoobotânico Arruda Câmara. Devem ter sido meses tensos, repletos de pedidos, conselhos, e talvez até tentativas de reconciliação. No entanto, a capital da Paraíba logo mostrou que não era a solução que minha mãe buscava. Talvez fosse próxima demais da Cajazeiras de onde ela fugira, tanto em distância quanto em lembranças. Assim, minha mãe decidiu que era hora de dar um novo passo, um passo mais ousado: embarcar em um navio e seguir rumo à Capital Federal, ao Rio de Janeiro.

Antes de nós, veio a tia Anita, provavelmente encarregada de garantir o mínimo necessário para que pudéssemos iniciar nossa vida na nova cidade, a então capital do país, onde a tia Judite já residia. A viagem transcorreu sem nenhum incidente memorável. O navio em que viajávamos não era um dos famosos "Itas" imortalizados na música de Luiz Gonzaga; era o Presidente Rodrigues Alves, uma embarcação do Lloyd Brasileiro que transportava tanto passageiros quanto carga. Acredito que tenhamos viajado na segunda ou terceira classe. Partimos de Recife, o principal porto do nordeste na época, e, ao chegarmos ao Rio de Janeiro, nos estabelecemos em Turiaçu, um bairro carioca na região de Rocha Miranda. Nos anos cinquenta, essa área ainda era predominantemente rural, e Anita havia alugado uma casa em um sítio, que se tornou nosso primeiro lar carioca.

Em Turiaçu, um bairro que faz fronteira com Rocha Miranda, Irajá, Vaz Lobo, Madureira e Osvaldo Cruz, ocorreu a primeira divisão do nosso grupo familiar. Viajamos com recursos escassos, e o espaço alugado no rancho não tinha acomodações suficientes para todos. A solução dolorosa foi nos separarmos. As contas, especialmente no fim do mês, pesaram mais do que a vontade de Maria de Lourdes e Anita manterem todos unidos. O planejamento financeiro das duas não resistiu ao alto custo de vida carioca, forçando então a separação do grupo. No rancho em Turiaçu, ficaram minha mãe, dois de meus irmãos e eu. Já no Méier, na casa da tia Judite, foi morar meu irmão mais novo, Iatagan, que mais tarde se tornaria o radialista esportivo Iata Anderson, um dos famosos *trepidantes* da inesquecível equipe comandada por Waldyr Amaral, uma figura icônica do rádio esportivo brasileiro.

No sítio em Turiaçu, minha vida era tranquila. Kátia, a filha do dono da terra, afeiçoou-se a mim e cuidava de mim com carinho. Minha rotina era simples e feliz: brincar, tomar banho de mangueira e fazer as travessuras típicas de uma criança que cresce no campo. Enquanto isso, minha mãe atendia seus primeiros clientes de costura e cuidava de mim e de meus irmãos. A mudança para o Rio de Janeiro representou uma queda significativa em sua posição social. Em Cajazeiras, apesar de todas as dificuldades, ela morava em sua própria casa e tinha um marido. Aqui, no Rio, era apenas mais uma imigrante nordestina, com quatro filhos para sustentar sozinha e o ofício de costureira como única fonte de renda para prover as necessidades de todos.

Orgulhosa, minha mãe não aceitava dinheiro da família; fazia questão de viver do que ganhava com seu trabalho. Cortando e costurando vestidos, fazendo bainhas, trocando zíperes, costurando casas para botões, bordando e ajustando as roupas que suas clientes lhe confiavam, ela sustentava a todos. Seus apoios mais próximos eram Anita, os tios Chico e José, e Isabel. Anita era sua irmã de fé e companheira de toda a vida. Os dois filhos mais velhos, Francisco e Wtigard, já frequentavam a escola e a ajudavam com pequenas tarefas.

Mamãe era uma mulher determinada, segura e calma. Apenas uma vez a vi descontrolada, em um incidente mais cômico que dramático. Um dos meus irmãos foi comprar pão e, distraído, trouxe para casa uma bisnaga velha e dura. Ao perceber a dureza do pão, minha mãe, em um exagero momentâneo, partiu para cima dele, tentando bater em sua cabeça com o pão como se fosse um porrete. Embora cômica, essa reação refletia o esforço incansável que ela fazia para ganhar dinheiro, não permitindo desatenções na hora de gastá-lo. Essa foi também a única vez que a vi tentar bater em alguém. No fundo, ela era uma mulher carinhosa, que não se cansava de expressar seu amor por nós com beijos, abraços e afagos.

Minha tia Anita, por sua vez, era mais reservada. Também costureira, passava longas horas diante da máquina de costura: olhos fixos na agulha, costas curvadas sobre os tecidos. O trabalho era monótono, repetitivo e exaustivo, mas as encomendas não cessavam, recompensando, ao menos em parte, o esforço contínuo. No entanto, o dinheiro que entrava não era suficiente para cobrir as despesas de uma casa tão cheia. Aquele modo de vida não dava margem para distrações; o trabalho começava ao alvorecer e só terminava quando o cansaço as rendia. Apesar de tudo, não se ouvia queixa. Eram mulheres fortes, determinadas a vencer as adversidades. Tampouco havia menção à saudade de Cajazeiras, da vida que haviam abandonado.

Permanecemos em Turiaçu por um ano e meio, e minhas lembranças guardam essa época como um período de vida simples e alegre. O sítio era um lugar aprazível, cheio de encantos que enfeitiçavam o coração de um menino. Contudo, ao revisitar esse tempo com a perspectiva que a maturidade me deu, percebo que o bucolismo que tanto me alegrava na infância não era capaz de abafar as incertezas, os temores e as dificuldades que Maria de Lourdes e Anita precisavam enfrentar.

Durante o tempo em que vivemos no rancho, as preocupações financeiras continuaram a atormentar minha mãe e minha tia Anita. Embora minhas lembranças apontem para uma vida fácil e feliz, com banhos no tanque que aliviavam o calor das tardes escaldantes, ao revisitar esses momentos, vejo com clareza que a realidade não podia ser tão simples.

Copacabana

De Turiaçu, mudamo-nos para Copacabana. Era imprescindível estar mais próximos da clientela abastada da cidade; Maria de Lourdes e Anita precisavam se aproximar de suas prováveis freguesas, acompanhando as mudanças urbanas do Rio, com Copacabana emergindo como o principal bairro da cidade. Fomos morar na Barata Ribeiro. Aliás, Barata Ribeiro 793, apartamento 801 – esse endereço ficou gravado para sempre em minha memória, graças ao meu tio José, casado com a tia Julieta, que, preocupado com minha segurança, me fez repeti-lo tantas vezes que ficou impresso a ferro e fogo em minha mente. Vivíamos os cinco em um apartamento de apenas um cômodo, com banheiro e uma pequena cozinha; coisa de 45 metros quadrados. Ali crescemos, estudamos, forjamos nossos laços familiares e ainda encontrávamos espaço para receber hóspedes da Paraíba, que por vezes se instalavam conosco por meses a fio.

Devo à minha tia Anita a minha alfabetização. Minha sala de aula era o chão ao lado da máquina de costura. Tia Anita não era uma professora afetuosa, dessas que as crianças hoje chamam carinhosamente de "tia". Ela era minha tia de verdade, mas não tinha tempo para se perder em carinhos e sorrisos. Eu me sentava ao pé da máquina, caderno no chão, rabiscando as primeiras letras, tentando decifrar as primeiras palavras. Tia Anita era implacável e não perdoava erros. Apesar de sua postura áspera e impaciente, nunca me bateu, o que era um alívio. Ela dizia que agia assim para o meu bem, mas no fundo, esse era mesmo seu temperamento. Além disso, é preciso considerar que aquela tarefa era um fardo a mais em meio à luta diária pela sobrevivência que nossa família enfrentava. De uma forma ou de outra, foi ela quem me proporcionou o conhecimento necessário para que eu entrasse no primeiro ano do grupo escolar – onde hoje funciona o Colégio Infante Don Henrique – já sabendo ler, escrever e fazer contas elementares, como os outros meninos.

Foi em Copacabana que me aproximei da Igreja Católica, um vínculo que surgiu de forma espontânea, sem que minha mãe ou meus irmãos me direcionassem a ela. Eu tinha cerca de cinco anos na época e, nas redondezas de casa, descobri a Igreja de São Paulo Apóstolo. Fiquei profundamente impressionado, fascinado até, pela beleza do edifício, pelas cerimônias e pelos rituais. Passei a frequentar a igreja com tanta assiduidade que logo chamei a atenção dos padres. Apreciava assistir às missas, encantava-me o rito e sentia uma paz especial ao estar naquele espaço sagrado.

A Igreja de São Paulo Apóstolo, fundada por iniciativa do Cardeal Leme – o mesmo que criou a PUC, construiu o Cristo Redentor e fundou o Instituto Dom Vital, que exerceu grande influência na política brasileira dos anos 40 e 50 – é um magnífico templo católico, projetado pelo arquiteto J.C. Montenegro, com pinturas de Salvador Pujol Sabaté. Eu me deslumbrava com a beleza da iconografia, com os altares do Sagrado Coração de Jesus e de Nossa Senhora Mãe da Divina Providência, adornados com ricos mosaicos italianos. O Padre Zelindo, que comandava a paróquia, dedicava especial atenção aos garotos que auxiliavam nas missas, os coroinhas, e eu me sentia especialmente atraído por esse universo.

Não, não vivi nenhuma epifania, não tive visões como os pastorinhos de Fátima, nem passei por qualquer experiência metafísica. Eu não era um garoto místico e, naquele primeiro momento, não fui tocado pela fé ou por algum fenômeno religioso. Minha aproximação foi espontânea, movida pela beleza da cerimônia da missa, pela liturgia que encantava os olhos de um menino pobre, que entrou no templo, talvez inconscientemente, em busca de abrigo.

Fascinava-me a indumentária do padre – envolto em batina adornada com fios dourados, a estola, a casula, e o báculo majestático que realçava a solenidade de sua presença. Eu aspirava o incenso e me deixava inebriar pelo aroma intenso. Adorava assistir às missas, encantava-me o rito, e sentia um prazer especial em estar na Igreja de São Paulo Apóstolo, tão próxima de minha casa. Foi o esplendor da Igreja Católica que, a princípio, me cativou; só mais tarde viria a conhecer a palavra de Cristo, o drama da Paixão, e o poder espiritual da caridade, da bondade e do perdão.

Naquela época, Copacabana ainda era um lugar tranquilo, onde as crianças podiam brincar na rua e andar sozinhas pelos arredores de suas casas. Aprendi a caminhar até a igreja, descobri os horários das missas e passei a frequentá-las, encantado pelos ritos, pelos movimentos dos sacerdotes e dos acólitos. Acabei me aproximando do irmão Francisco, o coordenador do grupo de coroinhas. A essa altura, já havia assistido a tantas missas que sabia de cor várias orações, que à época ainda eram recitadas em latim. O irmão Francisco ficou impressionado com a minha facilidade em acompanhar a missa em latim e me deu a oportunidade de ser um dos coroinhas. Felicidade!

Eu não entendia a missa em latim. Repetia o que ouvia, sem compreender o significado das palavras, guiando-me apenas pelo som da língua. E o irmão Francisco sabia disso. O que realmente o impressionou foi a minha habilidade em imitar o latim, e isso bastava para que eu me tornasse coroinha e começasse a participar daquele fascinante espetáculo religioso. Para completar a alegria, ao final da missa, o coroinha ganhava uma Coca-Cola e um pão de mel – um lanche simples que me enchia de felicidade. Naquele tempo, eu ainda não fazia ideia do quanto essa proximidade com os padres Barnabitas moldaria meu futuro.

Ali começava uma relação fundamental para a minha formação humana e cultural, que mais tarde me abriria as portas para o curso de Direito e, eventualmente, para a magistratura. Foi naquele ambiente, com os irmãos Barnabitas, que aprendi a crer em Deus, a obedecer e a estudar com disciplina. Devo a eles a base sólida que, anos depois, me permitiu tornar-me advogado e construir uma carreira no judiciário.

Minha vida, contudo, não se resumia apenas à Igreja. Graças à alfabetização que recebi da tia Anita, pude ingressar na escola pública Marechal Trompowsky, que hoje é o Ginásio Estadual Infante Dom Henrique. Era uma escolinha modesta, onde concluí os dois primeiros anos do Primário, dando os primeiros passos na minha jornada educacional.

Padrinho Salviano

Vale aqui falar um pouco mais sobre minha mãe, uma mulher moderna para sua época. Ela teve a coragem de desafiar a rígida moral nordestina, aquela famosa e opressiva ética que aprisionava tantas mulheres em vidas infelizes. Além disso, minha mãe tinha uma forte atuação política. Extremamente afável e muito querida, ela usava essas qualidades para apoiar os políticos que admirava, sendo uma juscelinista convicta. Seu envolvimento com a política era tão intenso que meu padrinho de batismo, e posteriormente de crisma, foi o Senador Salviano Leite Rolim, que, como o sobrenome revela, era nosso parente.

Em casa, contudo, a vida de minha mãe e de minha tia Anita continuava difícil, e o que conseguiam ganhar com a costura não era suficiente para cobrir as despesas do mês. A incapacidade de manter as contas em dia acabou enfraquecendo o ânimo das duas, levando-as a recorrer ao meu padrinho, Dr. Salviano Leite Rolim, suplente de Senador pela Paraíba. Ele era muito próximo de ambas – minha mãe e Anita. Quando minha tia veio ao Rio para preparar nossa chegada, foi na casa dele que ela se hospedou e começou a costurar para clientes. Portanto, era natural que recorressem a ele em um momento de necessidade.

O Senador ouviu atentamente a história de minha mãe e a recomendou a um deputado chamado Furtado, de quem tenho poucas lembranças, mas que atendeu ao pedido do Senador. O importante é que o deputado conseguiu ajudar nossa família de duas maneiras. Minha mãe e minha tia foram empregadas nos Correios, trabalhando na agência do Leblon. Quanto a mim e ao meu irmão Wtigard, a solução foi mais dura: fomos matriculados no internato público Colégio Padre Antônio Vieira, onde passamos um ano.

Violência no colégio e surgimento do advogado

O colégio ficava em Jacarepaguá, na Estrada do Rio Grande, e era administrado pelo Serviço de Assistência ao Menor (SAM). Não era uma instituição correcional ou voltada para meninos com problemas, mas sim um colégio público comum, destinado a educar e formar crianças de famílias com poucos recursos. Lá, eu e Wtigard recebemos uma educação razoável, com bons professores, alimentação digna e um alojamento aceitável – embora, até hoje, eu ainda me lembre do cheiro desagradável do quarto.

No internato, meu irmão e eu aprendemos as durezas da vida longe da família, especialmente da nossa mãe. Foi um período de aprendizado não apenas acadêmico, mas também emocional, em que enfrentamos o desafio de crescer distantes do aconchego familiar. Para sobreviver, tivemos que amadurecer e endurecer nosso caráter.

Como em todo internato, havia um "vilão", e o nosso era o Ferreira, um inspetor que encarnava o estereótipo de crueldade tantas vezes retratado na literatura. Ele maltratava os meninos sem piedade, consciente de que a maioria tinha pouco ou nenhum contato com suas famílias. Sozinhas e amedrontadas, as crianças não ousavam reportar à direção os abusos que sofriam. Eu assistia a tudo com tremenda revolta, mas sem saber como agir. Comigo e com meu irmão, ele era mais comedido, provavelmente porque nossa mãe nos visitava todos os fins de semana. Isso me deixava desconcertado, sem coragem de denunciá-lo. Afinal, ele nunca tinha feito nada diretamente contra mim ou meu irmão.

Ferreirinha escolhia suas vítimas entre os meninos mais solitários, aqueles que não tinham ninguém por si.

Como todo homem com alma de torturador, Ferreira foi aumentando gradualmente seus abusos. Em mim, crescia a necessidade de tomar uma atitude em defesa dos colegas maltratados no colégio. A gota d'água veio no dia em que testemunhei Ferreirinha bater repetidamente, sem um pingo de compaixão, nas palmas das mãos de Helinho, um menino já atormentado por um pequeno defeito físico. Helinho era macambúzio, jururu, pouco sorria e vivia infeliz. Deslocava-se lentamente e em silêncio entre as salas de aula e o dormitório.

Ferreirinha, com suas mãos enormes e calosas, dispensava palmatórias. A pele áspera de suas mãos e a dureza de seus dedos substituíam qualquer madeira ou couro. Eu não sabia o que Helinho havia feito para merecer tamanho castigo, mas já era suficientemente consciente para entender que nada justificaria a série interminável de palmadas que se abatiam sobre suas mãos infantis, com estalos que ecoavam pelo quarto, mais altos até que os soluços desesperados de Helinho.

A surra aconteceu após o jantar, e nós, deitados em nossas camas, encolhidos, ouvimos em silêncio o sofrimento do nosso colega. Quando Helinho finalmente entrou no quarto, ainda chorando, deitou-se em sua cama e continuou a chorar por horas, até que o cansaço o fez adormecer. Nenhum de nós se moveu, nenhum de nós lhe dirigiu a palavra. O medo e a impotência nos paralisavam, deixando-nos silenciosos e cúmplices involuntários daquele abuso cruel.

Quase não consegui dormir naquela noite, e quando o dia amanheceu, minha decisão já estava tomada. Sem sequer consultar Witigard para pedir conselho, fui direto procurar o Dr. Messias, o diretor com quem minha mãe costumava falar quando nos visitava. Não me lembro exatamente como, mas consegui entrar na sala dele e, de maneira atabalhoada, como só um menino poderia, contei o que havia acontecido na noite anterior. Messias me olhava com um misto de descrença e surpresa, como se eu estivesse inventando uma história. Insisti para que ele chamasse Helinho imediatamente à sua sala e visse com seus próprios olhos as mãos machucadas do menino.

Talvez pela minha insistência ou pelo tom descontrolado da minha voz, ele decidiu chamar Helinho. Quando o garoto chegou, pude ver o medo estampado em seu rosto, os olhos baixos, evitantes. Mais tarde, durante minha vida como juiz da infância, eu veria essa mesma expressão nos rostos de inúmeros menores internados em instituições correcionais – um medo silencioso e profundo.

O professor Messias pediu que Helinho estendesse os braços e mostrasse as mãos com as palmas viradas para cima. Helinho obedeceu, mas sem convicção, como se ainda temesse ser punido mais uma vez. A visão de suas mãos inchadas, cobertas de bolhas e arroxeadas, quase transformadas em um único hematoma, era impossível de ignorar. O professor Messias percebeu que, desta vez, não havia como tergiversar. Ordenou que Helinho fosse levado à enfermaria da escola, mandou-me de volta à sala de aula, mas, ao sair, escutei o grito descomunal de chamamento: "Ferreirinha!!!"

Naquele momento, entendi que algo finalmente seria feito.

Daquele dia em diante, Ferreirinha passou a me chamar de Paraibinha e a me vigiar de perto. Mesmo assim, não teve coragem de fazer nada diretamente contra mim, e parou de agredir fisicamente os outros meninos. As humilhações verbais e os xingamentos continuaram, mas os tapas, cascudos e demais abusos físicos cessaram. Olhando para trás, com a perspectiva que tenho hoje, vejo claramente que foi ali que nasceu o Juiz Siro Darlan da Vara da Infância e da Juventude. Foi naquele momento que se firmou em meu caráter o repúdio absoluto ao maltrato de pessoas sob a tutela do Estado ou de qualquer outra instituição.

Ferreirinha, com sua covardia, era a personificação da crueldade silenciosa que permeia grande parte da nossa sociedade – essa mesma sociedade que se cala diante das prisões imundas onde o Brasil deposita cidadãos, alguns criminosos, outros simplesmente desesperados. Lugares onde esvai-se toda a autoestima, todo o caráter, e de onde se sai moralmente ferido de morte. Aquela experiência foi um ponto de virada para mim, um despertar para a necessidade urgente de lutar contra a injustiça e a opressão, especialmente em defesa daqueles que não têm voz para se proteger.

Esse episódio exerceu uma influência enorme sobre mim, levando-me a valorizar profundamente a liberdade. Até hoje, na minha profissão, prezo acima de tudo a liberdade das pessoas. Sou um juiz garantista, alguém que prefere optar pela liberdade em vez de pela privação dela, aplicando a pena de prisão apenas como último recurso. Esse princípio foi fundamental na minha decisão de atuar na Vara da Infância e da Juventude.

A experiência que vivi na infância, aquela sensação de isolamento e solidão – embora eu não possa afirmar que estava em estado de abandono, já que minha mãe nunca me abandonou e tanto ela quanto minha tia sempre estiveram presentes na minha vida, mesmo durante aquele período de isolamento – despertou em mim uma sensibilidade especial para com aqueles que realmente se encontram nessa situação de exclusão social e familiar. Essa sensibilidade me levou a escolher a carreira que escolhi.

Comecei na Segunda Vara, que trata dos casos de menores infratores, onde permaneci por quatro anos. Depois, segui para a Vara Civil, onde passei a lidar com questões de adoções, guardas e tutelas. Essa trajetória foi moldada pela convicção de que todos, especialmente os jovens, merecem uma chance de recuperação e inclusão, e que a liberdade deve ser preservada sempre que possível.

A melhor lembrança que guardo do colégio Antônio Vieira (esse era o nome da instituição) são as visitas de minha mãe aos domingos. Ela saía da zona sul do Rio de Janeiro, enfrentando um trajeto de duas horas e várias baldeações, apenas para nos ver. Muitas vezes, trazia minha tia Anita ou outras amigas para tornar a viagem mais agradável e animar ainda mais a visita. Sempre vinha com um presentinho e algumas guloseimas que eu e Wtigard adorávamos. Os domingos eram momentos de alívio e conforto; passeávamos juntos pelo colégio, e a presença da minha mãe me dava forças para enfrentar a semana seguinte. Nem todos os meus colegas tinham esse carinho de suas famílias. Muitos passavam os domingos perdidos, sem afeto ou atenção.

Leblon

Os novos empregos de minha mãe e de Anita na agência dos Correios, no Leblon, levaram-nas a deixar Copacabana e buscar um apartamento mais próximo do trabalho. Passamos a residir na Avenida Ataulfo de Paiva, em um apartamento igualmente pequeno – um único cômodo para todos nós, com um banheiro e uma pequena cozinha, somando uma área total de 45 metros quadrados.

Esse novo apartamento, localizado em uma das principais avenidas do Rio de Janeiro, nos apresentou de forma mais intensa à vida na então capital federal. A boa notícia foi que meu irmão Iatagan, que vivia com a tia Judite, veio morar conosco. Agora éramos seis, com a tia Anita completando o grupo familiar. Foi ali que realmente forjamos nossa identidade como uma família carioca.

E, como se não bastasse a quantidade de gente no pequeno apartamento, ainda havia os hóspedes eventuais que, como em Copacabana, vinham da Paraíba. Eram parentes de minha mãe, amigas de Cajazeiras que vinham ao Rio para conhecer a cidade maravilhosa ou resolver algum problema na capital, e se hospedavam em nosso apartamento. Quem conhece os costumes das antigas famílias nordestinas sabe que era tradição se hospedar na casa de parentes durante viagens. Optar por um hotel poderia ser visto como uma ofensa e até arruinar uma amizade.

Quando esses amigos chegavam, de alguma forma, além de nós, mais três ou quatro pessoas se acomodavam naquele minúsculo apartamento. Para mim, tudo era festa e parecia natural.

Revelando o maior mistério de minha vida

Eu não me conformava em não conhecer meu pai, o Raimundo, o "Mundoca", de quem só sabia o que meus irmãos me contavam. Eu havia sido poupado dos detalhes sobre a vida de nossa família antes de chegarmos ao Rio. Minha mãe não era de falar sobre o passado, e não gostava que meus irmãos mencionassem nossa vida em Cajazeiras. Não chegava a ser um assunto proibido, mas claramente não era bem recebido, e por respeito a ela, meus irmãos permaneciam em silêncio. Tia Anita compartilhava dessa reserva e, solidária à irmã, nada mencionava. Assim, por muito tempo, vivi como se tivesse nascido no Rio.

No entanto, a natureza humana não é tão simples. À medida que fui amadurecendo, as dúvidas começaram a surgir na minha cabeça infantil. Por que não morávamos na cidade onde eu havia nascido? Por que viemos para o Rio de Janeiro? Onde estavam meus primos? E, principalmente, onde estava meu pai? Essas perguntas começaram a se avolumar dentro de mim, alimentadas pelo silêncio que envolvia o passado de minha família.

Nas escolas, nas lojas, nos passeios, eu observava as outras crianças acompanhadas de seus pais e me perguntava onde estaria o meu. Por que ele não era assunto? Por que meus irmãos tampouco falavam sobre ele? Eu supunha que ele estava vivo, pois ninguém nunca me dissera órfão. Nunca houve menção de como ele teria falecido, nem se falava sobre o dia de seu passamento. Mas meu pai permanecia um mistério – o maior mistério da minha vida.

A curiosidade tomou conta de mim de forma definitiva, e eu não dava sossego à dona Maria de Lourdes. Tanto insisti que, por fim, ela cedeu à minha vontade. Mas, como tudo em nossa vida naquela época, a viagem pela qual eu tanto ansiava não foi simples, nem convencional.

Na penúria em que vivíamos, mal conseguíamos manter a casa, e uma viagem ao Nordeste era uma excentricidade quase impossível de ser financiada. Até mesmo uma simples passagem de ônibus precisava ser equilibrada com as necessidades do dia a dia – uma ida ao supermercado, a compra de um remédio, ou qualquer outra despesa. Além disso, ela teria que ir comigo, o que dobrava o custo da viagem. Depois de muito fazer contas e avaliar as possibilidades, a solução encontrada foi, no mínimo, original.

Sem dinheiro para comprar duas passagens de ida e volta do Rio até Cajazeiras, minha mãe encontrou uma solução inusitada: comprou uma passagem apenas para ela e me arranjou uma carona em um caminhão de carga que seguia para Crato, no Ceará. O motorista, recomendado por uma grande amiga dela, provavelmente recebeu algo em troca pela viagem, mas esses detalhes me escaparam na época.

Lembro-me que, em um dia 24 de dezembro, minha mãe e eu fomos até Nova Iguaçu, onde ela me apresentou ao motorista e me deixou sob seus cuidados para que ele me levasse até Crato. De lá, eu seguiria sozinho de ônibus até Cajazeiras. Aquele momento foi marcante, misturando a ansiedade da aventura com a sensação de um passo rumo ao desconhecido.

Minha mãe se despediu de mim com um semblante sereno, sem lágrimas no rosto. Ela me transmitiu confiança para a viagem, pediu que eu obedecesse ao Saulo, e me entregou um envelope onde estavam escritos meu nome, nosso endereço no Rio, um endereço em Cajazeiras com o nome de algumas pessoas, e um dinheiro que eu deveria guardar e não gastar durante a viagem enquanto estivesse com o Saulo. Ele tinha dinheiro suficiente para cobrir minhas despesas.

A história tomou ares de filme quando a data de partida foi marcada para 24 de dezembro. Aquela viagem era, de fato, o maior presente de Natal que eu já desejara e recebera.

Saímos de madrugada. A BR-116 havia sido recém-inaugurada, e a jornada de mais de dois mil quilômetros, atravessando vários estados, me ensinou a dimensão do Brasil. O motorista, um carioca experiente, conhecia a estrada de cor. O caminhão, um FNM, o famoso "Fenemê", era um símbolo da modernidade do país, já sob o governo Juscelino. Aquele caminho longo e solitário era ao mesmo tempo uma aventura e uma descoberta, um marco na minha vida que eu jamais esqueceria.

A viagem ficou na minha memória como um filme interminável, com as paisagens se sucedendo pela janela como se fossem cenas projetadas em uma tela de cinema. O trecho Rio-Bahia da BR-4, atual BR-116, ainda estava em processo de asfaltamento. Trechos bem pavimentados alternavam-se com outros de terra, esburacados e, dependendo do clima, cheios de poças. Saulo guiava animado, embora esbravejasse contra os buracos. Com ele, aprendi os poucos palavrões que ainda faltavam no meu vocabulário.

Saulo não tinha muito assunto comigo, mas sempre respondia às minhas perguntas e cuidava para que eu me alimentasse nas paradas. Aquele longo trajeto era uma mistura de aventura e descoberta, e o motorista, apesar de sua rispidez ocasional, me proporcionava uma espécie de segurança que eu nunca havia experimentado fora do ambiente familiar.

Era a primeira vez que eu viajava em um caminhão, e minha curiosidade se dividia entre a paisagem que desfilava pelo para-brisa e pela janela, e o modo como Saulo dirigia. A direção era trabalhosa, especialmente na hora de trocar as marchas. Para isso, Saulo precisava apertar duas vezes a embreagem e manobrar duas alavancas de câmbio ao mesmo tempo. A alavanca principal estava fixada no piso da cabine, enquanto a outra, para as marchas reduzidas, ficava no painel, ao lado do volante.

Várias vezes, Saulo precisava tirar as mãos do volante para mover as duas alavancas simultaneamente. Em alguns momentos, fazia uma verdadeira acrobacia, segurando a alavanca do painel com a mão direita enquanto usava o cotovelo para empurrar a outra alavanca do câmbio. Quando errava a sincronia dos movimentos, a marcha não entrava ou passava arranhando, produzindo um barulho ensurdecedor. Esse barulhão era sempre acompanhado de sonoros palavrões, que me faziam dar boas gargalhadas. Saulo parecia gostar das minhas risadas, e tenho a impressão de que, às vezes, ele fazia essas barbeiragens de propósito só para me ouvir rir.

Não senti medo. Eu e o chofer rapidamente estabelecemos uma camaradagem, e fiz a viagem de forma descontraída e feliz. Vista de hoje, essa viagem parece perigosíssima – eu e minha mãe ficamos separados por vários dias, sem qualquer possibilidade de contato. O Brasil, naquela época, ainda era em grande parte uma vasta extensão rural, uma sucessão de campos intermináveis. Os pernoites eram em pensões baratas à beira da estrada, e não é difícil imaginar os riscos que cercavam um menino desacompanhado de seus pais.

Chegamos a Crato em um dia de feira. A cidade já fervilhava nas primeiras horas da manhã, e fiquei fascinado com o movimento das pessoas, a azáfama do povo espremido entre as barracas, comprando de tudo: roupas, carnes, verduras, animais, sapatos, panelas, e qualquer outra coisa de que precisassem ou desejassem. Aquele caos organizado, cheio de vida e cores, era uma nova experiência para mim, ampliando ainda mais a sensação de aventura que essa viagem representava.

O motorista me levou até a rodoviária e comprou minha passagem para Cajazeiras. O ônibus só partiria à tarde, então ele se despediu de mim e foi cuidar de sua vida. Antes de ir, recomendou que eu não me juntasse a ninguém, desse uma voltinha pela feira, e depois fosse para a estação rodoviária aguardar o embarque.

Assim, fiquei com minha malinha, um pouco de dinheiro e a passagem, a passear pela feira até a hora do ônibus. Não demorou muito para a fome aparecer, e me fartei com as frutas nordestinas. Doces e suculentas, pareciam uma maravilha, e comi até me cansar. Aquele momento, de independência e descoberta, marcou profundamente a minha memória, um reflexo da liberdade e da aventura que essa jornada havia se tornado.

O cardápio da feira era muito diferente do que eu estava acostumado a comer em casa. Havia guisado de bode, paçoca de carne seca, buchada de bode, sarapatel preparado com rins, fígado, coração, língua e bucho de porco, como me explicou o vendedor. Tudo parecia delicioso. Os feirantes achavam graça naquele menino "estrangeiro" e curioso, fazendo perguntas e se interessando pelas comidas típicas. Com isso, eu comprava um e ganhava dois, e muitas vezes recebia amostras generosas mesmo sem precisar comprar.

No entanto, paguei caro por tanta gostosura durante a viagem. Foram os piores quilômetros de toda a minha vida. Perdi qualquer timidez de menino e pedi inúmeras vezes para o ônibus parar, para que eu pudesse me aliviar na estrada. Mesmo assim, acabei sujo e fedido, a ponto de os outros passageiros quererem me deixar pelo caminho. Acho que foi somente a minha pouca idade que me salvou de ser abandonado ali. Cheguei a Cajazeiras em um estado lastimável, mas, graças a Deus, lá estava minha mãe me esperando. Um bom banho foi suficiente para afastar a lembrança daquela terrível viagem e o mau cheiro que me acompanhava.

Agora restava encontrar meu pai. Restava resolver esse mistério, ver seu rosto, olhar em seus olhos e finalmente sentir o carinho, o afeto de um pai. Eu mal conseguia conter a ansiedade quando minha mãe me mandou me arrumar para sairmos em busca dele.

O dia era ensolarado e quente. Embora não houvesse o movimento intenso da feira de Crato, as ruas de Cajazeiras estavam cheias de gente. Quando chegamos à praça, minha mãe caminhou em direção a um banco sombreado por uma árvore, mas seus passos eram lentos, sem entusiasmo. Ali, sentado no banco, estava um homem velho. Essa foi a primeira impressão que tive: um velho.

Ele se vestia como um típico nordestino, com uma camisa de manga curta, calças folgadas e sandálias de couro nos pés. A cena que se seguiu foi estranhamente distante. Minha mãe e ele não se afagaram, não houve um abraço saudoso ou qualquer troca sentimental de olhares. Era como se fossem estranhos que, por algum motivo, precisavam trocar algumas palavras sem grande importância.

A conversa entre eles foi tão breve que não me lembro de nenhuma palavra específica. Assim, fiquei ali, sentado ao lado dele no banco, tentando compreender o que aquilo significava. Havia uma estranheza no ar, um silêncio que parecia carregar muito mais do que as poucas palavras trocadas. Naquele momento, a imagem que guardei do homem diante de mim não foi a do pai que tanto imaginei, mas a de um estranho, uma figura que não correspondia às expectativas que eu tinha alimentado.

Esse episódio marcou a primeira grande decepção da minha vida. Meu pai mostrou-se distante, desatento, respondendo às minhas perguntas com monossílabos e demonstrando pouca curiosidade em saber quem eu era, como vivia ou do que gostava. Estava claro que ele estava ali por obrigação, não por vontade própria, sentado naquele banco da praça, esperando pelo filho que não conhecia. Minha idade talvez me impedisse de perceber isso com clareza, mas o desapontamento crescia dentro de mim.

Tentei estabelecer um contato físico, segurei sua mão, mas ele deixou a minha pequena mão solta, como se fosse um objeto sem importância entre seus dedos calejados e envelhecidos. Não senti um aperto de mão, não houve um abraço, nem o toque áspero de sua barba contra o meu rosto. Foram vinte, talvez trinta minutos de um encontro marcado pela frustração e pela falta de assunto. Percebi que não havia mais nada a ser dito, e, quando tive a oportunidade, inventei uma desculpa – da qual não me lembro – para me afastar.

Olhei para trás e vi minha mãe, sentada a alguns metros de distância em outro banco, observando umas crianças brincando. Fui até ela, e ela me deu um abraço que, com seu calor, fez desabar o meu choro de criança. Não demorou muito, e logo voltávamos para casa. Meu pai tornou-se um assunto encerrado e adormecido em mim por várias décadas.

Aquilo fora doloroso demais, como se algo dentro de mim se agitasse sem explicação. Depois daquela visita ao meu pai, que conheci aos 10 anos sem receber nada do afeto que esperava, ficou claro que havia entre nós um abismo irreparável. Sua indiferença me marcou profundamente, e por muito tempo me perguntei o porquê de tanta rejeição. A resposta, no entanto, só viria de forma inesperada quase seis décadas depois.

Prestes a completar 70 anos, recebi uma carta anônima. Era uma denúncia chocante que afirmava que o homem que me registrou não era, de fato, meu pai biológico. A princípio, confesso, duvidei. A carta trazia fotos e informações que me pareceram uma provocação, ou quem sabe uma tentativa de intriga. Mas o destino tem maneiras curiosas de nos confrontar com a verdade. Meses depois, uma vereadora de Cajazeiras, minha cidade natal, confirmou o que a carta insinuava. Ela me mostrou uma foto daquele que seria meu verdadeiro pai, e, naquele momento, tudo se encaixou. Bastava um olhar distraído sobre os traços dele para ver os meus refletidos. A vereadora também me apresentou meus meios-irmãos, pessoas cuja existência eu jamais imaginei.

Essa revelação tardia trouxe à tona diversas peças soltas do passado, antes desconectadas. Foi então que compreendi com maior clareza a decisão de minha mãe de abandonar o sertão da Paraíba, levando seus quatro filhos em busca de uma nova vida no Rio de Janeiro. O homem que me registrou era violento, de caráter sombrio, e minha mãe, com uma coragem notável, deixou tudo para trás para nos proteger, construindo sozinha um futuro incerto, mas digno, em uma cidade grande e desconhecida.

E essa revelação, longe de diminuir minha visão dela, só a engrandece ainda mais. Minha mãe foi uma mulher à frente de seu tempo, alguém que teve a coragem de enfrentar não só as adversidades da vida no sertão, mas também as sombras de uma relação opressiva, nos dando a chance de uma vida melhor. Hoje, minha admiração por ela é ainda mais profunda. O amor, o respeito e a gratidão que sempre senti só cresceram, porque, em sua luta silenciosa, ela carregou fardos que não nos pertenciam, tudo para nos proteger. Isso, para mim, é a verdadeira definição de força e amor incondicional.

Quanto ao que a levou aos braços de meu pai biológico, desconheço. E, sinceramente, nunca procurei saber. Talvez tenha sido uma resposta a uma traição, ou talvez uma busca por um novo começo, não importa. O fato é que minha mãe não se conformou com a situação que lhe foi imposta. Nas circunstâncias em que se encontrava, ela só me enche de orgulho por ter tomado esta atitude.

*

Contudo, aos 10 anos de idade me era impossível conter a ânsia de criança. Era preciso saciá-la para acalmar meu espírito. Minha mãe compreendia minha situação, mas aquela história mexia com ela mais do que se podia perceber. Ela também queria dar um fim às minhas dúvidas sobre meu pai, ou pelo menos organizar melhor esses pensamentos na minha cabeça. Havia um mesmo um mistério por trás daquele silêncio, o segredo que só vi revelado décadas depois. Era algo que ela não estava pronta para revelar naquele momento, mas sentiu que precisava encontrar uma maneira de me satisfazer, de tranquilizar o filho. E, hoje eu sei, também de tranquilizar a si mesma.

Naquele momento, sua intenção era dar uma resposta, mesmo que parcial, para apaziguar as perguntas que fervilhavam em minha mente jovem. Ela sabia que, ao fazer isso, estava não apenas cuidando de mim, mas também de si mesma, tentando trazer uma paz temporária para um passado que ainda a atormentava.

Oportunidade que mudaria sua vida

A volta ao Rio foi marcada por uma longa e extenuante viagem de ônibus, com minha mãe ao meu lado. Aquele trajeto, sem o encanto aventureiro da ida na cabine de um caminhão, revelou-se cansativo e silencioso. Meu pai já não era mais assunto, e eu, resignado, deixei de buscá-lo em meus pensamentos. As razões para o insucesso dessa procura permaneceriam ocultas, guardadas pelo tempo, e só viriam à tona muitas décadas depois. Quando chegamos ao Rio de Janeiro, a vida retomou seu curso, como se aquela jornada ao passado tivesse sido um breve e distante eco.

Estabelecemo-nos no Leblon, um bairro que na época pouco se assemelhava ao que viria a se tornar nos anos seguintes. Antes que as novelas de Manoel Carlos o transformassem no bairro mais desejado do país, o Leblon era um lugar de simplicidade e tranquilidade, quase um vilarejo costeiro. O mar, de águas límpidas, banhava suavemente suas praias ainda pouco frequentadas, e as ruas, longe do intenso movimento de hoje, eram calmas e pacatas. O comércio local, modesto e acolhedor, se limitava a algumas poucas lojas e mercearias, que supriam as necessidades dos moradores, sem ostentação.

Naquele cenário sereno, nossa vida familiar continuou a se moldar. Se algo havia mudado em mim após aquela viagem ao encontro do passado, foi a percepção, ainda incipiente, de que alguns mistérios e silêncios familiares só se desvendam com o tempo. Mas, enquanto essas respostas permaneciam adormecidas, o Leblon oferecia um refúgio de paz, onde a rotina cotidiana se desenrolava sob a proteção do mar e das montanhas, em um ritmo que parecia, de algum modo, mais compassado e em harmonia com a natureza ao nosso redor.

A religião voltou a me chamar, e comecei a frequentar a Igreja de Santa Mônica, que ficava ao lado do colégio Santo Agostinho, na Rua José Linhares, esquina com a Avenida Ataulfo de Paiva. As igrejas me hipnotizavam, e até hoje não sei exatamente o porquê. Talvez fosse a arquitetura imponente, os belos altares, a iconografia das imagens sagradas, o silêncio reverente, ou a oratória dos padres. Possivelmente, um pouco de cada um desses elementos. O fato é que eu me sentia bem – e até hoje me sinto – quando estava dentro de uma igreja.

Gostava de assistir aos serviços religiosos e, mais ainda, de participar como coroinha. Vestir o pequeno hábito me dava uma sensação de orgulho, uma vaidade quase inocente, como se aquilo me conferisse importância. Em casa, porém, não havia nenhum incentivo especial para a religiosidade. Éramos católicos, mas não praticantes – como tantos brasileiros, que encaram a religião de maneira displicente. Católicos quando precisávamos de uma graça, um milagre, e ateus ou indiferentes no resto do tempo.

Era época de férias quando me aproximei de um irmão agostiniano, sem saber que aquele gesto simples se tornaria um dos mais importantes da minha juventude. Foi por intermédio dele que comecei a ajudar nas missas e a conhecer os outros padres. Logo cresci na estima deles, e, quando mencionei que não poderia mais participar das missas e atividades porque as aulas recomeçariam e eu teria que me apresentar no internato Padre Antônio Vieira, eles me surpreenderam com uma oferta inesperada: uma bolsa de estudos no colégio Santo Agostinho.

A mudança foi assombrosa. Eu saí de uma escola destinada a meninos de um nível social e financeiro muito baixo para ingressar em um dos colégios da elite carioca. Meus novos colegas vinham de famílias abastadas; muitos chegavam ao colégio em carros com motoristas particulares, os uniformes sempre impecáveis, os livros e cadernos perfeitamente limpos, e as conversas despreocupadas típicas das crianças ricas. Para mim, naquela época, todos eles eram ricos – não havia distinção entre classe média e alta, apenas um abismo entre minha realidade e a deles.

O choque foi imenso, mas fui muito bem recebido pela turma. Nunca senti discriminação, ninguém fez pouco de mim ou tentou me diminuir. O ambiente era saudável, e durante as aulas, as diferenças entre mim e os outros meninos eram substituídas pelo coleguismo. No entanto, essa atmosfera amistosa não evitou que eu enfrentasse uma enorme dificuldade para acompanhar o nível de ensino e a rigorosa exigência, muito superiores ao que eu estava acostumado nas minhas escolas anteriores.

Além das disciplinas tradicionais como português, matemática, história e geografia – cada uma delas em um nível de complexidade muito maior – havia também matérias que eu nunca havia estudado, como inglês, música, latim e grego. Por mais que me esforçasse, não conseguia sucesso nas provas. No fim do ano, o resultado foi desastroso: não consegui passar nos exames para a próxima série.

Tragédia! Eu era bolsista, e o colégio Santo Agostinho tinha um rigor implacável. Alunos bolsistas não podiam repetir de ano, e a punição era a perda da bolsa de estudos. A consternação foi geral. Minha mãe, minha tia Anita, meus irmãos, e eu mesmo não conseguíamos nos conformar com a perspectiva de um retorno ao internato Padre Antônio Vieira. Depois de ter experimentado um ano de ensino de qualidade e de ter tido o conforto de ser estudante no Santo Agostinho, a ideia de me readaptar ao internato era dolorosíssima.

Não se tratava de uma injustiça no sentido estrito da palavra. Eu tinha recebido uma grande oportunidade, tinha contado com apoio, mas havia fracassado diante do enorme desafio. Parecia que tudo estava decidido. Eu já me via novamente nos dormitórios malcheirosos do colégio em Jacarepaguá, distante da minha família, longe da minha mãe, e sem os amigos que havia conquistado na classe. A ideia de retornar àquele ambiente era desoladora, como se todo o esforço e a esperança tivessem sido em vão.

Para minha sorte, minha mãe não era do tipo que ficava em casa, chorando inconformada. Determinada a reverter a situação, ela se empenhou em conseguir para mim uma segunda chance no colégio. Foram vários pedidos, apelos e incontáveis entrevistas. Durante algumas semanas, o assunto em casa era único: a tão desejada segunda chance. No café da manhã, no almoço e no jantar, o tema era sempre o mesmo. As razões pelas quais eu merecia essa nova oportunidade eram repetidas por minha mãe a quem quer que cruzasse seu caminho.

Ela fez dessa causa sua obsessão. Nem meus irmãos, nem eu, aguentávamos mais ouvir sobre o assunto, mas minha mãe persistia. Todos os dias, sem falhar, ela ia à secretaria do colégio, determinada a repetir seu pedido, a apelar por minha permanência.

Sua insistência era incansável, e, embora o desgaste fosse grande para todos nós, sua determinação parecia inabalável.

Essas peregrinações acabaram por sensibilizar o irmão Lúcio, aquele que me dera a primeira chance. Comovido por mim e por minha mãe, ele provou ser um verdadeiro "anjo da guarda" ao convencer os outros padres a reconsiderarem a decisão de me expulsar. Com muito esforço, minha mãe conseguiu garantir para mim uma segunda chance. E essa segunda chance, a partir de então, tornou-se um pilar fundamental na formação da minha personalidade.

Receber aquela segunda oportunidade e aproveitá-la de maneira que mudou o rumo da minha vida fez com que, ao longo de toda a minha carreira como juiz, eu sempre buscasse oferecer a mesma chance a quem julgava. Foi algo que aprendi na minha formação católica. Se não fosse por essa segunda chance, minha vida teria sido muito mais difícil, com menos oportunidades de sucesso.

O segundo ano no Santo Agostinho correu bem. Mais adaptado ao colégio, concentrei-me nos estudos, com o susto me ensinando a não desperdiçar a bolsa. Eu sabia que aquela era minha grande oportunidade. A diferença social entre mim e meus colegas deixou de me assombrar; na verdade, eu já não me sentia mais pobre do que eles. O colégio, o uso do uniforme, e o tratamento igualitário na sala de aula nivelavam todos os alunos.

Vocação religiosa?

Continuei próximo dos padres agostinianos. Para o menino que havia ido até Cajazeiras à procura de seu pai, era um consolo agora conviver com a congregação – como se, de certa forma, eu tivesse 24 pais. Os padres gostavam de mim, e eu retribuía aplicando-me na escola e no aprendizado religioso. Pouco a pouco, a ideia de cursar o seminário começou a crescer dentro de mim. Talvez eu visse isso como uma forma de retribuir o que recebia no Santo Agostinho.

Diferente de tantas histórias de crianças obrigadas por suas famílias a ingressar em conventos, minha experiência foi distinta. Minha mãe nunca tocou no assunto comigo, permanecendo neutra – não incentivava, mas também não criticava minha inclinação. Talvez ela visse isso como uma vocação, já que desde muito jovem eu era próximo da Igreja. Havia uma escola preparatória para o seminário, na verdade um ginásio que, além das matérias normais, formava os alunos para a carreira religiosa. Ela ficava no interior de São Paulo, em Ribeirão Preto, e, como era de se esperar, os padres se alegraram muito com minha disposição.

Matrícula feita. Mas ainda havia um desafio: resolver o problema do meu enxoval. Não tínhamos recursos para adquirir o guarda-roupa exigido pelo colégio – uma lista extensa de roupas e itens diversos, incluindo chinelos, sapatos, tênis, roupas de aula, pijamas, trajes esportivos e material escolar. Tudo isso somava uma quantia muito além das possibilidades da minha mãe. Mais uma vez, o colégio veio em meu auxílio, organizando uma coleta entre os paroquianos para cobrir esses custos.

Na nova escola, os dias eram intensos. Estudo, esporte e orações preenchiam nossas horas, desde o amanhecer até o anoitecer. Ali, construí a base cultural e de conhecimentos que me permitiu avançar na vida. As disciplinas eram ministradas por professores de alto nível, as aulas eram seguidas com atenção e reforçadas por longas horas de estudo. Além disso, havia o esporte, as partidas de futebol e a ginástica. E, claro, as missas e orações que ajudavam a moldar nosso espírito para a vida sacerdotal.

Com a adolescência, também surgiam os primeiros sinais das mudanças que viriam. À noite, os desejos se manifestavam, e as poluções noturnas e ejaculações provocadas pela masturbação se tornaram frequentes. Esse foi o primeiro indício de que a escolha de ser padre talvez não se concretizasse. Tratar como pecado um instinto tão natural não fazia sentido para mim; não via razão para ser penalizado por algo tão intrínseco ao corpo humano, como se fosse errado sentir fome ou sede.

Cada um de nós tinha um orientador, responsável tanto por nos guiar nos estudos quanto por avaliar se tínhamos o perfil para o sacerdócio. Com o tempo, ficou claro que eu não era um candidato ideal à batina. Tinha a vontade e o impulso de seguir esse caminho, mas me faltava a disciplina necessária para renunciar aos prazeres da vida e à companhia feminina.

Isso ficou evidente durante as saídas para as férias de verão – ou melhor, na volta delas. O calendário da escola exigia que nos apresentássemos sempre antes do carnaval, mas eu nunca cumpri essa regra. Sempre encontrava uma desculpa para chegar apenas após o domingo de carnaval. Um ano, foi uma doença; no outro, um problema familiar. No terceiro ano, meu orientador, frei José Alexandre, percebeu que era hora de ter uma conversa séria comigo. Ele entendeu que meu caminho não era o seminário e, com delicadeza, me fez enxergar isso também.

Para mim, foi um alívio. Eu sabia que não continuaria no seminário, mas não sabia como sair dessa situação. A confiança dos padres, a coleta para comprar meu enxoval – tudo isso criava um sentimento de compromisso que parecia difícil de quebrar. A conversa com frei José Alexandre foi tranquila, sem nenhuma repreensão. Ele me explicou que, embora eu não tivesse a vocação para ser padre, isso não significava um afastamento do catolicismo ou da Igreja. A compreensão dele me libertou do peso que eu carregava, permitindo-me seguir outro caminho sem culpa.

Regresso ao Rio

De volta ao Rio de Janeiro, o colégio Santo Agostinho mais uma vez me estendeu a mão, empregando-me como inspetor de alunos. Continuei meus estudos na escola estadual Eça de Queiroz, em Copacabana. Minha rotina era intensa: passava o dia no Santo Agostinho, zelando pela disciplina e apoiando os mestres, e à noite corria para estudar na outra escola. A disciplina adquirida no seminário mostrou-se valiosa, ajudando-me a dividir meu tempo para cumprir minhas responsabilidades em ambos os lugares.

Como inspetor, eu era rígido – os alunos reclamavam do meu cumprimento estrito das regras. Minha formação no internato Padre Antônio Vieira e no colégio do seminário me ensinara a não ceder em questões disciplinares. Eu definitivamente não facilitava a vida dos alunos. No entanto, a vocação para a segunda chance já se manifestava em mim; nunca puni ninguém sem antes advertir e perdoar na primeira infração. Talvez por isso tenha criado amizades com muitos alunos, afinal, éramos quase da mesma idade. E, quando as aulas terminavam, eu frequentemente me juntava a eles para peladas e brincadeiras.

Então, aconteceu o que já se previa, e que havia contribuído para minha decisão de deixar o seminário. Havia no colégio uma professora de português que começou a me observar de maneira diferente. Eu a surpreendia me olhando constantemente, até que ela passou a me deixar bilhetes com mensagens e poesias. Era um comportamento ousado para aqueles tempos, e vindo do seminário, eu mal sabia como responder.

Isso, porém, não nos impediu de nos encontrarmos, e logo me vi enamorado pela primeira vez. Ela era uma viúva chamada

Maria, que criava dois filhos. Maria não apenas me abriu as portas de sua intimidade, mas também de sua casa. Passei a viver com eles, mergulhando em uma vida inédita para mim, onde não havia responsabilidades ou cobranças, apenas amor, carinho e muitos presentes.

Se ainda restava alguma dúvida sobre minha decisão de abandonar a vida religiosa, essa dúvida se dissipou rapidamente. Maria era uma mulher fogosa, uma viúva jovem e sem freios, que transformou minha inexperiência em um aprendizado intenso. Em poucos meses, passei de virgem a amante experiente. Amávamo-nos a qualquer hora, por qualquer razão ou sem razão alguma. Ela me presenteava com roupas e sapatos, e consegui estabelecer uma relação harmoniosa com seus dois garotos. Minha família estranhava um pouco essa situação, mas acabava aceitando. Minha mãe, por sua vez, pouco perguntava – talvez preferisse não saber muito sobre minha vida naquele contexto.

A censura veio, no entanto, da família do falecido marido de Maria. Ao descobrirem minha presença na casa, ameaçaram-na com um processo para tirar-lhe a guarda dos filhos e cortar a pensão que sustentava nossa vida. Não foi preciso muita pressão para que ela me expulsasse de casa, o que se tornou a maior decepção que eu já havia enfrentado até então. Não conseguia aceitar a mudança repentina de Maria; na minha ingenuidade, não percebia que ela jamais arriscaria sua segurança por um relacionamento com um rapaz como eu. Tentei várias vezes reatar, mas o "não" era definitivo, e não havia margem para um "talvez". Sem escolha, voltei para casa, para junto de minha mãe.

O trabalho no colégio e os estudos me ajudaram a esquecer a paixonite e a voltar a ter os pés no chão. No entanto, depois de ter vivido minha aventura, eu estava definitivamente desperto para o sexo e para a busca pela companhia feminina. Nunca fui de farra, mas o que aconteceu foi que me apaixonei de forma quase platônica por uma menina loura, pele muito branca, com quem cruzava no ponto de ônibus. Eu a caminho do Santo Agostinho, ela, a caminho de sua escola, frequentada somente pela elite.

Saí de um romance onde o sexo era o centro das atenções para me encontrar nesse amor quase adolescente, onde eu me via perdido, sem saber como me aproximar ou iniciar um namoro. Quem sabe um dia.

II
Do jovem de fé

"Ser como o rio que deflui
Silencioso dentro da noite.
Não temer as trevas da noite.
Se há estrelas no céu, refleti-las
E se os céus se pejam de nuvens,
Como o rio as nuvens são água,
Refleti-las também sem mágoa
Nas profundidades tranquilas"

Manuel Bandeira

Era necessário amadurecer como homem. Sem isso, o juiz que eu desejava ser jamais se realizaria. Cheguei à maioridade, e com ela veio o serviço militar.

Era o início de 1968, e os tempos estavam agitados, tanto nos quartéis quanto nas ruas. A oposição ao regime militar já era grande, com estudantes se manifestando contra a ditadura, e os mais radicais se envolvendo na luta política, aderindo às guerrilhas. Eu simpatizava com os adversários do governo militar, já conseguia perceber como a censura, as eleições indiretas manipuladas e a política de governadores indicados pelo presidente eleito em pleitos duvidosos eram prejudiciais para a sociedade.

Levei esses sentimentos para o quartel do 8º Grupo de Artilharia de Costa Motorizado, o 8º GMAC, onde servi no Leblon durante o turbulento 1968. Ao mesmo tempo, iniciava meu curso de Direito, onde o fervor político dominava os diretórios acadêmicos, e muitos professores usavam suas aulas para criticar o governo e as violações ao estado de direito.

De dia, eu era soldado, ouvindo o discurso anticomunista que condenava aqueles que, segundo a caserna, estavam prontos para transformar o Brasil em uma "ditadura de esquerda," um "Brasil soviético," uma "super Cuba." À noite, na faculdade de Direito da então Universidade do Estado da Guanabara, eu me unia aos que defendiam que os militares deveriam devolver o governo aos políticos, entendendo que o risco à democracia apontado pela direita era exagerado e servia como desculpa para os militares se perpetuarem no poder.

Em momento algum estive envolvido na repressão. No entanto, no quartel, presenciei muitas prisões – principalmente de estudantes. Quando estava de serviço, via o recolhimento dessas pessoas, que se manifestavam e acabavam detidas dentro do próprio quartel. Embora não tenha presenciado situações de tortura física, o simples fato de essas pessoas serem aprisionadas por exercerem seu direito à manifestação já constituía uma forma de tortura.

Havia uma espécie de lavagem cerebral em curso. Diariamente, ocorriam formaturas onde o coronel discursava com fervor sobre o "perigo vermelho", alertando contra os "comunistas que querem tomar a nossa pátria". Lembro-me de discursos inflamados, como: "Na Rússia, eles treinam as famílias para denunciarem seus próprios pais, e vocês não podem aceitar esse tipo de intervenção internacional na nossa pátria." Esse discurso colocava o "perigo comunista" como uma ameaça iminente, algo que deveríamos combater com todas as forças, e que via nas manifestações uma expressão dos interesses comunistas internacionais.

Vivi em meio a esse envenenamento ideológico, enquanto mantinha uma ideologia própria, não comunista, mas libertária – até mesmo panfletária, em certo sentido. Era uma situação difícil de conciliar. Tanto que permaneci no quartel apenas pelos dez meses obrigatórios, o período mínimo de serviço.

Apesar disso, sempre fui um bom soldado, tanto que fiz todos os cursos oferecidos. Esse é um período que também devo celebrar, pois muito do que aprendi como cidadão veio daqueles dez meses. Ali, aprendi a dirigir, a datilografar, fiz curso para cabo, e entrei como soldado recruta, saindo como "Cabo Darlan". Dei o melhor de mim no quartel, mesmo quando fui ameaçado de não dar baixa na primeira leva, devido a uma pichação no muro do quartel que levava meu número: "C.B. Darlan, 345". Por isso, suspeitaram de mim como o pichador.

Mais uma vez, minha religiosidade foi minha aliada. Dentro do quartel, eu também mantinha uma vida religiosa ativa, ajudando nas missas dos capelães. Havia um sargento, responsável pelas atividades religiosas, que gostava muito de mim por causa desse meu envolvimento. Foi ele quem me salvou dessa "degola", garantindo que eu saísse na primeira turma, apesar da acusação infundada.

Minha unidade era frequentemente chamada a intervir em passeatas e manifestações contra o governo. Os estudantes estavam sempre presentes nessas mobilizações, e não era incomum que os estudantes de Direito fossem protagonistas da agitação política. Meu maior temor era ter que confrontar meus próprios colegas nas ruas. Meu corte de cabelo de soldado deixava claro que eu servia ao Exército, mas, de uma forma ou de outra, isso nunca criou problemas. Eu era bem tratado por todos na universidade. Felizmente, nunca precisei enfrentar essa situação, e consegui cumprir meu serviço militar sem maiores dissabores, sendo até promovido a cabo ao final do ano.

O sargento pastor, provavelmente orientado por algum oficial, sondou-me para ver se eu poderia ser informante sobre o movimento político na faculdade. Naturalmente, recusei a proposta, e, para minha surpresa, minha decisão foi respeitada.

Finalmente em dia com minhas obrigações com a pátria e como reservista de primeira classe, pude finalmente dedicar-me aos estudos. Hesitei entre os cursos de Letras e Direito, mas acabei passando nos dois vestibulares e me matriculei em ambos. O problema é que, além dos cursos, eu precisava trabalhar para me sustentar. A falta de tempo para conciliar todas essas atividades me levou a optar pelo Direito, especialmente porque eu já começava a trabalhar em escritórios de advocacia, assumindo as tarefas básicas de um estagiário.

Ao mesmo tempo, descobria já meio que tardiamente os chamados prazeres da vida. Livre dos votos de castidade que a vida religiosa exigia, comecei a explorar minha masculinidade, envolvendo-me em uma série de relacionamentos. Valeu-me o romance com uma mulher mais velha, desquitada e professora do Santo Agostinho. Daquela vez a iniciativa partiu dela, até porque eu era todo timidez e inexperiência, o que não impediu que nos envolvêssemos em um relacionamento quente e apaixonado. Foi um curso de graduação e pós-graduação em romance, saí dele preparado para qualquer aventura amorosa que a vida pudesse me oferecer.

Comecei a namorar Ângela, que se tornaria minha primeira esposa e a mãe dos meus filhos. Na verdade, meu encontro com Ângela – que tem três nomes, Ângela Ana Zaira Camurati – vinha de muito tempo. Lembro-me de quando eu tinha cerca de 14 anos e, todos os dias, ao ir para o colégio Santo Agostinho, seja para ser coroinha e ajudar na missa, seja quando comecei a trabalhar como inspetor, via, do outro lado da Avenida Ataulfo de Paiva, uma menina linda, loirinha, de olhos azuis, com um porte espetacular, em torno de 15 ou 16 anos.

Eu a observava todos os dias, desejando-a em silêncio, mas ciente de que jamais chegaria ao patamar dela. Ela esperava o ônibus que a levaria ao colégio Stella Maris, na subida do Vidigal, uma escola frequentada por meninas de condição social bem superior à minha. Eu apenas olhava e sonhava, dia após dia.

Muito tempo depois, já inspetor no colégio Santo Agostinho, reencontrei Ângela, agora uma professora de matemática formada pela Universidade Santa Úrsula. Eu, ainda estudante de Direito, decidi transformar aquele sonho de adolescente em realidade. Coloquei em prática a experiência em relacionamentos que havia adquirido na minha aventura anterior e arrisquei convidá-la para sair. Para minha surpresa, ela aceitou.

Marcamos uma data, e lá fui eu, ansioso, todo perfumado, vestindo a melhor roupa, e fiquei esperando por Ângela no lugar combinado. Ela morava na Ataulfo de Paiva, no Leblon, esquina com a Bartolomeu Mitre. Esperei, esperei... por uma hora e meia, e ela não apareceu. Fiquei triste e abatido, sentindo-me humilhado. Decidi então dar um "gelo" nela, e embora trabalhássemos no mesmo colégio e no mesmo horário, passei a falar muito pouco com ela. Achei que talvez ela não fosse para mim, que era melhor eu me colocar no meu lugar.

O tempo passou, e, um ano depois, ousei repetir o convite. Foi então que ela se explicou: "Olha, realmente, me atrasei um pouquinho,". Pouquinho? Depois, conhecendo-a melhor durante os 24 anos em que fomos casados, percebi que isso fazia parte do seu jeito. Ela investia muito em sua vaidade e beleza – banhos longos, perfumes, maquiagens... provavelmente foi esse o motivo da falha no nosso primeiro encontro.

Marcamos esse segundo encontro, e dessa vez tudo correu bem. Ela foi pontual e... começamos a namorar! Àquela altura eu tinha cerca de 24 anos, e ela, dois anos a mais. Eu estava finalizando meu curso de Direito e ainda trabalhando no colégio Santo Agostinho, onde ela lecionava.

Nosso namoro se firmou, e ela me apresentou à sua família, que era espetacular. Passei a admirar muito seu pai, seu Carlos, um engenheiro de renome. Ele foi o primeiro engenheiro da Shell no Brasil e, mesmo aposentado, era tão competente que foi contratado pela ONU para desenvolver um projeto especial em São José dos Campos, no interior de São Paulo. Por essa razão, ele viajava toda semana para lá e voltava apenas nos fins de semana para estar com a família.

Minha sogra, dona Renata, era uma pessoa muito doce, conhecida por preparar comidas italianas e francesas maravilhosas. Seu Carlos, apesar de ser inglês de nascimento, tendo vindo para o Brasil ainda criança, era completamente brasileiro, filho de pais italianos. Já dona Renata era francesa, o que fazia de Ângela filha de um inglês com uma francesa.

Nosso namoro rapidamente se tornou mais íntimo. Depois do almoço, era comum dormirmos juntos e passarmos um tempo no quarto dela, algo que nunca causou atrito com meus futuros sogros. Minha vida, então, se dividia em três pilares: o trabalho no Santo Agostinho, o namoro sério com Ângela, que logo se transformaria em casamento, e os estágios nos escritórios de advocacia.

Na Faculdade, tive o privilégio de ser aluno do professor Humberto de Mendonça Manes, um juiz que lecionava direito civil. Ele impactou minha vida. Já formado, um dia o encontrei em um corredor do fórum, e ele praticamente me ordenou a fazer o concurso para juiz. Respondi: "Professor, não sou capaz, não tenho condições." – "Você foi um excelente aluno, sempre teve uma boa performance na faculdade. Os alunos da antiga Faculdade de Direito da Universidade do Estado da Guanabara (UEG) sempre se saem muito bem nos concursos públicos."

"Faça o concurso, há muitas vagas agora, com a fusão do estado do Rio com o estado da Guanabara, o número de oportunidades aumentou muito." Resolvi tentar, ciente de que muitos se inscrevem várias vezes nesses concursos sem sucesso. Surpresa, passei na primeira tentativa. Devo isso ao professor, que, já aposentado e tendo sido presidente do TJ, sempre me apoiou e incentivou.

Sempre digo: o desembargador Humberto de Mendonça Manes foi o grande responsável por minha carreira no Judiciário. Foi graças ao impulso que ele me deu que decidi estudar seriamente para o concurso, até pagando um curso com muito sacrifício, o Cepad (Centro de Estudos, Pesquisa e Atualização em Direito).

Minha rotina até então era extremamente dura. De manhã cedo, eu ia para o colégio São Marcelo, onde trabalhava até meio-dia. Depois, seguia para os três escritórios de advocacia onde fazia estágios e bicos, passando o dia todo no fórum. Às sete da noite, ia para o Cepad, onde estudava até as dez. De lá, pegava um ônibus para Taquara, onde minha esposa me buscava de carro na praça para me levar para casa. Ali, jantava e dormia, e às 5h30 da manhã, já estava de pé para, às 6h30, estar no colégio São Marcelo, pronto para continuar essa rotina. Foi um período muito difícil, especialmente com filhos pequenos – quatro ao todo, nascendo um após o outro.

Foi a disciplina que veio tanto do seminário quanto do quartel que me permitiu sobreviver a essa rotina. Esse conjunto de experiências, junto com meu signo de virgem, que já tem uma natureza disciplinada, me tornou capaz de enfrentar essa barra pesada.

Todo esse esforço valeu a pena. Em 1982, aos trinta e poucos anos, tomei posse como juiz de direito. Foi uma grande vitória para o menino pobre que eu havia sido. Em três décadas, passei de retirante a membro da elite do serviço público brasileiro, uma conquista alcançada com muito esforço, fé e estudo.

Silva Jardim, onde tudo começou

Minha primeira comarca foi em Silva Jardim, na região das Baixadas Litorâneas do estado, também conhecida como Região dos Lagos, uma pequena cidade a cerca de 100 km do Rio de Janeiro. Silva Jardim não foi uma escolha minha; apenas os primeiros colocados no concurso tinham o privilégio de escolher suas vagas. Embora eu tivesse me saído bem, minha classificação não me permitia essa escolha.

A cidade era pequena, mas o município era um dos mais extensos do estado. O nome homenageia o escritor abolicionista e republicano Silva Jardim, que teve uma morte trágica aos 30 anos, ao cair em uma fenda na cratera do vulcão Vesúvio, conhecido pela grande erupção que destruiu Pompeia.

Apesar do nome associado a uma figura de vida intensa, Silva Jardim era uma cidade pacata. O município, embora grande em extensão, era pouco povoado. No século 19, a região foi próspera, com muitas propriedades e plantações de laranja, hortifrutigranjeiros e gado. No entanto, foi devastada por surtos de peste bubônica e febre amarela, que dizimaram grande parte da população e deixaram a região esvaziada.

O grande desafio em Silva Jardim eram os problemas de posse de terra. Com o abandono das terras pelos grandes proprietários, os posseiros foram se instalando, e, nos dois anos em que permaneci na comarca, a maioria dos processos que enfrentei envolvia disputas de posse. Embora o município fosse pequeno em termos de população e volume de trabalho, tive a oportunidade única de acumular funções federais. Por exemplo, além de ser juiz de direito, também atuava como juiz do trabalho, julgando causas trabalhistas. Normalmente, essas causas são de competência federal, mas, devido à falta de juízes trabalhistas na região, havia um acordo que me permitia julgar esses casos.

Foi uma experiência extremamente enriquecedora, uma verdadeira "clínica geral," onde eu lidava com todo tipo de questão: causas cíveis, criminais, administrativas, fazendárias, e trabalhistas. Como era obrigatório que o juiz morasse na comarca, mudei-me para Silva Jardim, enfrentando grandes dificuldades, pois já tinha dois filhos pequenos. A cidade carecia de estrutura, com poucas escolas e médicos. Acabei alugando a única casa disponível, uma grande propriedade com 14 mil metros quadrados de terreno, onde morava sozinho durante a semana. Nos fins de semana, eu viajava para Jacarepaguá para ver minha família, ou eles vinham passar o fim de semana comigo.

Minha casa ficava em frente a um campo de futebol, na rua principal, também chamada Silva Jardim, e o fórum ficava a uma curta distância, permitindo que eu fosse a pé. Foi uma experiência fascinante, pois eu era uma das três principais autoridades do município, junto com o prefeito e o presidente da Câmara.

No primeiro dia, inexperiente que era, fiquei sem saber por onde começar. Embora tivesse experiência como advogado, nunca havia trabalhado em um cartório ou repartição do Judiciário.

Ao chegar, o escrivão colocou cerca de 200 processos em minha mesa – uma pilha acumulada ao longo de anos sem um juiz titular na comarca. Ao ver aquele monte de processos, fiquei sem saber o que fazer. Aí o escrivão quem me orientou, explicando que eu não precisava ler tudo, mas sim despachar os processos, começando de trás para frente, dando-lhes andamento. "O nome 'processo' significa exatamente isso: dar andamento, prosseguir," ele me explicou, e foi assim que comecei a navegar pelas águas turbulentas do meu novo cargo.

Fui aprendendo na prática, cometendo erros, é claro, mas aos poucos me estabeleci na função. Consegui construir uma boa relação na comarca, sendo respeitado e bem recebido pela população, que se sentia valorizada por ter um juiz residindo ali – algo que, embora obrigatório, não era tão comum. Fiz questão de seguir essa regra e vivi em Silva Jardim por dois anos. A solidão era um dos maiores desafios, pois não havia muita gente com quem conversar, e as oportunidades de aperfeiçoar meus estudos eram escassas, dado que a cidade carecia até mesmo de uma boa biblioteca. Ainda assim, fiz daquele lugar meu lar.

Morando sozinho em uma casa grande, tive a ideia de conversar com o delegado local e pedir que o único preso da cidade, que estava no xadrez, cumprisse sua pena em minha casa. Esse foi um dos meus primeiros atos ousados como magistrado. O preso, Edson dos Santos, havia matado uma pessoa em estado de embriaguez e ele mesmo era alcoólatra. Com a autorização do delegado, levei Edson para viver na casa de caseiro, que fazia parte da minha propriedade.

Durante o dia, Edson cuidava da casa e, incentivado por mim, começou a plantar legumes e verduras. Ele não era muito afeito ao trabalho, mas era uma tentativa de reabilitação. Como não havia bons restaurantes na cidade e não consegui uma empregada, eu mesmo preparava as refeições para nós dois. Compartilhávamos todas as refeições, e o único acordo que eu tinha com ele era simples, mas firme: ele não podia beber. "Se o seu problema é a bebida, você não pode beber," eu o alertava constantemente.

Eu tinha uma bicicleta que usava para me exercitar, pedalando pelas estradas da cidade e até além do município, já que Silva Jardim ficava a cerca de cinco quilômetros da BR-101. Gostava de pedalar por aquelas estradas, e fazia isso regularmente. No início, as pessoas ficaram escandalizadas por me verem de bermuda, já que o juiz era visto como uma figura distante, quase inacessível. Para elas, um juiz de bermuda e bicicleta era algo inusitado.

Um dia, alguém veio me informar que Edson, o preso que eu abrigava em minha casa, havia saído com a minha bicicleta e estava em um bar, bebendo. Minha confiança nele havia acabado. Primeiro, ele não tinha permissão para usar a bicicleta, e segundo, ele havia quebrado nossa principal regra: não beber. Depois de dez meses vivendo comigo, Edson foi mandado de volta ao xadrez da delegacia.

Anos depois, já atuando como juiz da Vara de Execuções Penais no Rio de Janeiro, durante uma visita a um presídio, reencontrei Edson. Ele me reconheceu imediatamente: "Doutor Siro, lembra de mim?" Fiquei surpreso ao vê-lo ainda cumprindo pena, já que sua sentença não era tão longa – algo em torno de seis anos. Fazia quatro anos que não o via, e lamentei que ele ainda estivesse preso.

Sempre achei um erro retirar um habitante do interior e levá-lo para prisões na capital. Muitas vezes, esses indivíduos, que cometeram crimes menores ou "rurais," como roubar um cavalo ou furtar uma casa, eram misturados com criminosos mais experientes da cidade, pessoas já habituadas e expertas na criminalidade urbana. Embora Edson tenha cometido um assassinato, comecei a ver como o sistema acabava laborando contra si mesmo, misturando essas pessoas mais ingênuas com especialistas do crime. A partir desse reencontro, minha inquietação sobre o sistema penal só aumentou, e isso não me deu descanso.

Naquele mesmo período, soube de uma família composta por um casal de avós muito idosos e três netinhos que haviam sido abandonados pelos pais. Convidei-os para ocupar a casa que Edson havia deixado. Meu objetivo era simples: manter a casa, que era grande demais para mim, habitada e, ao mesmo tempo, ter alguma companhia, pois a solidão e o isolamento em Silva Jardim eram intensos.

Enquanto o tempo na comarca de Silva Jardim se aproximava do fim, comecei a me preparar para a possibilidade de uma promoção. Após dois anos, um juiz já pode concorrer a uma nova vaga. Durante minha estada, acumulei várias outras comarcas. Atuei como juiz em Casimiro de Abreu, Macaé, Conceição de Macabu e Rio Bonito, sempre acumulando funções nessas cidades quando os juízes titulares tiravam férias. Passava dois dias em Silva Jardim e dois dias nas outras comarcas, mas não acumulava todas ao mesmo tempo – um mês em Casimiro de Abreu, outro em Macaé, que era muito distante, cerca de 200 quilômetros de Silva Jardim.

Essa rotina era exaustiva, mas me proporcionou uma vasta experiência em diferentes contextos judiciais.

Fazer júri em Silva Jardim era uma experiência fascinante. Era um verdadeiro evento na cidade, um acontecimento que atraía advogados de fora. Tive a oportunidade de conhecer excelentes profissionais que trabalhavam ali. Um deles foi Cairo Ítalo França Dalí, que na época era advogado em Silva Jardim e procurador do município. Hoje, ele é meu colega, desembargador, e preside uma câmara criminal.

Na área criminal, Silva Jardim tinha uma certa tranquilidade, mesmo em comparação com Bangu, onde também atuei como juiz criminal em uma época em que o bairro era dominado por bicheiros. Em Bangu, embora não houvesse muitos assassinatos, lembro de alguns advogados que foram mortos em decorrência do exercício da profissão. No entanto, nunca sofri ameaças diretas, nem em Bangu, nem em Silva Jardim.

Foi apenas mais tarde, quando me tornei juiz da infância e da juventude e juiz de família, que comecei a receber telefonemas ameaçadores. Mesmo assim, nunca pedi escolta. Sempre achei que ter escolta era uma espécie de prisão, porque você ficava preso àqueles policiais que te acompanhavam. Além disso, como eu passava boa parte do tempo no fórum, muitas vezes saindo tarde da noite após um júri que terminava por volta das onze horas ou meia-noite, eu preferia ir para casa sem escolta, mesmo em um lugar como Silva Jardim, que era pouco habitado e mal iluminado.

Eu tinha um carro, mas raramente o usava dentro de Silva Jardim, onde tudo era muito perto. Só o utilizava para ir ao Rio ou para deslocamentos maiores dentro da região. A vida ali era simples, e essa simplicidade também se refletia na forma como eu conduzia minhas responsabilidades e lidava com os desafios do dia a dia.

Meu tempo em Silva Jardim foi muito significativo. Foi ali que comecei a amadurecer muitas das ideias e princípios que me guiariam ao longo de minha carreira como magistrado. Entre 1982 e 1984, articulei-me com algumas senhoras da cidade e fundei a Sobam (Sociedade Beneficente de Assistência ao Menor), uma iniciativa voltada para a proteção da infância, criada antes mesmo do Estatuto da Criança e do Adolescente (ECA).

Embora tenha sido minha iniciativa, a Sobam foi administrada por uma senhora chamada Neuza. O objetivo da sociedade era garantir que as crianças estivessem seguras, frequentando a escola e livres de violência, antecipando os cuidados que o ECA posteriormente consagraria. Naquela época, o Código de Menores ainda estava em vigor.

Lembro que também acolhi um jovem de 16 anos que havia cometido um assassinato e, segundo a praxe, deveria cumprir a medida no Rio de Janeiro. Preferi que ele ficasse comigo em casa por um tempo, acreditando que era mais cristão e relevante oferecer uma segunda chance do que simplesmente isolar essas pessoas. Esse menino, cujo nome não me recordo, viveu comigo por cerca de seis meses, assim como Edson.

Sou contestador, até mesmo da própria religião, mas sempre mantive um olhar de perdão em minhas atitudes, buscando sempre perdoar as pessoas. Mesmo diante de erros graves, essa filosofia de perdão guiou minha atuação como juiz. Sempre enxerguei o criminoso como alguém que erra, mas que também pode se reerguer. No entanto, para que ele se levante, é necessário que encontre compreensão, apoio, um braço estendido que o ajude a se levantar.

Silva Jardim foi um verdadeiro laboratório para mim, um período de intensa aprendizagem. Lá, amadureci os ensinamentos e valores que havia guardado dos meus anos no seminário. Acredito que essa experiência no seminário, que moldou minha juventude, foi crucial para formar minha filosofia de compreensão e a constante disposição de oferecer uma segunda chance. O seminário, de certa forma, modulou minha visão de mundo, reforçando a importância de dar às pessoas a oportunidade de se redimirem e reconstruírem suas vidas.

E foi com essa filosofia que atuei como juiz da infância, de família e criminal. Sempre procurei estar à disposição do próximo, buscando fazer o melhor por ele. Mantive contato próximo com entidades como a Cufa (Central Única de Favelas). Por quê? Porque é uma organização dedicada a alavancar a vida daqueles que estão em situação de vulnerabilidade. A Cufa promove cursos profissionalizantes, incentiva a empregabilidade, a sustentabilidade e o esporte. Desde a sua fundação, sempre apoiei muito a Cufa e sou um parceiro fiel dessa causa.

Outro projeto que me encanta profundamente é o Afroreggae, que trabalha diretamente com a reintegração de pessoas que foram envolvidas com o crime, resgatando-as da marginalidade. No Afroreggae, convivi com pessoas extremamente perigosas, inclusive ex-chefes do tráfico, que hoje se dedicam a trabalhar na organização, tendo aproveitado a segunda chance que tanto defendo.

O Afroreggae tem, inclusive, um projeto chamado "*Segunda Chance*," voltado exatamente para essas pessoas que cometeram erros, mas que agora estão reintegradas à sociedade, provando que a recuperação é possível e que todos merecem a oportunidade de recomeçar.

Acredito firmemente que a doutrina do amor é muito mais poderosa que a do ódio. O ódio apenas afasta e humilha. Como juiz da infância, vivi várias situações com meninos – especialmente negros, mas também brancos – todos pobres, embora os negros predominassem. Aprendi muito sobre a luta pela sobrevivência desses jovens.

Vi meninos furtando relógios valiosos apenas para trocá-los por uma quentinha, simplesmente para matar a fome. Era o imediatismo imposto pela necessidade. Essas vivências me obrigaram a transformar essa realidade em prática judicial. Com o poder nas mãos, fiz questão de exercê-lo com essa sensibilidade.

A volta ao Rio

Deixei Silva Jardim após ser promovido à Entrância Especial, que me permitiu atuar na capital, mas ainda como juiz substituto. Isso significava que eu ocuparia temporariamente vagas em varas cíveis, substituindo juízes titulares em férias ou licença, principalmente médica.

Em menos de um mês, surgiu minha primeira oportunidade no Rio, em uma vara criminal onde o juiz estava de férias. Passei muito tempo cobrindo ausências e desenvolvi um trabalho extenso ao lado do então juiz e futuro desembargador Francisco da Motta Macedo (1933-2018) na vara de execuções penais. Ele, como titular, me convidou para colaborar diretamente com ele.

Na vara de execuções penais, tive a oportunidade de conhecer de perto o sistema penitenciário do Rio de Janeiro. Visitei presídios em Ilha Grande, Angra dos Reis e Campos. Sempre que possível, levava comigo estudantes de direito para que conhecessem a realidade dos presídios. Tudo isso com o apoio do juiz titular, Motta Macedo, que autorizava as visitas e pedia que eu relatasse o que observava.

Nós éramos um grupo de três ou quatro juízes auxiliares na vara de execuções penais, responsáveis por acompanhar o cumprimento das sentenças. Quando um juiz condenava, o processo ia para nossa vara, e nós monitorávamos até o cumprimento final da pena. Durante essa trajetória, muitos presos adquiriram direitos a benefícios, como mudança de regime, autorização para estudar, ou visitas à família nos finais de semana. Naquela época, todo o processo era manual – sem informatização – com mesas abarrotadas de documentos que precisávamos despachar diariamente em um verdadeiro mutirão. Coordenei vários desses mutirões, visitando presídios para avaliar a situação dos presos.

O sistema era muito precário, e mesmo hoje, com a informatização, ainda há falhas. Muitos presos que já cumpriram suas penas continuam encarcerados, e outros que têm direito a benefícios não os recebem. Naquela época, era ainda pior. No entanto, o que mais me surpreendia era como, em locais como o presídio de Ilha Grande, os próprios presos se organizavam. Eles controlavam o conhecimento sobre quem já havia cumprido a pena, quem tinha direito a benefícios – não os carcereiros ou o diretor. A prisão funcionava como uma comunidade autônoma, muitas vezes mais organizada do que o próprio sistema judicial.

Naquela época, o Comando Vermelho estava nascendo, e seu berço foi justamente o presídio da Ilha Grande. Historiadores afirmam que a facção começou como uma organização política, influenciada pela presença de presos políticos que, ao conviverem com presos comuns, ensinaram-lhes a importância de se organizarem e de reivindicarem melhorias.

Em uma das minhas visitas à Ilha Grande, enquanto caminhava pela praia, avistei um grupo de presos que, praticamente em liberdade, pescavam para alimentar tanto os detentos quanto os habitantes da área de Abraão. Entre eles, notei uma figura exótica vestindo uma camisa do Vasco. Um policial se aproximou e me informou que aquele era Rogério Lemgruber, o "Bagulhão." Surpreso, perguntei: "Mas ele fica solto assim?" O policial respondeu: "Não tem problema, ele não foge." E de fato, não fugia. Havia uma espécie de acordo tácito entre a direção do presídio e os presos, que lhes conferia certa liberdade dentro da prisão.

Naquele tempo, a organização criminosa como conhecemos hoje ainda não existia, e essa convivência fazia parte da dinâmica do lugar. No entanto, o cenário começou a mudar com o advento do proibicionismo. A história nos mostra que os gangsteres surgiram na década de 1930, nos Estados Unidos, devido à proibição do álcool, que levou ao surgimento de um mercado paralelo extremamente lucrativo e violento.

No Brasil, o mesmo fenômeno se repetiu com a guerra às drogas. Nos últimos 40 anos, a repressão estatal levou à formação de grupos criminosos organizados, que, como qualquer mercado, buscam vender seu produto – neste caso, drogas ilícitas. Como o Estado combate essa atividade, esses grupos se armam e disputam territórios para garantir seu espaço no mercado. A violência e o domínio das comunidades através do terror são as armas que utilizam para manter o controle.

Hoje, vemos um novo fenômeno: o crescimento das milícias, muitas vezes formadas por ex-policiais expulsos das corporações. Infelizmente, em alguns casos, a própria polícia e o Estado se transformam em milícias, organizando-se sob o pretexto de combater o crime, mas acabando por praticar crimes contra a própria comunidade que deveriam proteger.

Primeira grande polêmica e enfrentamento midiático

Naquela época, quando eu estava na vara de execuções penais, vivi alguns episódios marcantes. Um deles ocorreu quando concedi a saída temporária de Natal a um preso chamado José Carlos Gregório, conhecido como "Carlinhos Gordo", apontado pela mídia como o maior ladrão de carros do Rio de Janeiro. A liberação começava no dia 23 de dezembro e se estendia até 6 de janeiro.

Esse episódio marcou meu primeiro embate com a mídia, que estampou manchetes sensacionalistas do tipo: "Siro Darlan solta maior ladrão de carros do país." Na verdade, não havia provas de que ele fosse o "maior" ladrão de carros, esse título foi dado pela imprensa. Ele era, sim, um ladrão de carros, mas eu não o soltei por isso, e sim porque ele tinha direito ao benefício, conforme previsto na lei.

A cobertura da mídia tirou minha paz durante o Natal e o Ano Novo, deixando-me preocupado. Fiquei imaginando: "E se ele não voltar?" A tensão me acompanhou até o dia 6 de janeiro. No entanto, José Carlos Gregório se apresentou às 5 da manhã em ponto, uma hora antes do prazo.

Anos depois, ele veio me procurar, como advogado formado, para agradecer a confiança que depositei nele. Respondi que, na verdade, eu é que devia agradecê-lo, pois sua honestidade e compromisso em cumprir a lei me livraram de uma grande aflição.

Esse episódio marcou minha primeira grande ameaça em relação à imprensa e à opinião pública. Tudo começou porque concedi um benefício a uma pessoa que, segundo a lei, tinha direito, mas que, segundo a mídia e a opinião pública, não merecia. As consequências foram rápidas: o presidente do Tribunal, Paulo Dourado de Gusmão, impressionado com a repercussão negativa, decidiu me transferir da vara de execuções penais, localizada no centro, para a vara criminal de Bangu, a cerca de 80 quilômetros de distância. Era claramente uma forma de punição, quase como um exílio. O que ele não sabia era que eu morava na Taquara, muito mais próxima de Bangu, o que acabou, ironicamente, me beneficiando.

Em Bangu, atuei como juiz substituto, ora em varas cíveis, ora em criminais, já que o bairro contava com quatro varas: duas criminais e duas cíveis. Foi lá que me envolvi em um episódio que resultou na primeira de muitas punições que enfrentaria ao longo da carreira.

Recebi um recurso que ordenava a reintegração de posse de uma área ocupada por cerca de 300 famílias de posseiros. O Tribunal havia determinado a reintegração, colocando-me em uma encruzilhada do ponto de vista social: cumprir a decisão significava desalojar instantaneamente centenas de famílias.

Não tive escolha, a ordem precisava ser cumprida. Mas, em vez de recorrer à violência, optei por uma abordagem diferente. Chamei as lideranças dos posseiros e expliquei a situação: "Tenho que cumprir essa medida. O Tribunal determinou. Qual é o prazo que vocês precisam para sair daqui sem que seja necessário o uso da polícia, sem violência?" Eles pediram 30 dias, e eu concordei.

No entanto, o advogado da proprietária não viu a situação da mesma forma e fez a primeira das 52 representações contra mim ao longo da minha carreira. Alegou que eu estava descumprindo a decisão do Tribunal, uma acusação gravíssima, já que a função de um juiz de instância inferior é precisamente garantir o cumprimento das ordens do Tribunal. O que ele não compreendeu foi que eu estava cumprindo a decisão, mas de uma maneira que evitasse a violência e os danos sociais, uma abordagem que sempre defendi.

Respondi à representação, que acabou sendo arquivada, pois, nesse meio tempo, a terra foi desocupada pacificamente, conforme combinado com os posseiros. Informei ao Tribunal que a medida havia sido cumprida, e assim o caso foi encerrado.

Na verdade, não descumpri a ordem do Tribunal. Apenas a cumpri de maneira a respeitar os princípios sociais do direito, que a própria lei estabelece. O juiz deve sempre decidir com base na pacificação social, na boa-fé e nos valores sociais. Assim, estava superada a primeira das 52 representações que enfrentei ao longo da minha carreira.

Em Bangu, tive que conviver com figuras influentes do submundo do crime, como Castor de Andrade, o grande chefão do jogo do bicho no Rio de Janeiro. Ele já dominava a região, e logo no início, um episódio curioso ocorreu. O advogado de Castor, que era também presidente da OAB de Bangu, veio ao meu gabinete para me dar as boas-vindas. Ele foi bastante cordial e, em meio à conversa, disse: "Sei que o senhor gosta de futebol e de carnaval. Se algum dia quiser assistir a um ensaio de escola de samba, é só me avisar. Eu mando o carro buscá-lo e até providencio a companhia que desejar."

Interrompi-o imediatamente, dizendo: "Agradeço a gentileza, mas quando quiser ir, irei com a minha esposa." Cortei a conversa de forma educada, mas firme, deixando claro que não haveria espaço para esse tipo de relação. A verdade é que ele nunca me incomodou, e nossa convivência foi pacífica.

Em Bangu, tive uma boa relação com os colegas de trabalho, que eram muito competentes. Havia um colega que morava em Minas Gerais e, em algumas semanas, não conseguia vir. Nessas ocasiões, eu o substituía nas audiências, o que mostrava o clima de cooperação entre nós.

Passei um bom tempo em Bangu, e, de lá, fui designado para a vara regional de Campo Grande e, posteriormente, para Santa Cruz. Em ambas as comarcas, o volume de trabalho era intenso, mas essas experiências ampliaram ainda mais minha visão sobre o sistema judicial e as diferentes realidades do Rio de Janeiro.

Vara dos infratores

Na vara dos infratores, tive a oportunidade de implementar várias inovações. Percebi, por exemplo, que as condições em que os meninos eram trazidos da Ilha do Governador, onde estavam apreendidos, eram extremamente precárias. Eles saíam de lá por volta das seis ou sete horas da manhã e eram mantidos em uma cela pequena, em grupos de até trinta meninos, até o início das audiências, por volta de uma hora da tarde. Chegavam famintos, irritados e, muitas vezes, violentos.

Houve um episódio com um menino, cujo nome não me recordo, mas tinha um sobrenome italiano, e era considerado o menor mais irrecuperável do sistema. Ele havia fugido várias vezes e era conhecido por ter uma longa permanência no sistema. Decidi conversar com ele e propus que trabalhasse na cantina do juizado: "Você vai trabalhar, aprender uma profissão e passar o dia em um ambiente diferente, convivendo com outras pessoas. À noite, você volta para a unidade."

Ele aceitou a proposta, mas, infelizmente, a experiência durou apenas uma semana. O juiz da primeira vara, Liborni Siqueira, representou contra mim, alegando que eu havia colocado um assassino perigoso para trabalhar com facas na cantina do juizado, pondo em risco a vida dos funcionários. Isso gerou uma grande controvérsia, mas atalhou minha intenção de proporcionar uma oportunidade de reabilitação e mostrar que esses jovens, mesmo os mais difíceis, poderiam ter uma chance de reintegração, porque o tribunal proibiu. O menino voltou e continuou fugindo, fugindo, fugindo...

Minha passagem por Silva Jardim, seguida pela experiência em diversas varas de justiça no Rio de Janeiro, serviu como minha verdadeira "escola de magistratura". Foi no desempenho dessas funções que forjei meu caráter profissional, sempre guiado pelos princípios de humanidade e respeito ao próximo, valores com os quais fui formado.

Como defensor do Estado laico, procurei, no exercício da magistratura, julgar com prudência, justiça, fortaleza e temperança – virtudes que aprendi ao longo de uma vida dedicada a seguir esses preceitos éticos. Essas experiências moldaram minha abordagem como juiz, sempre buscando o equilíbrio entre a lei e a sensibilidade humana.

III

O juiz das crianças e da juventude

"É preciso acreditar e ter a certeza de que nada é impossível aos olhos de Deus. Se fosse preciso, começaria tudo outra vez do mesmo jeito, andando pelo mesmo caminho de dificuldades, pois a fé, que nunca me abandona, me daria forças para ir sempre em frente."

Santa Dulce dos Pobres

Eu estava preparado para ser juiz da infância e implantar o Estatuto da Criança e do Adolescente. O ano era 1991 quando assumi a 2ª Vara da Infância e da Juventude – um desafio que desejei enfrentar devido a tudo que vinha construindo em termos de identidade ideológica e senso de justiça social. Aquele menino pobre, do interior da Paraíba, havia aprendido muitas lições sobre como lidar com as adversidades, inclusive as mais espinhosas. Mas agora, como juiz, eu sabia que teria que superar barreiras até então intransponíveis, barreiras que impediam a Justiça de proteger adequadamente crianças e jovens, especialmente os mais desfavorecidos economicamente.

Enquanto experimentava meus primeiros momentos como magistrado da infância, o Estatuto da Criança e do Adolescente (ECA) havia entrado em vigor no ano anterior, em 13 de julho de 1990. Considero o ECA[1] uma verdadeira revolução jurídica, especialmente em um país que, naquela época, e ainda hoje, trata as crianças com descaso e, muitas vezes, com extrema violência. São crianças fora da escola, abusadas sexualmente e vítimas de atos de violência cujos níveis de gravidade muitos nem imaginam.

A criança é, sem dúvida, o ser humano mais vulnerável. E, no Brasil, se for pobre e negra, essa vulnerabilidade se intensifica de forma dramática. Assumir a 2ª Vara da Infância e da Juventude foi, para mim, uma oportunidade de colocar em prática tudo o que acreditava e lutar para que o ECA fosse mais do que uma letra morta, mas um instrumento efetivo de proteção e justiça.

[1] "O Estatuto da Criança e do Adolescente, Lei Federal nº 8.069, de 13 de julho de 1990, que regulamenta o artigo 227 da Constituição Federal, define as crianças e os adolescentes como sujeitos de direitos, em condição peculiar de desenvolvimento, que demandam proteção integral e prioritária por parte da família, sociedade e do Estado. Como consequência da doutrina de proteção integral à criança e ao adolescente, o ECA prevê a integração operacional dos órgãos e instituições públicas e entidades da sociedade civil, visando à proteção, à responsabilização por ação ou omissão de violação dos direitos, à aplicação dos instrumentos postulados pelo sistema e à interação entre os atores desse sistema". Ver em: https://www.gov.br/mdh/pt-br/navegue-por-temas/crianca-e-adolescente/publicacoes/o-estatuto-da-crianca -e-do-adolescente.

Assumir o papel de juiz da infância e da juventude naqueles primeiros anos da década de 1990 – quando eu era o único a desempenhar essa função no Rio de Janeiro – foi uma escolha consciente, alinhada ao meu compromisso inabalável com a defesa social. Hoje, há mais de 20 juízes da infância só na capital, mas, naquela época, a tarefa de proteger menores e garantir a aplicação rigorosa do marco legal dos direitos humanos de crianças e adolescentes estava praticamente nas minhas mãos. Arregacei as mangas e mergulhei na luta, sabendo desde o início que não seria fácil.

Impor o conceito de que a criança é um sujeito de direitos representava uma mudança radical no *status* quo. Era uma inversão completa do olhar tradicional, que via a criança apenas como um ser passivo, necessitado de cuidados, sem reconhecê-la como um agente de direitos plenos. Esse é o espírito, a essência revolucionária do Estatuto da Criança e do Adolescente (ECA) – uma transformação profunda que, insisto, provocou um impacto considerável em uma sociedade que, por tanto tempo, maltratou suas crianças.

Lembrando que, até algumas décadas atrás, existia a roda dos expostos, onde recém-nascidos eram abandonados na porta da Santa Casa de Misericórdia ou mesmo nas ruas, e crianças eram encarceradas apenas por serem pobres. Infelizmente, muito dessa realidade ainda persiste. O ECA surgiu como uma revolução jurídica, mas, apesar de seu sólido arcabouço, ainda enfrentamos um cenário hostil para as crianças e jovens deste país.

Com certeza, avançamos na tentativa de reverter uma cultura perniciosa e resistente a esses direitos, mas há muito ainda a ser feito. Isso ficou ainda mais evidente no dia em que assumi a 2ª Vara da Infância e da Adolescência. Naquele momento, soube que defender os princípios do Estatuto significaria "comprar briga" com muita gente poderosa – com influentes setores de mercado e com um Estado frequentemente omisso.

Era nesse campo minado que eu me colocaria como garantidor rigoroso da lei, sem subterfúgios. Assim começava minha missão árdua, acompanhada de uma oposição renhida e inclemente contra mim, cujos detalhes e personagens serão revelados no decorrer dessas memórias.

É notória a fragilidade das políticas públicas do Estado. Questioná-las significa enfrentar uma sociedade que ainda mantém a visão distorcida de que criança pobre deve ser removida de sua vista, de que crianças que incomodam não têm direito de estar nas ruas, nem mesmo para brincar. Em resumo, é uma sociedade em que prevalece a premissa de que criança pobre que está nas ruas deve ser encarcerada.

O cenário se torna ainda mais alarmante quando olhamos para dentro das famílias. É degradante, mas muitos ainda acreditam ter o direito de bater em seus filhos, ou pior, há aqueles que se consideram no direito de ser os primeiros a deflorar suas filhas. Persiste a ideia repugnante de que, por serem "carne do próprio pai", os filhos estão sujeitos a abusos sexuais. A maldade e a violência continuam a ser concepções profundamente enraizadas no tecido social.

Historicamente, não é surpresa que a educação de crianças fosse baseada na violência – palmadas, chibatadas ou ajoelhadas sobre caroços de milho. Esse método supostamente "educativo" predominava e, lamentavelmente, ainda persiste na cultura popular. É difícil acreditar que, mesmo após 33 anos da promulgação do ECA, essas práticas ainda existam.

Como juiz, testemunhei casos horrendos de abuso contra crianças. Vi pais afirmarem, sem qualquer remorso, que defloraram suas próprias filhas. "Sou o pai, tenho o direito de ser o primeiro," diziam diante de mim em audiências. Não se trata de lenda ou exagero, mas de uma realidade brutal e assustadora que constatei pessoalmente.

Tão ou mais surpreendente do que esses casos escabrosos, era ouvir contestações ao Estatuto da Criança e do Adolescente, especialmente nas muitas palestras que dei em escolas. Inacreditavelmente, muitos defendiam que criança malcomportada precisava apanhar. Essa era a "educação" predominante. Pais que, um dia, foram crianças castigadas, repetiam com orgulho: "Meu pai me educou com palmadas, e nunca virei bandido." Para eles, os maus-tratos que sofreram na infância foram fundamentais para se tornarem "homens de bem."

Ouvi essa distorcida concepção de educação inúmeras vezes, e lutar contra essa maré de ideias retrógradas custou-me caro. Não me curvei. Enfrentei essa triste realidade e os argumentos que a sustentam de forma decidida. Houve incontáveis embates, alguns bastante árduos, especialmente com o Ministério Público, que tradicionalmente adota uma visão punitiva. Ao longo da minha carreira, tive 50 representações contra mim, e acredito que fui o juiz mais representado pelo MP no Estado do Rio de Janeiro, talvez até no Brasil.

Uma representação ocorre quando promotores, outros juízes ou representantes de entidades discordam de uma decisão tomada por um juiz. Em vez de recorrerem pelas vias normais dos tribunais, o Ministério Público, por exemplo, pode optar por representar contra o juiz no Conselho da Magistratura do Rio de Janeiro. Fui alvo dessa manobra diversas vezes, especialmente durante o período em que estive à frente da 1ª Vara da Infância e da Juventude do Rio de Janeiro, que assumi em 1995.

Naquela época ainda não existia o Conselho Nacional de Justiça (CNJ). Assim, as representações contra juízes eram encaminhadas ao Conselho da Magistratura, que tinha a responsabilidade de avaliar essas queixas. Esse processo muitas vezes resultava em um desgaste pessoal e profissional considerável, pois, em vez de seguir o trâmite habitual de recorrer judicialmente, esses atores optavam por questionar diretamente a conduta do juiz, tentando minar sua atuação por outras vias.

Uma das representações que enfrentei veio diretamente do então prefeito do Rio, Cesar Maia. Ele se indignou comigo porque eu cobrava dele políticas públicas claras e eficientes para atender crianças e adolescentes em situação de vulnerabilidade. Durante sua gestão, liderei uma operação na Barra da Tijuca que recolheu 205 menores moradores de rua. Na ocasião, determinei o indiciamento criminal de 38 pais por abandono, a advertência de outros 15, e o encaminhamento de mais 32 para o projeto "Escola de Pais" da 1ª Vara de Infância e Juventude. Diante desse cenário alarmante, alertei o prefeito sobre a falta de investimentos em programas de apoio às famílias desses menores.

Em vez de atender às necessidades apontadas, o prefeito reagiu investindo contra mim no Conselho de Magistratura, alegando que eu não tinha o perfil adequado para ser juiz da infância e da juventude. Muitos desembargadores, cientes do enorme desafio de comandar uma das Varas mais complexas e traumáticas do Judiciário, sugeriram que eu me transferisse para outras Varas, como a de órfãos e sucessões, onde se lida mais com processos administrativos e onde o trabalho, em grande parte, envolve pessoas falecidas. Essas Varas são muito disputadas entre os juízes, por serem menos estressantes e mais automatizadas.

Recusei todas as ofertas, preferindo resistir aos ataques contra meu posicionamento jurídico, sempre fundamentado no que rege a lei. Sempre fui apaixonado pela matéria que cuidava quando juiz, e essa paixão, junto com um profundo comprometimento com as causas de crianças e jovens marginalizados, me manteve firme. Para mim, era essencial fazer o Tribunal ir aonde a criança estava e, mais do que isso, efetivamente ajudá-la. Não estava disposto a abandonar essa missão em troca de uma vida mais tranquila ou de um cargo menos conflituoso.

“Amigo da criança”

Tinha todos os motivos para seguir em frente e acreditar na correção do caminho que trilhava para amparar seres tão indefesos. O reconhecimento pelo meu esforço não demorou. Em julho de 1991, recebi da Fundação São Martinho o título de “Amigo da Criança”, ao lado do coronel Carlos Magno Nazaré de Cerqueira e da então primeira-dama Célia Alencar, esposa do governador Marcello Alencar. A homenagem ocorreu após uma missa pelo dia de Nossa Senhora do Carmo, padroeira da fundação, celebrada pelo frei Carmelo Cox na sede da entidade, na Lapa. O mais emocionante foi saber que fui escolhido pelas próprias crianças para receber essa honraria, em grande parte devido ao projeto “ônibus-abrigo”.

Naquela época, ainda como juiz da 2ª Vara de Menores – como eram chamadas as Varas de Infância e Juventude – enfrentei muitos processos envolvendo adolescentes infratores. Ao mesmo tempo, tive o privilégio de me envolver com projetos louváveis, cujo objetivo era resgatar esses jovens da violência e criminalidade a que estavam expostos. Estávamos esperançosos com as possibilidades abertas pelo ECA, e nossas decisões em defesa das crianças e adolescentes refletiam um espírito garantista.

Foi esse sopro de esperança que nos motivou no programa “ônibus-abrigo”, uma iniciativa que comandei e que recebeu ampla cobertura na imprensa, sempre com editoriais positivos. Tudo começou em 1991, quando pedi ao ex-governador Leonel Brizola alguns ônibus que haviam sido estatizados e estavam parados na garagem, para que fossem transformados em abrigos onde meninos e meninas de rua pudessem dormir protegidos. Lembrome bem: era junho, um mês muito frio. Inicialmente, instalei um "ônibus-abrigo" na Praça Serzedelo Correia, em Copacabana, e outros no Passeio Público, no Centro, e na Tijuca, na zona norte.

No início, houve quem maldosamente chamasse os ônibus de "Motel do Sirão", numa tentativa de desmoralizar o projeto social. Mas essas tentativas não tiveram êxito. O projeto prosperou, e as críticas mal-intencionadas não conseguiram ofuscar o impacto positivo que teve na vida de tantas crianças.

Para se ter uma ideia da seriedade com que tratávamos o projeto, houve um momento muito especial em um desses ônibus, que eu visitava regularmente, muitas vezes durante a noite. Em uma dessas visitas, vivi uma das cenas mais comoventes de toda a minha carreira e, sem dúvida, de toda a minha vida. Essa cena envolveu Yvonne Bezerra de Mello, uma mulher extraordinária, conhecida por todos, cuja dignidade e honradez são inquestionáveis. Sempre que recordo esse episódio, sinto uma profunda emoção, como agora, ao registrar estas memórias.

Naquela noite, entrei no ônibus, já bem tarde. Lá, encontrei Yvonne sentada no chão, com meninos deitados em seu colo. Ela estava lendo histórias para eles. Alguns sorriam, enquanto outros, principalmente os menores, dormiam serenamente. Era uma imagem santificada, de uma pureza quase palpável. Nunca contei essa história porque Yvonne, ao contrário de muitos que a criticam, não é exibicionista. Ela é especial, e faz o que precisa ser feito, sem alarde, sem busca de reconhecimento. Onde o Estado deveria estar presente, lá está Yvonne.

Ao presenciar aquela cena, fui tomado pelo pensamento de que estava diante de uma santa. Yvonne, uma mulher de posses, que poderia muito bem estar viajando por Paris ou Roma, optou pela alteridade, pelo amparo às crianças e jovens desfavorecidos, aqueles que foram entregues à própria sorte por suas famílias. Sua escolha, sua entrega absoluta a essa causa, é algo que carrego comigo como uma das mais profundas lições de humanidade que já testemunhei.

Yvonne Bezerra de Mello mantém um projeto social extraordinário na favela da Maré, chamado Uerê. É realmente um espetáculo. Tive o privilégio de acompanhar seu surgimento e, sempre que possível, fazia questão de visitá-lo. Nos nossos "ônibus-abrigo", cada vez que eu estava presente, via Yvonne com pratos de comida ou de sopa nas mãos, distribuindo às crianças. Não importava se os meninos e meninas estavam doentes, infectados por piolhos, sarna ou qualquer outra enfermidade – Yvonne os acolhia com um carinho e dedicação maternal que todos deveríamos ter ao olhar para uma criança de rua.

Essas passagens com Yvonne Bezerra de Mello precisam ser contadas para silenciar, de uma vez por todas, qualquer maledicência dita contra os "ônibus-abrigo" ou contra ela própria.

Houve, entretanto, outro dia especial que marcou esse projeto. Na noite de 8 de julho de 1991, realizei uma ação ousada, dentro do mesmo espírito que, no mês anterior, havia me proporcionado a homenagem das crianças da Fundação São Martinho. Requisitei ao governador Brizola mais ônibus, além de caminhões do Corpo de Bombeiros e da Polícia Militar, para abrigar – e friso aqui, "abrigar", e não "recolher", como é infelizmente mais comum em nossa sociedade – os meninos que dormiam na Cinelândia, na Praça do Lido e na Praça Saens Peña. A situação daqueles menores era de calamidade pública.

Uma reportagem[2] do *Jornal do Brasil* na época reforça o que narro aqui, destacando a urgência e a gravidade da situação. Essa ação foi um esforço concreto para oferecer abrigo e dignidade a essas crianças, em um cenário onde o descaso e a violência contra os mais vulneráveis eram (e ainda são) prevalentes. O trabalho que Yvonne e eu realizamos juntos, e os impactos dessas iniciativas, são testemunhos da importância de intervenções humanas e compassivas em um sistema muitas vezes falho.

[2] A.D.. "Ônibus vão às praças para abrigar menor". *Jornal do Brasil*: Rio de Janeiro, 9 de julho de 1991, p.5.

Às 20h30 daquela noite, um caminhão do 5º BPM (Saúde) e um ônibus do quartel central do Corpo de Bombeiros (Praça da República) chegaram à Cinelândia, onde eu já os esperava para pôr em prática a decisão. Em uma hora e meia, conseguimos abrigar 20 meninos no caminhão e duas meninas no ônibus. Eles receberam colchonetes e cobertores, e tiveram a companhia de educadores da Fundação São Martinho. Na Praça do Lido, em Copacabana, outros sete menores encontraram abrigo em um caminhão e uma Kombi do Batalhão de Choque da PM, que foram deslocados para lá.

Ao decidir pela utilização desses veículos como abrigos improvisados, entrei em contato com várias instituições que cuidavam de menores de rua para que assumissem a responsabilidade pela gestão desses carros, que permaneceram em algumas praças abrigando os menores das 20h às 6h. A operação foi estendida a outras áreas da cidade, principalmente no centro e na zona norte, em locais como Méier e Madureira. Essa iniciativa durou todo aquele inverno, que foi particularmente rigoroso e extremamente violento.

De junho a agosto daquele ano, 60 crianças e adolescentes (dos quais 54 eram meninos) foram assassinados na região metropolitana do Rio. Esse dado alarmante foi compilado a meu pedido pelo Serviço de Vigilância e Inspeção da 2ª Vara de Menores, com base em levantamentos feitos nos Institutos Médico-Legais do Rio, Niterói e Duque de Caxias. A faixa etária predominante era de 15 a 17 anos, e mais da metade desses homicídios ocorreu na cidade do Rio de Janeiro. O mais assustador é que apenas sete desses adolescentes assassinados tinham passado pela 2ª Vara por terem cometido alguma infração. Todos foram mortos por arma de fogo, exceto um, que foi brutalmente assassinado a pauladas.

Esses números aterrorizantes destacam a urgência das medidas que tomamos para proteger essas crianças e adolescentes, oferecendo-lhes abrigo e segurança em meio a uma violência tão descontrolada. Aquela foi uma época em que cada decisão era guiada pelo desespero de salvar vidas, em um contexto em que a proteção infantil era severamente negligenciada.

Aquela estatística triste e covarde serviu como uma denúncia contundente contra um Poder Público omisso e uma sociedade preconceituosa, sem amor ao próximo, que preferia culpar adolescentes infratores por eventos isolados – como os arrastões em praias da zona sul – do que enfrentar a realidade. Esses jovens eram retratados pelo imaginário popular como demônios que, aparentemente, surgiram do nada nas ruas, ignorando-se completamente suas origens e a verdadeira causa de sua presença nas vias públicas.

Até hoje, a sociedade e as autoridades muitas vezes fecham os olhos para a verdade: todos esses meninos e meninas têm pais que podem ser identificados e punidos pelo abandono. Por trás dessas crianças, há uma estrutura criminosa que as empurra para as ruas, para o crime, transformando-as em "bucha de canhão" em todas as circunstâncias delituosas. Elas trabalham como "aviões" para traficantes e, ao menor erro ou contrariedade, são brutalmente executadas pelos criminosos adultos.

No entanto, qualquer esforço para relativizar e compreender essa complexa realidade é prontamente rechaçado por uma sociedade que, de maneira desumana, vê na morte desses jovens uma solução "fácil" e "eficiente". Enquanto isso, as autoridades faziam vista grossa para a carnificina que ocorria nas ruas, ignorando deliberadamente o extermínio sistemático de crianças e adolescentes em situação de vulnerabilidade. É um quadro que revela a profunda insensibilidade e a conivência de um sistema que falha em proteger os mais frágeis, preferindo eliminar o "problema" em vez de enfrentá-lo com humanidade e justiça.

Um pivete não rouba para desfrutar do que toma, como muitos preferem acreditar. O que roubam é destinado a receptadores – adultos! – que lucram com o crime. Quando sobra algo, é para comprar comida, na tentativa de saciar uma fome que a sociedade prefere ignorar. Se naquele dia um roubo resultou em uma "quentinha", nos outros dias, a sobrevivência é entregue ao acaso. Para a maioria dos meninos e meninas de rua, o destino é cruelmente previsível: acabam como pequenos e indesejáveis cadáveres.

Ouso, então, perguntar: quem é o verdadeiro criminoso? O Estado ou o jovem infrator? No caso dos adolescentes, minha visão é clara, e a literatura oferece um rico apoio nesse sentido. Ao investir em uma criança, oferece-se a ela uma família que a respeite. Se tiver acesso a uma escola de qualidade e a uma oportunidade digna de trabalho, é muito menos provável que esse adolescente entre no mundo do crime. Onde existem políticas públicas, a criminalidade é potencialmente diluída – não eliminada, mas enfraquecida, principalmente entre os economicamente desfavorecidos.

A política pública é o início de tudo, e a responsabilidade por ela recai sobre o Estado. Portanto, repito a pergunta: quem é o verdadeiro criminoso? O Estado, por ser omisso, é o primeiro culpado, ao não fornecer as políticas públicas necessárias e permitir que as crianças que deveria proteger acabem nas ruas.

Essas crianças, na imensa maioria, desejam antes de tudo saciar a fome. Como juiz da infância e da juventude, vi essa realidade muitas vezes.

Havia um caso envolvendo meninos que roubavam toca-fitas de carros estacionados no Leblon. Um deles, conhecido como "Cebolinha", morava na favela da Rocinha e foi preso cerca de 30 vezes. Ele era um "especialista" em furtar toca-fitas, abrindo os carros sem a chave com uma habilidade que me deixou impressionado – chegou até a fazer isso com o meu carro durante uma das audiências que teve comigo. Fiquei abismado com sua agilidade, que mais parecia mágica. Então, perguntei a ele o que fazia com os toca-fitas que roubava. A resposta veio rápida e direta: "Senhor, troco por quentinhas."

Quando se faz a aritmética do drama por trás da fome daquele menino, percebe-se que a tragédia é muito maior do que se imagina. Na época, um toca-fitas custava cerca de 400 reais, enquanto uma quentinha custava talvez uns 10 reais. Sem relativizar, porque quem tem fome não tem o luxo de relativizar, ele trocava um produto valioso por um prato de comida. Assim, "Cebolinha" tentava sobreviver nas ruas e enfrentar a violência a que estava exposto. Diante daquela resposta, eu me perguntava: "Será que se ele recebesse diariamente um prato de comida, continuaria roubando toca-fitas?"

Outra situação comum nas audiências envolvia meninos confessando:

"Doutor, eu não ia roubar aquela moça, não, mas ela estava na minha calçada. Quando me viu, atravessou para a outra calçada. Eu me senti ofendido, então fui lá e tirei a bolsa dela."

Quem agrediu primeiro? Quem praticou o preconceito? Esses meninos contavam suas histórias com revolta e agressividade, revelando uma verdade dura sobre as relações de poder e preconceito nas ruas.

Mas havia esperança. Sempre há. Um daqueles meninos, interno no antigo Instituto Padre Severino, escreveu uma poesia para mim, que marcou profundamente minha carreira:

> "*Eu conheço a fome.*
> *Eu conheço o frio.*
> *Assim são os menores abandonados do Rio.*"

Essas palavras encapsulavam a realidade cruel que enfrentavam, mas também deixavam entrever uma sensibilidade que ainda podia ser resgatada.

Um poeta que surgiu de sua própria realidade, chamado Alexandre, e que nos deixou precocemente.

Tai Chi Chuan para adolescentes em conflito com a lei

Em dias de audiências, era comum que dezenas de meninos e meninas fossem levados das instituições onde estavam para a Praça Onze, perto do Sambódromo, onde funciona a 1ª Vara da Infância e da Juventude. Eles ficavam amontoados em uma pequena sala, sem comida ou água, até serem atendidos pelo juiz. Indignado com essa situação, não hesitei em tomar uma decisão diferente: transferi as audiências para as próprias instituições na Ilha do Governador e em Santa Cruz. Convoquei minha equipe e partíamos para as unidades de internação, onde eu julgava os casos e aplicava as medidas necessárias ali mesmo. Até hoje, nenhum outro juiz tomou uma atitude semelhante, nem mesmo após minha saída da 1ª Vara da Infância e da Juventude.

Como era de se esperar, minha decisão de realizar as audiências nas instituições incomodou muitas pessoas, inclusive membros do Ministério Público. Alguns promotores alegavam que só compareceriam às audiências se estas fossem realizadas na sede da 1ª Vara, na Praça Onze. Eu respondia de forma pragmática: se não quisessem ir aos institutos, seriam excluídos do processo, do qual são parte fundamental. No final, acabavam cedendo e me acompanhando, embora com evidente contrariedade.

Em 1992, enquanto ainda estava à frente da 2ª Vara, notei que os meninos chegavam às audiências extremamente agressivos e, em alguns casos, agiam de forma violenta. Em uma ocasião, um adolescente chegou a atirar uma cadeira contra uma defensora pública grávida. Foi uma situação gravíssima, mas o jovem foi contido sem o uso de violência, seguindo minha orientação. Naquelas horas posteriores à audiência, a reação daquele adolescente não saía da minha mente. Algo precisava ser feito para evitar a repetição de um incidente tão grave. Puni-los severamente? Nunca. Essa não seria a solução, apenas perpetuaria o ciclo de violência e abandono que abomino. Esses jovens, como já mencionei, eram deixados em uma pequena sala desde as 8h da manhã até as 13h, sem comida, exauridos e desesperados – uma situação completamente inadmissível e desumana.

Em meio a essa reflexão, surgiu uma ideia: sessões de tai chi chuan, uma arte milenar chinesa que promove concentração e relaxamento, poderiam ajudar a acalmar os meninos antes das audiências. Convidei o professor Marcos Vinicius Gomes, que presidia a Associação de Filosofia e Cultura Oriental do Rio de Janeiro (Aficorj), com o apoio dos profissionais do Centro de Saúde Oswaldo Cruz, para conduzir as aulas. Ele prontamente aceitou o desafio. Solicitei que os carros fossem removidos da garagem da 1ª Vara da Infância e da Juventude, na Praça Onze, e transformei o espaço em um local de prática de tai chi chuan toda segunda-feira.

O primeiro dia de aula foi prestigiado pelo então secretário de Justiça do estado do Rio de Janeiro, Nilo Batista. No início, a receptividade não foi das melhores. Alguns dos jovens se recusavam a participar das aulas, mas sem a agressividade que demonstravam anteriormente. Com o tempo, e graças à paciência e habilidade do professor Marcos, eles começaram a ceder e a participar. O resultado foi espetacular: todos passaram a entrar nas audiências mais calmos e respeitosos, tanto comigo quanto com as outras autoridades presentes. Anos depois, recebi um depoimento emocionante do professor Marcos:

> "Tudo começou em novembro de 1991, quando fiz uma matéria no *Jornal do Brasil* sobre tai chi para pacientes hipertensos

e diabéticos. O desembargador Siro Darlan leu a matéria e me convidou para fazer um trabalho de tai chi no Juizado de Menores, e aceitei o desafio. Em março de 1992, comecei a ensinar a prática e a filosofia oriental do tai chi para meninos e meninas infratores. Antes das aulas, eu entrava na sala e falava sobre convívio social, qualidade de vida, e a importância do tai chi. Um ano depois, tive uma experiência muito emocionante. Eu estava entrando em um ônibus quando um jovem se aproximou e me agradeceu profundamente. Ele me contou que tinha participado das minhas aulas no Juizado, e que isso mudou sua vida: largou as drogas e conseguiu um trabalho. Esse fato me tocou profundamente. O impacto positivo foi tão grande que virou matéria em todos os jornais do Rio de Janeiro e até na *Folha de S. Paulo.*"

O relato do professor Marcos foi um testemunho da eficácia do projeto, que transformou a vida de muitos jovens, oferecendo-lhes uma nova perspectiva e uma chance real de recomeçar.

Marcos tinha razão. E a imprensa[3] repercutiu de forma muito positiva as aulas de tai chi chuan para os adolescentes infratores. Além dos jovens, até os funcionários da 1ª Vara de Infância e Juventude aderiram à prática, tornando o ambiente mais harmonioso e integrado. Foi, sem dúvida, uma decisão acertada. A integração era evidente, e os resultados se mostraram benéficos. Eu mesmo quis participar das aulas, mas minha agenda sempre foi extremamente cheia. Ainda assim, tinha plena convicção de que o tai chi chuan ajudava a despertar o lado bom e sereno daqueles meninos, que só recorriam à violência porque a vida havia sido implacável com eles. Alguns chegavam às aulas aflitos, temendo pelo futuro, e outros até mesmo com medo de serem exterminados.

Como lembrou a repórter do *Jornal do Brasil*, Vera Gudin[4], a implementação das aulas de tai chi chuan não foi a primeira

[3] A.D.. "Juizado: internos vão fazer curso de tai-chi-chuan". *O Globo*: Rio de Janeiro, 31 de março de 1992.

[4] GUDIN, Vera. "Tai chi chuan recupera menor infrator". *Jornal do Brasil*: Rio de Janeiro, 3 de abril de 1992.

iniciativa que adotei em favor dos adolescentes infratores. Graças a doações, pude instalar uma televisão e um videocassete na sala de espera, o que ajudou a suavizar o ambiente para eles e para nós, que trabalhávamos nas Varas de Infância.

Mas o que fez o Ministério Público? Será que aplaudiu a iniciativa, reconhecida pela imprensa e por entidades de defesa dos direitos humanos como louvável? Infelizmente, não. Todo o esforço em oferecer algo positivo e transformador foi mal interpretado. Em vez de reconhecer os benefícios das aulas de tai chi chuan, os membros do MP alegaram que eu estava "ensinando artes marciais para bandidos." Ignoraram completamente a filosofia por trás da prática e o fato de que o professor Marcos oferecia as aulas gratuitamente. Baseados nessa visão preconceituosa, instauraram mais uma representação contra mim. O Tribunal de Justiça, acolhendo essa visão distorcida, decidiu proibir as aulas de tai chi chuan na 1ª Vara da Infância e da Juventude.

Tudo o que consegui para aliviar a angústia daqueles meninos foi graças a doações. Não tinha recursos próprios; se tivesse, faria muito mais por eles. O TJ, por sua vez, também não oferecia suporte nesse sentido. Coube a mim buscar ajuda na sociedade civil. Alguns empresários se sensibilizaram e colaboraram, como Paulo César Ferreira[5], um ex-diretor da *TV Globo*.

Ele ajudou-me a transformar uma sala da 1ª Vara, que antes servia como prisão, em uma cantina. Contratou, inclusive, uma empresa de engenharia para realizar as obras necessárias. Essa era

---

[5] O jornalista e empresário Paulo César Ferreira nasceu no Rio de Janeiro, em 1936. Filho único de pais analfabetos, ele teve uma infância pobre e começou a trabalhar cedo como vendedor de velas em cemitérios. Aos 22 anos foi admitido como repórter na Rádio Continental. Ingressou na Globo em 1967. Ver em: https://memoriaglobo.globo.com/perfil/paulo-cesar-ferreira/noticia/paulo-cesar-ferreira.ghtml. Ferreira foi sócio de Roberto Marinho na Net e autor do polêmico livro "Pilares Via Satélite — Da Rádio Nacional à Rede Globo", obra lançada em 1998 e que descreve o que acontecia fora do ar durante o período de ascensão da maior emissora de TV brasileira. Ver em: https://www1.folha.uol.com.br/fsp/ilustrad/fq18059803.htm.

a minha rotina, que ia muito além das funções tradicionais de um juiz. Antes de ser magistrado, eu era cidadão. Sem imposições, recolhia meninos das ruas e os convidava para lanchar na cantina, que também atendia os funcionários. Alguns desses meninos consegui encaminhar para um curso de hotelaria oferecido na Escola Municipal Calouste Gulbenkian. Esse curso, mantido por Marie Bourgeois – primeira modelo brasileira a atuar na Europa, e pelo estilista Pierre Cardin – ensinava aos jovens as funções de garçom, e muitos deles começaram a trabalhar na cantina, alguns até como cozinheiros. Aquela antiga prisão tornou-se um espaço vibrante, um lugar de vida, de alimentação e de resgate da dignidade que a sociedade os havia tirado.

Não havia mais a necessidade de manter uma prisão naquele espaço, pois todas as audiências foram transferidas para as instituições. Minha semana era tomada por audiências, mas, às sextas-feiras, eu priorizava um programa que batizei de "Almoçando com os Juízes". A proposta era simples: saíamos da sede da 1ª Vara em um ônibus da antiga CTC, doado pelo então governador Marcello Alencar, que eu havia reformado, inclusive com uma nova pintura. O ônibus era lúdico, carregado de bolas, pipas e outros brinquedos.

Saíamos eu e os funcionários pelas ruas da cidade. No início, como sempre, não foi fácil convencer os meninos e meninas a entrarem no ônibus. Aos poucos, porém, fomos ganhando a confiança deles, mostrando que nosso objetivo era ampará-los, não os recolher. Aqueles que já conheciam nosso propósito logo entravam no ônibus sem temor. Era uma verdadeira festa quando chegávamos. Estabeleceu-se uma relação de extrema confiança entre nós, representantes do Judiciário, e aquelas crianças marginalizadas. Sentiam-se verdadeiramente acolhidos e seguros de que não seriam levados à força. Levávamos os que aceitavam para a sede na Praça Onze, onde lanchavam na cantina que criamos justamente para lhes oferecer um mínimo de dignidade.

Embora eu desejasse acolher dezenas deles em um único dia, isso era infelizmente impossível. Em uma jornada de sexta-feira, conseguíamos levar apenas alguns, mas cada um fazia valer todo o esforço. Ao chegarem, sentavam-se à mesa e almoçavam. Normalmente, trazíamos quatro ou cinco meninos, acompanhados por uma psicóloga e uma assistente social, que conversavam com eles sobre suas realidades e os motivos que os levaram a viver nas ruas, longe de casa, dos pais e da escola.

Ao final, cada um recebia um kit com roupas, pasta de dente, sabonete e camisinha. Sim, camisinha, porque a vida nas ruas expõe esses jovens precocemente à sexualidade, e o índice de contaminação pelo HIV era alarmante na época. Todos tomavam banho, almoçavam e depois seguiam seus caminhos. Essa rotina de acolhimento fez com que passassem a frequentar a Praça Onze naturalmente, sem medo, sabendo que ali seriam tratados com respeito e dignidade.

Não havia como eu me acomodar diante de injustiças sociais. Eu próprio fui vítima delas na infância, ainda que tendo a sorte de contar com uma mãe firme e devotada. A maioria dos meninos e meninas de rua não tem essa mesma sorte. Certamente, os adolescentes que, em março de 1992, mantiveram reféns outros dois menores no Rio Comprido também não tiveram. Esse caso foi manchete nos jornais cariocas. Os dois jovens só se entregaram quando cheguei ao local. Estavam cercados, e, sem a minha intervenção, a situação poderia ter terminado em massacre. Depois de presos, precisaram ser punidos. Outros, igualmente envolvidos com traficantes e o crime organizado, seguiram o mesmo caminho.

Enquanto trabalhava para defendê-los, também era necessário agir como a mão da lei e da Justiça. Esse equilíbrio forçado me levou, em 1994, a solicitar escolta policial para mim e minha família após receber ameaças de morte pela condenação dos adolescentes Meleca e Ratinho, que assassinaram o ex-diretor do Banco Central, José Carlos Madeira Serrano.

Apesar das ameaças, não me deixei intimidar. Se assim fosse, não teria recebido, em 1996, já como juiz da 1ª Vara da Infância e da Juventude, um importante reconhecimento pelo programa "*Justiça nas Comunidades*". A deferência veio do então comissário especial das Nações Unidas, Juan Miguel Petit Addendum, que, durante sua visita ao Brasil entre 3 e 14 de novembro de 2003, declarou que a 1ª Vara era "um exemplo de iniciativas proativas para levar justiça social a comunidades marginalizadas, que deve ser conhecido e replicado". Sua estada no país resultou em um relatório[6] oficial da ONU, do qual cito aqui os parágrafos 67, 68 e 114.

> "67. O Relator Especial aponta que a 1ª Corte da Infância e Juventude do Rio de Janeiro é um exemplo louvável de iniciativas proativas para trazer justiça social a comunidades marginalizadas. Na estrutura do projeto, *Justiça nas Comunidades*, uma vez por mês a equipe da vara vai à favela por um dia. Eles chegam em um ônibus com os equipamentos básicos e atendem cerca de duas mil pessoas, provendo a elas os documentos básicos, como certidão de nascimento, cédula de identidade e carteira de trabalho. Durante esse dia em que a equipe fica na favela, a vara emite tantas certidões de nascimento quantas seriam emitidas normalmente no período de duas semanas. Isso mostra a importância de se fazer a justiça fisicamente acessível a comunidades marginalizadas. Uma vez por semana, crianças de rua são convidadas a almoçar com o juiz. Além da refeição, as crianças recebem um kit de higiene pessoal e cédula de identidade que algumas vezes acaba sendo sua única documentação em mãos. Atenção vem sendo dada para fazer com que a vara crie um ambiente favorável para a criança. Crianças vítimas de crimes sexuais recebem bonecas com anatomia corretos para ajudar a demonstrar o abuso que sofreram de uma forma que não seja traumática.
>
> "68. A experiência da vara é a melhor prática que pode servir como modelo inspirador tanto para o judiciário como para a implementação de políticas de prevenção. [...]

[6] Relatório do relator especial da ONU, sr. Juan Miguel Petit Addendum, sobre a venda de crianças, prostituição infantil e pornografia infantil". Ver íntegra em: https://www2.camara.leg.br/atividadelegislativa/comissoes/comissoespermanentes/cdhm/publicacoes/RelRelEspOnuCri.html.

> "114. Posições firmes devem ser tomadas para que a impunidade tenha fim. Isso depende especialmente de instituições que estão na linha de frente como a polícia e o judiciário; Um processo de reforma institucional deveria transformar a polícia em uma instituição com um papel social de proteção dos direitos humanos. A reforma da polícia deve visar programas de capacitação, em âmbitos nacional e estadual, em direitos da criança; O judiciário, incluindo suas altas instâncias, deveria engajar simultaneamente em um debate baseado na própria reforma baseada na perspectiva dos direitos da criança.. O juiz deve ter um papel social ativo em proteção dos direitos da criança e fazer parte da rede de proteção de sua comunidade. Exemplos de iniciativas proativas para trazer justiça social às comunidades marginalizadas, como as implementadas pela 1ª Vara da Infância e da Juventude do Rio de Janeiro, deveriam ser divulgados e replicados como parte dos esforços para a reforma do judiciário, e; Outras iniciativas poderiam ser tomadas para dar uma maior força ao compromisso institucional para pôr um fim à impunidade, assim como o estabelecimento de grupos de trabalho em âmbitos nacional e estadual com a participação de instituições e indivíduos de respeito e de voz."

Apesar das inúmeras ameaças e ataques pessoais, mantive firmes minhas atividades jurídicas e os projetos socioeducativos que apoiava com convicção. Um exemplo marcante foi o Camp Mangueira, no Morro da Mangueira. Em janeiro de 1997, cinco anos após sua implantação com apoio da iniciativa privada, o índice de criminalidade infantil na comunidade caiu a zero. Não havia registros de furtos ou de crianças e adolescentes sendo recrutados pelo tráfico de drogas. Reforçando essa iniciativa, a Vila Olímpica, criada em 1979 por Francisco de Carvalho, o "Chiquinho da Mangueira", continuava a formar grandes atletas em diversas modalidades.

Na mesma época, enfrentava um profundo sofrimento por conta de uma rebelião no Instituto Padre Severino, ocorrida na virada do ano. Os adolescentes incendiaram colchões no alojamento, resultando na fuga de vinte e três deles, seis mortos e mais de trinta feridos com queimaduras. Foi um período de grande angústia e reflexão, difícil de conciliar com a realidade positiva do Camp Mangueira. Essas duas realidades tão contrastantes coexistiam em uma única cidade, o que se tornou ainda mais evidente com o encerramento das atividades do Instituto Padre Severino em 2012, após décadas de funcionamento.

Uma novela e a destemperança

O trabalho de acolhimento de crianças e jovens avançava, contando com o apoio de parte da mídia que reconhecia nele um compromisso autêntico com a transformação social, pautado por um espírito empático. No entanto, a oposição persistia, seja por uma ignorância enraizada em preconceitos culturais, seja por interesses políticos e econômicos, sobre os quais me debruçarei mais adiante neste capítulo. Antes disso, gostaria de compartilhar uma experiência pessoal que me marcou profundamente.

Encontrava-me na Praça Nossa Senhora da Paz, em Ipanema, em mais um dia de missão de acolhimento dos adolescentes. Observava as crianças quando uma menininha, que devia ter uns seis, sete anos, perguntou a um membro da minha equipe o que fazíamos no local e quem eu era. "Ele é um juiz de menores". A resposta imediata, pragmática, foi impactante para aquela menina, que mirou o olhar arregalado diretamente aos meus e logo disse atemorizada: "Juizado de menores que estupram criancinhas?!". A menina não me deu chance de tranquilizá-la. Como um azougue, correu pela praça, afastando-se rapidamente, sem permitir que eu ou minha equipe explicássemos que estávamos ali para ajudá-la e aos demais jovens em situação de vulnerabilidade. A reação dela foi um espelho que refletiu a imagem que nós, da Justiça, projetávamos para essas crianças – justamente aquelas que deveríamos proteger. E a constatação foi dolorosa: a imagem que tínhamos para elas era terrível.

Mudar essa realidade não é tarefa que se faz de um dia para o outro, nem com gestos isolados. Conciliar a rotina de acolhimento com as exigências das minhas decisões jurídicas demandava um constante esforço de superação. Parecia que eu estava em uma batalha sem fim contra um mundo hostil, às vezes desumano, na tentativa de fazer a lei prevalecer. E à medida que minhas sentenças ganhavam mais notoriedade, os atritos aumentavam. O poder estabelecido sentia-se cada vez mais incomodado. Mas, como juiz, nunca recuei. Continuei a trabalhar, sem me acomodar, cumprindo meu dever, sem me preocupar se alguns poderosos se sentiam atingidos. A lei deve estar acima de qualquer interesse particular. Porém, há quem resista a essa ideia, opondo-se de forma arrogante a direitos garantidos, especialmente aqueles que protegem crianças e adolescentes.

Um exemplo disso ocorreu no final de 2000, quando a 1ª Vara da Infância e Juventude recebeu uma denúncia sobre as gravações da novela "*Laços de Família*", da *TV Globo*. Em uma cena que envolvia uma briga de casal, um dos atores segurava um bebê no colo, repetindo a gravação várias vezes. O bebê, naturalmente, ficou estressado e chorava copiosamente durante as cenas. A lei é clara: para que crianças e adolescentes possam participar de produções artísticas, seja no teatro, no cinema ou na televisão, é obrigatório o alvará judicial.

Sempre procurei manter o bom senso, mesmo em meio a polêmicas trabalhistas, como no caso da novela "*Laços de Família*". A legislação proíbe o trabalho infantil antes dos dezesseis anos, mas entendo que certas atividades artísticas não se encaixam nessa restrição de maneira tão rígida. Não posso impedir um jovem pianista de dez anos de se apresentar, assim como não posso negar a uma criança de cinco anos a prática da natação, que pode ser fundamental para sua formação como atleta. A figura da criança é parte integrante da vida e da cultura, e sempre concedi alvarás considerando essas nuances. Contudo, quando cenas de violência envolviam crianças, como ocorreu em "*Laços de Família*", eu intervinha. Após receber a denúncia de que uma criança foi exposta a estresse durante as gravações, não tive escolha senão cassar o alvará da *TV Globo*.

Essa decisão desencadeou uma onda de ataques contra mim. A situação foi tão extrema que atores como Vera Fischer e Tony Ramos, juntamente com representantes da emissora, chegaram a solicitar "providências" ao então presidente Fernando Henrique Cardoso contra minha decisão.

Ao cassar o alvará, efetivamente interferi na trama da novela, o que gerou grande descontentamento não apenas entre o autor e os atores, mas, sobretudo, na alta cúpula da *TV Globo*. A emissora recorreu em todas as instâncias, mas minha decisão foi mantida. Desesperados, tentaram transformar a questão em um ato político, chegando a argumentar com o presidente que eu atuava como um censor. Na mídia, a resposta foi avassaladora. Todos os recursos jornalísticos foram mobilizados para me descreditar e colocar minha decisão contra a opinião pública. Telejornais, desde os locais, como o *Bom Dia Rio* e o *RJTV*, até os de alcance nacional, como o *Bom Dia Brasil* e o *Jornal Nacional*, foram utilizados para criticar minha postura.

O editorial foi implacável, me rotulando como "Siro Darlan, o censor". Artur Xexeo[7] chegou a escrever: "Tudo indica que essa nova fase de '*Laços de Família*' será um fracasso absoluto de audiência. Mas o juiz Siro Darlan vai adorar". As críticas não pararam por aí, descambando para o deboche, como no caso da fictícia coluna de Agamenon Mendes Pedreira, que ironizou:

> "Em meio a essa onda retrô que tomou conta do país, o juiz 'Tiro Sarlan' proibiu a presença de menores nas novelas da

[7] XEXEO, Artur. "Receita para salvar novela". *O Globo*: Rio de Janeiro, 19 de novembro de 2000, p.2.

> Globo. Mas o indomável juiz, na sua cruzada de proteção ao menor, não parou por aí. Ele acaba de entrar com uma liminar proibindo a presença de menores de 18 centímetros nos filmes pornôs de sacanagem! E mais: o juiz vai entrar com outra liminar proibindo a construção do metrô Gávea-Tijuca. Na opinião do Meritíssimo, o enorme e escuro buraco tubular, por onde trens reluzentes e besuntados de óleo entrariam e sairiam em movimentos frenéticos e incessantes, é um evidente incentivo a práticas obscenas que podem influenciar negativamente a nossa juventude."[8]

Essas reações mostravam claramente o desconforto que minha decisão causou entre os poderosos.

Assim, fui perseguido em horário nobre. Poucos passaram por uma exposição tão intensa e massacrante em todos os telejornais da *TV Globo* como eu naquela época. A perseguição midiática se estendeu para as ruas, onde artistas organizaram passeatas, como a que ocorreu na Gávea. O discurso contra minha decisão transformou-se em um ataque pessoal. Eu era rotulado como o "censor", o juiz que "proibia" crianças de participar de novelas, peças e filmes. No entanto, mantive-me firme na lei, que sempre fundamentou minhas decisões. Em nenhum momento vacilei ou recuei diante de ataques que, na verdade, eram fruto da arrogância e intolerância de quem se sentia prejudicado. A arte é essencial, mas não pode jamais prevalecer sobre a integridade de uma criança.

Após toda a polêmica, a emissora acabou recuando. O caso "*Laços de Família*" trouxe um avanço significativo: dali em diante, para que uma criança pudesse atuar em gravações, fosse em novelas, filmes ou peças teatrais, seria obrigatório o acompanhamento dos pais e o suporte psicológico. Hoje, nenhum menor pode trabalhar no meio artístico sem essa proteção. Foi um passo crucial na defesa dos direitos das crianças e adolescentes. Contudo, paguei, e continuo pagando, um preço alto por essa decisão.

---

[8] Coluna do Agamenon. "Os grelhões [*sic*] da ditadura". *O Globo*: Rio de Janeiro, 19 de novembro de 2000, p.12.

Enquanto a classe artística deixou de lado o olhar crítico sobre mim, a esfera dominante da televisão não fez o mesmo. Até hoje, permanece um rancor infundado, manifestado em críticas e deboches sempre que surge a oportunidade. Mais recentemente, uma perseguição no estilo "lavajatista", já amplamente criticada, só conseguiu força graças ao apoio de parte da mídia. Esse ataque à minha imagem será trabalhado nos capítulos seguintes.

Minhas decisões judiciais, embasadas em uma visão garantista, frequentemente atraíam atenção, mas não por seu conteúdo jurídico, e sim pelo impacto que causavam na mídia, especialmente quando envolviam recursos. No caso do imbróglio com a *TV Globo*, essa dinâmica se tornou evidente. Cada decisão minha, especialmente se favorável a um *habeas corpus*, era seguida de uma cobertura sensacionalista nos telejornais e jornais do grupo. As manchetes não economizavam em exagero: "Siro Darlan solta bandidos"; "Juiz põe criminosos na rua".

Um exemplo significativo foi o incidente de 21 de agosto de 2010, quando dez traficantes invadiram o Hotel Intercontinental em São Conrado, na zona sul do Rio, após uma troca de tiros com a polícia. O confronto deixou quatro policiais feridos e resultou na morte de uma mulher do grupo de criminosos. Os traficantes acabaram se rendendo e foram enviados para o Presídio Federal de Porto Velho, em Rondônia. Em janeiro de 2013, foram condenados a penas que variavam de 14 a 18 anos de prisão.

Como desembargador da 7ª Câmara Criminal do TJ-RJ, concedi *habeas corpus* a sete desses traficantes em dezembro de 2011, e, em janeiro de 2012, os outros dois também foram libertados. Sabia que minha decisão provocaria um novo ciclo de ataques midiáticos. E, como esperado, assim foi. No dia seguinte, iniciou-se uma onda de críticas, tanto da imprensa quanto de alguns setores do Judiciário e de entidades civis.

Mas a decisão que tomei estava rigorosamente dentro da lei. Os detentos estavam presos há seis vezes mais tempo do que o permitido, ou seja, mais de 81 dias de prisão temporária, o prazo máximo para a conclusão da instrução criminal. Já havia negado dois pedidos anteriores de *habeas corpus*, mas no terceiro, tornou-se evidente o abuso de prazo. Em minha decisão, deixei claro:

> "Escapa ao critério da razoabilidade o manifesto excesso de prazo, estando o paciente custodiado desde 21 de agosto de 2010, portanto, preso há um ano e sete meses, sem que tenha findado a instrução [...]. O Estado tem que desempenhar de maneira mais eficiente o seu mister. É injustificável o tempo gasto para a realização da instrução".

Além disso, sete dos réus eram primários, o que reforçava ainda mais o direito à liberdade. Questionei a disparidade no tratamento jurídico: enquanto os réus do mensalão estavam em liberdade durante todo o processo, por que os réus pobres, moradores de favelas, deveriam ser tratados de forma diferente? Afinal, a lei não deveria ser igual para todos?

Ao longo de 2012, os ataques não deram trégua. A maioria deles partia dos veículos das Organizações *Globo*, que aproveitaram o momento para vingar o episódio de "*Laços de Família*". As redações dos telejornais e do jornal *O Globo* foram mobilizadas com o objetivo de me constranger a qualquer custo. Colunistas não perdiam a oportunidade de ridicularizar minhas decisões jurídicas, tentando desmoralizar minha atuação. O Ministério Público poderia ter recorrido da minha decisão, mas perdeu o prazo. Quem "recorreu", de maneira extraoficial, foi a Globo, com um editorial claramente tendencioso, cujo único objetivo era me transformar em vilão. Outros veículos, como a *TV Record* e o *SBT*, noticiaram o caso "Intercontinental", mas sem a manipulação que caracterizou a cobertura da Globo.

A pressão midiática das Organizações Globo foi tão intensa que levou o corregedor-geral da Justiça, desembargador Antônio José Azevedo Pinto, a instaurar, ainda em 2012, um processo administrativo para investigar possíveis falhas nos atos relacionados à denúncia contra os réus no caso do Hotel Intercontinental. Nenhuma irregularidade ou desvio de conduta foi comprovado. A decisão que proferi foi confirmada e, em abril de 2013, os nove réus foram soltos.

Toda essa perseguição promovida pela Globo me remeteu aos ataques que Leonel Brizola enfrentou no início dos anos 1980. Faltou pouco para me acusarem de associação com o tráfico, assim como fizeram com o saudoso líder político. E, em alguns momentos, chegaram bem perto disso.

Aposentado da magistratura, em agosto de 2024 tomei a decisão de advogar. No entanto, não poderei atuar no tribunal do qual fiz parte devido à quarentena de três anos imposta pela Constituição. Essa restrição faz parte das regras democráticas, mas ainda assim posso advogar em outras áreas, como na Justiça Trabalhista ou na Justiça Federal.

Para exemplificar a persistente perseguição da Globo contra mim, uma advogada entrou com um mandado de segurança em meu nome, buscando garantir os direitos de um cliente. Eu não estou advogando, sou apenas parte do processo. Mesmo assim, um colunista do jornal *O Globo* publicou recentemente uma matéria[9] dizendo que "Aposentado, desembargador Siro Darlan volta à cena do Judiciário". Isso é notícia? Claro que não. Se eu tivesse realmente infringido a quarentena, seria punido pelo Tribunal onde servi por mais de quatro décadas e impedido de advogar, conforme determina a Constituição.

Essa perseguição da *TV Globo*, do jornal *O Globo* e de alguns de seus jornalistas continua até hoje. E aqui faço uma revelação que poderia ter mudado o rumo dos ataques desde o início do caso "*Laços de Família*": a decisão que impediu a participação de uma criança em cenas da novela não foi minha,

---

[9] SACONI, João Paulo. Blog do colunista Lauro Jardim, *O Globo*, 6 de outubro de 2023: Ver em: https://oglobo.globo.com/blogs/lauro-jardim/post/2023/10/aposentado-do-desembargador-siro-darlan-volta-a-cena-do-judiciario.ghtml.

mas do juiz auxiliar Leonardo de Castro Gomes, que trabalhava comigo. Ele deu a decisão – acertada, por sinal —, mas, como juiz titular, assumi as consequências para proteger meu auxiliar. Até hoje, a Globo me condena por isso, e me tornei um dos alvos favoritos de seus telejornais e do jornal impresso da família Marinho.

Um dos ataques mais desonestos ocorreu em setembro de 2001, quando o jornalista Ancelmo Gois publicou na sua coluna em *O Globo* uma nota destacada na primeira página:

> "Viciado em holofotes, o juiz Siro Darlan é o entrevistado principal da '*G Magazine*', revista erótica proibida para menores que ele tanto protege. Por causa da reportagem, já tem gente na cúpula do Tribunal de Justiça do Rio que está querendo 'deportá-lo' para Portugal, por uns seis meses. A conferir."[10]

No dia seguinte, o jornal "suitou" a nota de Gois e publicou uma matéria sobre a entrevista que concedi à repórter Gloria Santos, da *G Magazine*, em julho de 2002, com publicação no mês seguinte. O texto de *O Globo* foi claramente tendencioso, mas houve quem me defendesse, como o saudoso desembargador Paulo César Salomão. Ele afirmou ao jornal:

> "Por que ele não daria uma entrevista à *G Magazine*? Esse questionamento por si só é absurdo. A Constituição garante o direito à informação, seja numa revista gay ou não."[11]

E foi, de fato, uma grande decepção para o pessoal do jornal perceber que, além do apoio de Paulo César Salomão, também tive o respaldo de Sérgio Mattos, representante da agência de modelos Mega. Sérgio poderia ter adotado uma postura revanchista, especialmente após eu proferir uma decisão que impediu menores de

[10] GOIS, Ancelmo. "Juiz com G". *O Globo*: Rio de Janeiro, 5 de setembro de 2001., p.14.
[11] A.D.. "Revista gay: a nova polêmica de Siro Darlan". *O Globo*: Rio de Janeiro, 6 de setembro de 2001, p.19.

participarem de um desfile na Semana Barra Shopping, evento do qual a Mega era uma das organizadoras. O motivo? O Ministério Público havia embargado o desfile porque algumas das modelos adolescentes não estavam frequentando a escola. A lei exige que os organizadores de eventos desse tipo solicitem um alvará com dez dias de antecedência. Para evitar mais polêmicas e impedir que os jornais me acusassem de buscar "holofote", concedi o alvará, mesmo tendo sido solicitado com apenas cinco dias de antecedência. Contudo, das 68 modelos menores de idade, apenas 17 estavam matriculadas na escola. O MP então recomendou que o alvará fosse concedido apenas para as que cumpriam essa exigência legal.

Sérgio Mattos, ao invés de adotar uma postura de confronto, declarou:

> "Dou os parabéns a ele que mostrou não ser preconceituoso. Além do mais, depois da Semana Barra Shopping, as modelos passaram a se preocupar mais com os estudos."[12]

Na mesma reportagem, reiterei que, como juiz, eu não tinha o direito de ser preconceituoso, pois o preconceito é, por natureza, ilegal. Também critiquei o jornal e seu colunista por sugerirem que um juiz não pode conceder entrevista a uma revista gay – uma posição claramente preconceituosa. O jornal intensificou a gravidade de sua abordagem, que já era tendenciosa, ao retratar como "banimento" e "castigo" o fato de eu ter recebido uma oportunidade de realizar um curso de seis meses sobre Direito da Comunicação na Universidade de Coimbra, em Portugal, como reconhecimento pela minha trajetória jurídica. O que *O Globo* fez é, na verdade, um exemplo de preconceito contra os portugueses. Como bem escreveu um leitor[13] em minha defesa:

---

[12] Idem.

[13] "Juiz entre gays". Seção de cartas de *O Globo*, 6 de setembro de 2001, p.6.

> "A nota [...] mostra um juiz que não tem preconceitos, como, aliás, deve ser. [...] 'Quem não tiver pecados, que atire a primeira pedra'."

Afinal, qual foi o teor da "polêmica" entrevista à *G Magazine*, tão alardeada pelo preconceito do jornal *O Globo*? À revista, falei sobre a adoção por casais homoafetivos. Fui, em agosto de 1998, o primeiro juiz a deferir a adoção[14] por casais gays no Brasil. Isso foi histórico e incomodou profundamente conservadores de visão estreita e, sobretudo, hipócritas que se escondem atrás de um falso discurso de liberdade e defesa dos direitos humanos. Reproduzo aqui um trecho do pertinente artigo assinado pela advogada Adriana Aparecida Felisbino[15]:

> "Outorgado tal direito tanto ao homem como à mulher, conjunta ou isoladamente, não fazendo qualquer referência à orientação sexual do adotante. No entanto, raras são as decisões judiciais que deferem pedido de adoção formulado por homossexuais, quando eles não ocultam sua condição. Praticamente solitária era a postura do magistrado carioca Siro Darlan de Oliveira, tanto deferindo a adoção, como

[14] Em agosto de 1998, o juiz Siro Darlan, da 1ª Vara da Infância e da Juventude, autorizou um professor homossexual a adotar uma criança de nove anos. A decisão de Darlan foi inédita e teve repercussão até mesmo internacional. No ano seguinte, em julho, o TJ do Rio de Janeiro, em decisão do desembargador Jorge de Miranda Magalhães, confirmou a sentença proferida por Siro Darlan, contrariando o MP, que havia recorrido da decisão de Darlan sob a alegação de que o convício com homossexuais "prejudicaria" a formação do caráter e da personalidade da criança. "O que interessa é que a pessoa seja idônea e que a criança esteja bem em sua companhia. O resto é preconceito. Se ele [o pai adotivo] não se declarasse como tal, ninguém saberia sua opção homossexual e o Ministério Público não teria entrado com o recurso. Isso demonstra honestidade, caráter. Ele quis enfrentar o preconceito. Quantos pais biológicos existem que são homossexuais. E alguém quer tirar os filhos deles por isso?", declarou Siro Darlan. Ver mais em: "BITTENCOURT, Mona. 'Juiz dá a gay direito de adotar uma criança'. *Jornal do Brasil*: Rio de Janeiro, 7 de julho de 1999, p.22"

[15] FELISBINO, Adriana Aparecida. "União homoafetiva". Publicado em 2006, na edição nº 11 da *Revista Eletrônica de Direito do Centro Universitário Newton Paiva*. Ver em: https://revistas.newtonpaiva.br/redcunp/wp-content/uploads/2020/05/PDF-D11-01.pdf.

habilitando um homossexual para adotar, tendo sido ambas confirmadas em sede recursal pelo Tribunal de Justiça do Rio de Janeiro (AC14.332/98 e AC14.979/98). Agora este Estado está desenvolvendo uma campanha de incentivo para que homossexuais adotem crianças que se encontram abandonadas em instituições. No entanto, ainda assim, só se está deferindo adoção a uma pessoa, mesmo que esta viva na companhia de outrem que vai conviver com a criança.

Esta resistência não se justifica nem por razões registrais. A determinação legal de que, no assento de nascimento, sejam os adotantes inscritos como pais, ocorrendo simples substituição da filiação biológica, não pode servir de justificativa para se sustentar a possibilidade de adoção por duas pessoas do mesmo sexo. Não há nenhum empecilho de que conste como pais no registro de nascimento dois homens ou duas mulheres. Ainda que se presuma que a lei não tenha cogitado a hipótese de ocorrer a adoção por um par homossexual, não há justificativa para sustentar a possibilidade de sua ocorrência.

Apesar de nada respaldar a limitação, não se tem notícia de já ter sido requerida e muito menos deferida a adoção a um casal homossexual, restrição que acaba por gerar situações injustas, vindo exclusivamente em prejuízo do próprio menor.

A vivência de crianças e adolescentes em lares homossexuais é uma realidade."

Obviamente, tanto o jornal *O Globo* quanto a *TV Globo* (que reproduziu o discurso preconceituoso enquanto se proclamava defensora da liberdade de imprensa) foram alvos de uma ação de danos morais que movi contra eles – e que ganhei, mesmo após diversos recursos. O processo se arrastou por 18 anos, doze dos quais o processo permaneceu na mesa do então ministro Aldir Guimarães Passarinho, no Superior Tribunal de Justiça. Meu advogado, doutor Onurb Couto Bruno, insistiu exaustivamente por uma resolução, sem sucesso. Certo dia, no entanto, o advogado Ary Berguer me procurou, representando ninguém menos que o ministro Luiz Felipe Salomão, do STJ. Ele tentava intimidar-me, afirmando que negaria a proposta caso eu a tornasse pública. A oferta acintosa partia da Globo, que, segundo o advogado, estava disposta a pagar 50 mil reais para que eu desistisse da execução do meu crédito, que ao final chegou a 480 mil reais. Respondi ao advogado que teria aceitado a oferta se ela tivesse sido feita no início do processo, dezenove anos atrás. Recusei a proposta, pois não fazia sentido depois de tanto tempo. Essa decisão acirrou ainda mais a ira dos "globais" contra mim, prejudicando-me tanto pessoal quanto profissionalmente, ao alimentar desconfianças e questionamentos que abalaram a credibilidade das minhas decisões jurídicas.

O fato data do dia 5 de setembro de 2001, portanto passados 20 anos, o caluniador foi obrigado a pagar parte do valor da execução, conforme o acórdão da Quarta Turma do STJ:

> "No caso em julgamento, poderia ter o matutino exercido seu direito-dever de informar a respeito da entrevista concedida pelo magistrado à revista *G Magazine* de forma direta, sem comentários jocosos, como ocorrido em uma de suas mais prestigiadas colunas – a do jornalista Ancelmo Gois —, com chamada de capa e termos tais como "um juiz entre gays" e "Juiz com G" (leia-se "Juiz com G Maiúsculo").
> Nas entrelinhas, fez mais provocações, como se observa dos seguintes trechos: "entre fotos de homens nus, a [...] '*G Magazine*', revista gay, traz entrevista surpreendente com o polêmico e moralista juiz de menores" e "o juiz Siro Darlan é o entrevistado principal da '*G Magazine*', revista erótica proibida para os menores que ele tanto protege". Há, neste ponto, nítida ilação de que o magistrado estaria fazendo algo errado (quiçá ilícito ou imoral) ao conceder entrevista a uma revista de conteúdo erótico e direcionada ao público adulto.
> Não beneficiam o recorrente os argumentos segundo os quais o recorrido poderia ter se recusado a conceder tal entrevista sem que isso configurasse discriminação ou de que o público alvo da publicação procura "esse gênero de periódico não [...] em virtude das reportagens sociais ou culturais, mas sim em virtude do erotismo e das fantasias que suas fotos e matérias 'específicas' criam."

O "achado" interessante do acórdão foi, contudo, a afirmação de suspeição do senhor ministro Luis Felipe Salomão em processo do qual sou parte, do dia 11 de dezembro de 2012, para em 2020 comandar o processo persecutório que sofri com diversas arbitrariedades que abordaremos mais adiante neste livro e que me expuseram de forma covarde e criminosa.

O jornalista Luis Nassif escreveu vários artigos relevantes para a reflexão da nossa realidade brasileira. Em dos seus textos, um escrito em setembro de 2019, ele argumenta que a Globo comete "assassinato de reputação" contra o desembargador Siro Darlan. A íntegra do que escreveu Nassif é esta:

> "Repito para o juiz Siro Darlan o que disse sobre Garotinho: não os conheço o suficiente para garantir que são inocentes; mas há evidências gigantescas de que sofrem perseguição. Hoje de manhã a Polícia Federal invadiu casa e escritório de Siro. A alegação, segundo *O Globo* – que move contra ele campanha implacável – é que um presidiário ouviu de outro presidiário que pagou a um intermediário de Siro R$ 50 mil por um *habeas corpus*. Pode ser que sim, pode ser que não. O Judiciário está pleno de "intermediários" cobrando taxa de sucesso para determinadas sentenças. Em qualquer sentença, há duas possibilidades: ou o juiz concede, ou nega. Siro é um garantista, isto é, um juiz com tendência a absolver. Não seria improvável que despertasse espertalhões 'vendendo' sentenças óbvias. Não fica nisso. Além de garantista, Siro se tornou um dos principais críticos dos privilégios dos tribunais cariocas, uma estrutura de poder polêmica e estreitamente ligada às Organizações Globo. Além disso, como garantista, tomou decisões contrárias à Lava Jato carioca. Recentemente, Luiz Zveiter, o polêmico desembargador fluminense, foi alvo de uma representação no Conselho Nacional de Justiça por suspeita de superfaturamento em obras do tribunal. Não se sabe de nenhuma operação da PF contra ele. Já Siro foi alvo com base na declaração de um presidiário que ouviu de outro presidiário que pagou R$ 50 mil a alguém que se disse intermediário de Siro. Sabendo-se o que se sabe hoje sobre os abusos das delações, não há como não ficar com os dois pés atrás em relação a essa operação da PF. Pode ser que Darlan seja culpado. Pode ser que seja inocente. Sendo inocente, quem

irá reparar os danos fundamentais à sua imagem e às suas prerrogativas de desembargador?"[16]

O fato é que os casos "*Laços de Família*" e "Hotel Intercontinental" representam apenas o começo de uma teia mais complexa de ataques que até hoje sofro. Jamais cessou a sanha contra mim perpetrada pela Globo e outras personagens poderosas do mercado e do meio jurídico. Tornei-me o "malvado favorito" de muita gente por ser um juiz garantista, independente e cumpridor intransigente da lei. Ser um outsider tem seu preço. E ele é alto. Muito alto.

[16] NASSIF, Luis. "A perseguição implacável contra o desembargador Siro Darlan, por Luis Nassif". *Jornal GGN*, em 24 de setembro de 2019 e atualizado em 10 de abril de 2022. Ver em: https://jornalggn.com.br/noticia/a-perseguicao-implacavel-contra-o-desembargador-siro-darlan-por-luis-nassif/.

IV

"O pão com manteiga" incomodou

"Nós, que somos fortes, devemos suportar as fraquezas dos fracos, e não agradar a nós mesmos."

Paulo De Tarso, Romanos 15:1

Sempre gostei muito de futebol, e minha paixão pelo Flamengo é antiga e profunda. O Rubro-Negro da Gávea, com suas cores que ecoam a bandeira da Paraíba, estado onde nasci, sempre exerceu um fascínio sobre mim. Meu amor pelo time foi alimentado pelo meu irmão mais velho, Iata Anderson, um jornalista esportivo de longa data que me ensinou a torcer pelo Flamengo. A ligação emocional se fortaleceu ainda mais ao longo do tempo, especialmente por ser o time mais popular do Brasil, abraçando o povo humilde e revelando grandes talentos que surgiram na Praia do Pinto[17], favela do Leblon que eu frequentava. Ali, ajudava nas missas da Igreja Santa Mônica e oferecia cortes de cabelo a preços acessíveis.

Essa fase da minha vida foi minha primeira experiência em viver entre dois mundos socialmente distintos. No colégio, convivia com meninos de famílias abastadas, criados em residências luxuosas e protegidos pelo patrimônio familiar. Fora da escola, minha realidade era diferente: amado pela minha família, mas sem os mesmos recursos, eu me adaptava ao ambiente em que vivia. Jogava futebol tanto em campos adequados, com as famosas bolas Drible ou Superbol, quanto nas calçadas irregulares, usando

[17] "Em uma área nobre da Zona Sul, próximo ao Jardim de Alá, surgiu, em meados dos anos 1930, a favela da Praia do Pinto, uma das maiores favelas planas da cidade, com cerca de 9 mil moradores. Na madrugada de 12 de maio de 1969, um incêndio nunca justificado, destruiu mais de mil barracos, deixando a população desabrigada. Desde a década de 1950, o bispo auxiliar do Rio de Janeiro e secretário geral da Confederação Nacional dos Bispos Brasileiros (CNBB), D. Helder Câmara, desenvolveu uma pastoral das favelas e concentrou sua atenção na Praia do Pinto. D. Helder desenvolveu um programa de auxílio aos segmentos populares que envolvia a construção de edifícios em terrenos próximos às favelas e que serviriam para a transição de moradores de um lugar para outro. O incêndio na Favela da Praia do Pinto – que ocorreu em um tenso período de resistência às remoções, por parte dos moradores das favelas – abriu o precedente para a construção de um conjunto de prédios em pleno Jardim de Alá, para onde foram transferidos alguns moradores da Favela da Praia do Pinto. O Conjunto Habitacional Cruzada São Sebastião, inaugurado em 1955, possui dez prédios e 945 apartamentos de dois quartos com todos os equipamentos urbanos necessários para a vida dos moradores, como escola e a Igreja Santos Anjos, o portal de entrada para o conjunto e que serve de apoio espiritual e social para os habitantes da Cruzada São Sebastião.". Texto extraído do portal *Rio Memórias*. Ver em: https://riomemorias.com.br/memoria/conjunto-habitacional-cruzada-sao-sebastiao/.

uma bola de meia. Ainda assim, fui bem acolhido pelos colegas de escola e nunca me senti discriminado. Até hoje, reencontrar aqueles amigos de infância é motivo de alegria para mim. O uniforme escolar, hoje em desuso, padronizava a aparência de todos os alunos, e a verdade é que as crianças, por si mesmas, não se importam com a riqueza de seus amigos.

Entre os amigos que conquistei no Colégio Santo Agostinho, alguns nomes permanecem vivos em minha memória: Carlos Peiter, Marianita, Gilvan, Luiz Ferigoti, Hilário Sá Freire, Luiz da Barge, Jorge Prado, Maria Helena Rego Monteiro, Marco Antonio Gonçalves e Marco Antonio Costa Maia. Nossa amizade era tão sólida que, sob a orientação do Frei Manuel Suarez, formamos o grupo "Magno" – Movimento de Ação de Gente Nova. Esse grupo deixou uma marca na juventude do Leblon, promovendo uma formação religiosa sólida, debates sobre as Sagradas Escrituras, coral nas missas, e discussões culturais e políticas. O Brasil daquela época estava sempre em pauta, e lembro-me especialmente das vezes em que discutimos com a presença do então ministro João Paulo dos Reis Veloso, cujos filhos também faziam parte do grupo. Eram tempos de intensa formação política e troca de ideias, moldando nossas visões de mundo.

O grupo cresceu tanto que chegou a reunir mais de cem jovens voluntários, que não só promoviam festas e viagens, mas também vivenciavam relacionamentos e até casamentos que nasceram desses encontros. Organizávamos encenações bíblicas, como a *Paixão de Cristo* durante a Semana Santa, e até publicávamos textos. O grupo era tão ativo que tinha uma música própria, composta pelo Frei Manuel, que além de professor de matemática, também era músico. A letra era assim:

"Somos os jovens do Magno!
Magníficos todos somos!
Viva a nossa juventude.

Sempre alegre cantando.
Viver lutar, viver nosso ideal!
Vivendo sempre unidos,
junto com Cristo que é nosso Rei."

Foi nesse ambiente que conheci meu melhor amigo, Marco Antonio Costa Maia. Ele era alto, moreno e sempre de bom humor. Formou-se engenheiro e fundou uma empresa de construção civil. Marco casou-se com Bernadete, uma gaúcha linda que o afastou temporariamente do nosso convívio enquanto ele trabalhava e vivia intensamente esse novo amor. Depois voltaram ao Rio casados e tiveram duas filhas lindas, Cecília e Carolina. Tive a honra de conduzir ambas ao altar em seus casamentos, pois Marco morreu precocemente de um aneurisma enquanto fiscalizava suas obras. Eu mesmo reconheci seu corpo no hospital Souza Aguiar. Até hoje, 30 anos depois, sinto a falta deste grande amigo. Mantenho um vínculo especial com Bernadete e as meninas, que se tornaram pessoas muito queridas para mim.

Com o passar dos anos, minha paixão pelo Flamengo só cresceu, e o clube se consolidou no meu coração. Acabei me tornando conselheiro nato do clube e sou imensamente feliz com as conquistas que testemunhei desde que me conheço por torcedor rubro-negro.

Talvez essa paixão pelo Flamengo tenha me inspirado, mesmo que inconscientemente, a apoiar um projeto lançado em 1999, dois anos após a morte de Betinho. Chamava-se "*Ação Entre Amigos*" e foi idealizado por uma ONG homônima, baseada no Artigo 4º do Estatuto da Criança e do Adolescente, que incentiva atividades culturais entre menores.

Na época, eu já era juiz da 1ª Vara da Infância e Adolescência. Minha contribuição ao projeto "*Ação Entre Amigos*" foi aproximar artistas de jovens infratores, meninos e meninas invisíveis aos olhos da sociedade, que só se importava com eles enquanto estivessem presos. Levei formadores de opinião para visitá-los, como os ex-jogadores do Flamengo Júnior e Zico, cantores como Elza Soares e Xande de Pilares, e artistas da TV como Renato Aragão e Lucélia Santos. Dessa iniciativa nasceu uma nova ideia.

Havia, sem dúvida, uma necessária conotação midiática na iniciativa, que era crucial para atrair a atenção de uma sociedade que, em grande parte, ignora a realidade dos adolescentes infratores. Lembro-me bem do dia 9 de agosto de 1999, quando consegui reunir, no campo de futebol da Escola Socioeducativa João Luiz Alves, conhecida como "Mansão", na Ilha do Governador, vários atores famosos, músicos e, claro, os jovens internos, todos com até 16 anos e craques na bola. Estava tudo preparado para uma pelada memorável, que ofereceria aos artistas uma oportunidade de conhecer de perto a realidade desses adolescentes.

De um lado, joguei como centroavante no time dos garotos; do outro, estava o "Fome de Bola", o time dos artistas, com a presença ilustre de Chico Buarque, além de músicos como Tony Platão e Dado Villa-Lobos, e atores como Ângelo Antônio, Chico Díaz e Murilo Rosa. O nome "Fome de Bola" surgiu durante a campanha de combate à fome do sociólogo Herbert de Souza, o Betinho, que falecera dois anos antes.

Apesar de nosso time estar desfalcado de dois dos melhores jogadores – que estavam de castigo por brigarem – aplicamos uma "lavada" incontestável nos artistas: 8 a 4, sem qualquer incidente. Os artistas ainda tiveram uma revanche, jogando contra uma equipe feminina formada por internas do Instituto Santos Dumont, e venceram por 3 a 0. Os meninos e as meninas se comportaram exemplarmente, tanto dentro quanto fora de campo, como destacou a imprensa.[18]

---

[18] CORDEIRO, Renato. "Futebol da solidariedade — Meninos infratores goleiam time de artistas famosos". *Jornal do Brasil*: Rio de Janeiro, 10 de agosto de 1999. Ver também: A.D.. "Time de artistas joga futebol com adolescentes internos no Rio". Folha de S.Paulo: São Paulo, 10 de agosto de 1999.

Chico Buarque, embora oriundo de uma família tradicional e filho do renomado historiador e sociólogo Sérgio Buarque de Holanda, já havia passado por uma situação similar à dos adolescentes que conheceu naquele dia. Aos jornalistas que cobriam o evento, ele relembrou um episódio de 1961, quando, aos 17 anos, foi detido por roubar[19] um carro no bairro do Pacaembu, em São Paulo, com a ajuda de um amigo, para fazer arruaça pelas ruas da cidade. Chico contou que apanhou na delegacia, passou a noite em uma unidade de menores infratores e ficou em liberdade condicional até completar a maioridade. "Não sei para que time fui escalado hoje", brincou Chico, que é coautor da emblemática canção "*Pivete*", composta com Francis Hime. Ele ainda comentou sobre a experiência e fez alusão à foto de seu prontuário policial, que mais tarde viria a ilustrar a capa do disco *Paratodos*, lançado em 1993

Naquele ano, havia cerca de 2,7 mil meninos infratores internados no Rio, dos quais 700 estavam em regime fechado. O projeto

[19] Aos 17 anos, Chico Buarque já era um talento. Suas primeiras crônicas eram publicadas no jornal criado por ele e que circulava no Colégio Santa Cruz. Batizara-o de "Verbâmidas". Mas antes de realizar o sonho com crônicas publicadas em jornais ou mesmo trilhar os caminhos da música, Chico teve a primeira aparição na imprensa marcada pela notícia do roubo de um carro Peugeout, na Rua João Florêncio próxima à Avenida Doutor Arnaldo, na noite de 29 de dezembro de 1961, uma sexta-feira. "Pivetes furtaram um carro: presos" mostrava o título do jornal Última Hora, em sua versão paulistana, com uma foto de Chico e do comparsa com os olhos cobertos por uma tarja preta e os nomes ocultados no texto da reportagem. Foram identificados na reportagem pelas inicias F.B.H. (Francisco Buarque de Holanda) e O.J. (Olivier Jolles), mais conhecido como "Francês" na turma de jovens do Pacaembu. Aquele foi o segundo furto da dupla "Francês/Carioca" em menos de um mês. Os rapazes desejavam somente dar umas voltas com o carro roubado e em alta velocidade. Era comum imitarem James Dean, o galã transviado de Hollywood, que ousava em seus filmes com carros velozes e fazia suspirar as meninas. Na prisão, os dois apanharam. O jornal soube disso e omitiu a informação. Quem livrou ambos do xilindró foi Miúcha, irmã do futuro gênio da MPB. Ela tinha 24 anos na época. O juiz responsável pelo Recolhimento Provisório de Menores (RPM) não facilitou para os dois rapazes, que não poderiam mais sair de casa à noite até a maioridade. Para Chico, a reclusão domiciliar durou 172 dias, durante o ano de 1962. Aproveitou o tempo para aprimorar o gosto pela música. Nascera, naquele momento, o genial "Chico Buarque". O mestre da MPB narra mais detalhadamente sobre essa história no documentário Chico Buarque – Meu Caro Amigo (2005), dirigido por Roberto de Oliveira.

que idealizamos não se limitava apenas ao futebol e às visitas dos artistas; incluía também shows e apresentações teatrais a cada 15 dias nas unidades que abrigavam esses adolescentes. Além disso, implantamos videotecas e bibliotecas nas instituições, oferecendo um pouco mais de cultura e entretenimento àqueles jovens.

Sempre contei com o apoio de muitas figuras do mundo cultural. Fiz uma sólida amizade com o professor Francisco de Carvalho, o Chiquinho da Mangueira, idealizador do Projeto Olímpico da Mangueira, e com a cantora Alcione. Juntos, organizávamos shows e eventos culturais nas unidades que abrigavam jovens em conflito com a lei. Além das unidades de internação, também atuávamos nos quatro Criam's (Centro de Recursos Integrados de Atendimento ao Menor) espalhados pelo Rio, promovendo eventos socioculturais de grande relevância.

Um dos projetos mais marcantes foi o desafio lançado pelo pintor e artista Antonio Veronese, radicado em Paris. Ele ofereceu aulas de pintura aos jovens nas unidades de internação, um verdadeiro desafio, pois ministrava as aulas pessoalmente. A evolução dos meninos foi impressionante: no início, suas pinturas eram dominadas por armas e caveiras, mas com o tempo, começaram a surgir paisagens, animais e flores. Veronese levou uma exposição dessas obras até a ONU, dando visibilidade ao trabalho desses jovens.

Organizamos shows com artistas renomados como Zeca Pagodinho, Xande de Pilares, Elza Soares e Lucélia Santos, além de apresentações de sambistas da Mangueira. Também promovemos teatros reflexivos, exibições de filmes e atividades esportivas, além do incentivo à agricultura com o plantio de hortas. Em uma ocasião, ao chegar cedo para as audiências, notei que a piscina do Instituto Padre Severino estava em péssimas condições. Questionei a diretora e fui informado de que ninguém a utilizava. No dia seguinte, a piscina estava limpa e tratei de mergulhar junto com os meninos, incentivando-os a fazer o mesmo, mesmo após ser advertido sobre possíveis doenças de pele. Ordenei que todos fossem tratados para que pudessem nadar comigo, assim como almoçava com eles, e nesses dias a comida era excepcional.

Descobrimos muitos talentos. Em uma dessas visitas, o sociólogo Herbert de Souza, o Betinho, foi abordado por um menino que lhe entregou um caderno de poesias. Betinho ficou tão impressionado que acabou publicando dois livros de poesias desse jovem, Humberto de Jesus dos Santos[20].

Generoso, Betinho deixou uma mensagem afetuosa em meu livro *Da infância perdida à criança cidadã*[21]:

> "Siro Darlan não é apenas um juiz da infância e juventude. Ele é um juiz capaz de enfrentar uma das questões mais graves do Brasil: a criança e o adolescente excluídos, discriminados e violentados em seus direitos. Sua longa militância se traduz neste livro de artigos e ensaios, alguns publicados, outros censurados, mas todos com a força da indignação e da verdade. Siro Darlan sabe o que é lei e o que é justiça! Devo a ele muitas das minhas opiniões sobre o Brasil atual, seus males e remédios. Que seu exemplo se multiplique para levar mais justiça a quem nasceu para a vida, mas está sendo brutalmente sacrificado."

Todo esse trabalho ganhava visibilidade. Acusavam-me de ser "midiático", de fazer tudo para "atrair holofotes". Nada disso. Meu compromisso era com os meninos e meninas que mereciam tratamento digno e oportunidades reais. Respeitá-los sempre foi o princípio fundamental da missão que tracei desde o primeiro momento em que me tornei juiz. Sabia, entretanto, que ao adotar uma postura garantista e ser um defensor intransigente da lei, incomodaria muitos. Desafetos, como a *TV Globo*, tornaram-se mais evidentes, até mesmo dentro do próprio Judiciário.

---

[20] Um destes livros é intitulado "*Babilônia. Poemas de um 'menino de rua'*" (Rio de Janeiro: USU/Amais, 1992).

[21] OLIVEIRA Siro Darlan de. "*Da infância perdida à criança cidadã*". Rio de Janeiro: Lumen Juris, 1998.

Alguns puristas de toga torciam o nariz não apenas para minhas decisões e sentenças, mas também para minha projeção e para a maneira como defendia os menores, seja por meio dos projetos que implementava, seja por ações como a introdução do Tai Chi Chuan para acalmar os adolescentes antes das audiências. Esse último projeto nasceu após o incidente já citado de 1993, quando um jovem infrator arremessou uma cadeira contra uma defensora pública grávida. Por sorte, o adolescente foi contido a tempo, e nada de grave ocorreu.

Refleti profundamente sobre o que poderia fazer para aliviar o sofrimento desses jovens durante as audiências. Chegavam ao Juizado cedo e permaneciam amontoados em uma pequena sala até as 13h, quando finalmente eram chamados, já famintos e exaustos. Diante disso, decidi que todos deveriam receber pão com manteiga e café com leite antes das audiências. A partir dessa medida simples, nunca mais presenciei comportamentos violentos; os adolescentes passaram a se comportar de forma respeitosa e ordeira.

Além do "pão com manteiga", outra ação minha causou desconforto entre alguns magistrados. Em vez de convidar celebridades jurídicas para um evento em minha homenagem, restrinjo o acesso ao espaço apenas para os meninos e meninas que havia amparado. Foi uma festa diferente, cheia de alegria e espontaneidade – algo incomum em um tribunal onde, infelizmente, a pena é muitas vezes vista como prioridade, em vez das possibilidades de absolvição. Essa distorção é uma das críticas que sempre faço ao Judiciário no Brasil.

O tratamento humano que sempre procurei dar aos meninos e meninas trouxe-me inúmeras representações administrativas e dois processos de remoção compulsória – tentativas de me afastar à força do meu cargo. Nenhum desses processos prosperou, pois não atingiram o quórum necessário. Em um dos casos, uma desembargadora argumentava que eu não tinha o perfil adequado para o Juizado, pois "era muito bonzinho com os infratores". Ela citava, como exemplo, o fato de eu ter matriculado um usuário de maconha em uma escola pública, alegando que tal convívio traria "prejuízo" e seria um "mau exemplo" para os demais alunos. Como se a educação não fosse o único caminho eficaz para ressocialização e recuperação social.

Essas perseguições intensificaram-se ao longo do tempo, e as primeiras acusações mais graves começaram a surgir na imprensa, trazendo transtornos inclusive à minha família. Detalharei esses episódios mais adiante. Antes disso, eu me preparava para encerrar minha jornada na 1ª Vara da Infância e da Juventude, mantendo o mesmo ímpeto que sempre me guiou em direção aos que realmente necessitam do amparo da Justiça, e não de sua mão pesada ou da omissão de alguns de seus operadores.

Quanto ao meu amigo PC Salomão, foi um discurso seu que me inspirou profundamente. Paulo César Salomão, irmão do atual corregedor nacional de Justiça e ministro do STJ, Luiz Felipe Salomão, era um grande amigo e uma alma generosa. Nossa amizade era tão próxima que compartilhávamos muitas vivências, como o curso em Portugal que mencionei anteriormente e que causou tanto incômodo a alguns setores da imprensa. Paulo César foi um magistrado de grande altivez, conhecido por sua independência e por sua capacidade de colocar-se no lugar do outro – uma qualidade que sempre admirei.

Paulo César começou sua carreira de juiz em 1982 e destacou-se não só pela competência jurídica, mas também pela generosidade e alteridade. Sua trajetória profissional foi marcada por um profundo compromisso com a justiça e a humanidade. A perda dele, em setembro de 2008, devido a um câncer de intestino, foi um golpe devastador. Sentir a falta de um amigo tão próximo impôs a mim um sentimento de amargura profundo. Parafraseando o filósofo alemão Friedrich Nietzsche[22], somos humanos, demasiadamente humanos.

Nossa amizade era tão forte que se estendia às nossas famílias. Frequentávamos as casas uns dos outros, e nossas famílias sempre se deram muito bem. Quando Paulo César faleceu, fui um dos primeiros a chegar ao hospital e depois ao enterro. A dor da sua ausência ainda é sentida, e mantenho até hoje uma amizade próxima com sua esposa, a querida Lurdinha.

Luiz Felipe Salomão também era meu amigo. Mas, apesar da amizade, tínhamos e ainda temos visões distintas sobre o mundo e as pessoas que nele habitam. Nossas abordagens e valores são bastante diferentes.

Entre o fim de março e começo de abril de 2003, enquanto eu liderava o projeto *Justiça nas Comunidades* e subia o morro Pavão-Pavãozinho, em Copacabana, numa ocupação social para resgatar a cidadania das crianças e adolescentes expostos à criminalidade, o então juiz Luiz Felipe Salomão estava em uma sala com ar-condicionado, debatendo com o psicanalista Joel Birman o filme "*Muito Mais que um Crime*", do cineasta Costa-Gavras.[23]

Apesar de nossas diferenças, temos um marco em comum: o dia 22 de novembro de 2004, quando ambos tomamos posse como desembargadores do Tribunal de Justiça do Estado do Rio de Janeiro. Fomos empossados juntos, embora Luiz Felipe seja dez anos mais jovem do que eu na carreira. Hoje, ele é o atual corregedor nacional de Justiça e ministro do Superior Tribunal de

[22] *Humano, demasiado humano: Um Livro para Espíritos Livres*, que em alemão quer dizer *Menschliches, Allzumenschliches: Ein Buch für freie Geister*, foi a primeira obra filosófica de Friedrich Nietzsche após o pensador determinar uma ruptura com o romantismo de Richard Wagner e o pessimismo de Arthur Schopenhauer. Nietzsche dedicou a obra ao iluminista Voltaire e a definia como melancólica, porém corajosa por romper com o passado e buscar a virtuosidade no futuro. *Humano, demasiado humano* promove essa busca e propõe um mundo conduzido por indivíduos capazes de encarar as adversidades sempre por meio da inequívoca voz da razão. No livro, Nietzsche convoca-nos para um exercício contínuo dos princípios da liberdade.

[23] Seção "Fórum", veiculada pelo *Jornal do Brasil*, em 29 de março de 2003.

Justiça, e, infelizmente, está envolvido em uma injustiça praticada contra mim, sobre a qual falarei mais adiante neste livro.

Enquanto isso, vamos nos concentrar no ano de 2004, um divisor de águas na minha carreira no Judiciário. Naquele ano, lancei o livro "*Tudo o que você precisa saber sobre a Justiça da Infância e da Adolescência*", no qual abordei a polêmica sobre a proibição de modelos menores de idade nas passarelas dos desfiles de moda do Rio e o igualmente polêmico caso dos atores mirins na novela "*Laços de Família*", da *TV Globo*. Na mesma época, comecei uma campanha sobre a responsabilidade da paternidade, que recebeu apoio positivo da opinião pública.

Apesar do livro e do novo cargo no Judiciário, despedi-me com certa melancolia da 1ª Vara da Infância e da Juventude, onde fui juiz por 14 anos. Foram muitos desafios, sonhos, vitórias e também decepções, que expressei em meu discurso de posse como desembargador naquele 22 de novembro de 2004.

Sempre olhei para o futuro com a transformação social pela Justiça como meta, seguindo rigorosamente as leis vigentes. Sou, e sempre serei, defensor do garantismo. Isso incomoda aqueles que preferem seus suntuosos gabinetes refrigerados a arregaçarem as mangas e irem às ruas para amparar e proteger os cidadãos mais desfavorecidos. Paulo César Salomão, meu querido amigo, era o oposto desse modelo acomodado. Também sou assim, e orgulho-me disso, justamente por conta da minha difícil trajetória de vida, do interior da Paraíba à zona sul do Rio de Janeiro.

Naquele dia da posse como desembargador, fiz questão de recordar os anos intensos em que estive nas 2ª e 1ª Varas da Infância e da Juventude. Meu discurso foi carregado de paixão e assumiu um tom desafiador. À medida que eu falava, percebia que alguns desembargadores iam deixando o recinto. Luis Felipe, com quem eu dividiria a posse, havia sugerido que fizéssemos uma única festa para celebrar nossa ascensão, mas eu nunca fui de investir em banquetes ou eventos pomposos. Minha posse foi diferente, cercada por crianças de rua, que estiveram presentes em sinal de agradecimento pela luta que sempre travei para ampará-las. Representantes de várias instituições sociais, escolas de samba mirins e da Vila Mimosa também marcaram presença. Foi uma posse cigana, como gosto de dizer, onde recepcionei todos os excluídos. E o banquete? Pedi à Cedae que servisse água para os meninos.

Lembro que, antes da posse, fui entrevistado por uma repórter do *Jornal do Brasil*[24] e compartilhei um pouco do que abordaria em meu discurso. Falei sobre como a Justiça é elitista, cara e inacessível, e sobre a necessidade de o Judiciário se despir da aura de poder especial para se tornar, de fato, um serviço público. Como integrante do Movimento da Magistratura Fluminense Democrática (MMFD), defendi que a administração do Judiciário fosse eleita por todos os juízes, não apenas pelos desembargadores. Se a escolha é restrita, os interesses defendidos também o serão.

A classe judiciária insiste em se manter isolada da sociedade civil, e sou um crítico veemente dessa postura. No meu discurso, alertei sobre esse distanciamento. Não era surpresa para ninguém no Judiciário fluminense o que eu pensava, pois minha transparência sempre foi uma marca registrada. Mesmo assim, incomodava muito a ponto de, em junho daquele mesmo ano, o Conselho da Magistratura do Tribunal de Justiça do Rio repreender-me por estar presente no evento de lançamento da candidatura de Marcello Crivella à Prefeitura do Rio. Estive lá não para apoiar Crivella, mas como pai do Renato, meu filho, que estava lançando sua candidatura a vereador.

A perseguição era evidente, mas nada me intimidava. Minha passagem pela 1ª Vara da Infância e da Juventude foi marcada por momentos importantes, como a simplificação do processo de adoção de crianças, que se tornou mais ágil e informatizado. O

---

[24] MEIRELES, Clarisse. "Nova casa, velho estilo". *Jornal do Brasil*: Rio de Janeiro, 22 de novembro de 2004.

que antes levava anos para se concretizar passou a ser resolvido em poucos meses. Como também defendia a adoção por pais solteiros, fui atacado por puristas e conservadores. Meu clamor para que órgãos públicos fomentassem mais instituições pedagógicas e criassem condições para socializar e manter menores infratores também gerou desconforto entre políticos acomodados.

Mesmo ao tornar-me desembargador, nunca abandonei a bandeira em defesa da infância e da juventude. E deixei isso claro em meu discurso. O simples ato de servir pão com manteiga e café com leite aos adolescentes infratores durante as audiências foi motivo de incômodo para muitos no Judiciário. Essa atitude, assim como outras, nunca deixou de causar desconforto, e essa é a verdade.

Diante do presidente do Tribunal de Justiça, desembargador Miguel Pachá, e de uma plateia composta por desembargadores, magistrados, procuradores, promotores de Justiça, advogados, defensores públicos e servidores da Justiça, iniciei meu discurso com um agradecimento a Deus. A fé é o alicerce que me mantém firme diante das adversidades e injustiças. Ela me fortalece na defesa dos mais desfavorecidos e excluídos. Agradeci também a minha mãe, Maria de Lourdes de Oliveira, uma nordestina corajosa que, nos anos 1950, deixou o sertão com meus quatro irmãos e minha tia-mãe Anita para nos ensinar a resistir às dificuldades da vida. Com muito orgulho, carrego sua herança de coragem e destemor.

Lembrei-me dos padres agostinianos recoletos, como os freis Valeriano, Aurélio, Fermin e Antonio Garciandia, que me adotaram como filho e foram fundamentais na minha formação religiosa, fornecendo a base ética e moral que sempre me sustentou. Foi no Colégio Santo Agostinho, sob a orientação desses freis, que aprendi a disciplina e a persistência, adotando como lema a frase de Santo Agostinho que inseri em meu discurso de posse: "Fizeste-me para Ti, Senhor, e inquieto está o meu coração até que descanse em Ti".

Naquele momento, diante de meus filhos Fernanda, Carlo Alexandre, Renato e Guilherme, pedi desculpas pelas ausências durante os momentos mais importantes de suas vidas, quando me dediquei ao trabalho. Agradeci a mãe deles, Ângela, por sua paciência com as ausências e as preocupações que levei para casa. E a Heloisa, minha companheira, que sempre me deu equilíbrio e conforto com sua arte de viver e amar, agradeci por sua compreensão, bondade e por dar vida aos nossos sonhos e projetos. Minha família sempre esteve ao meu lado nos momentos mais difíceis, e sou profundamente grato por isso.

Não posso deixar de expressar minha profunda gratidão aos dedicados servidores da Justiça que colaboraram comigo na 2ª e na 1ª Varas da Infância e da Juventude. Sua incansável dedicação, integridade e tenacidade foram fundamentais para o êxito dos inúmeros programas sociais que implementamos, os quais receberam reconhecimento tanto no Brasil quanto no exterior.

Durante dez anos, dediquei-me a uma Justiça voltada para a população infanto-juvenil e suas famílias, sempre priorizando a aproximação com os mais carentes. Em meu discurso, destaquei várias iniciativas que marcaram essa trajetória. O projeto *Justiça nas Comunidades*, por exemplo, levava o Poder Judiciário diretamente às necessidades do povo, de forma gratuita. O *Escola de Pais*, consagrado internacionalmente, foi apresentado em congressos no exterior como modelo de reintegração familiar de crianças em conflito com suas famílias.

Outro destaque foi o *Família Solidária*, que promovia a aproximação social entre aqueles que possuíam recursos e espírito solidário e os mais necessitados. O *Pais Trabalhando*, por sua vez, facilitou o acesso ao emprego e promoveu a sustentabilidade de muitos pais que antes estavam desempregados, alguns deles até envolvidos em violência. Já o projeto *Cidadania nas Escolas* fomentava o debate sobre o Estatuto da Criança e do Adolescente entre os alunos das escolas municipais.

A *Cantina Saudável* levantou a discussão sobre a importância de uma alimentação saudável para as crianças. O *Papi* incentivou o trabalho voluntário e gratuito de advogados, enquanto o *Beca-Banco de Empregos, Cursos e Aperfeiçoamento* colocou mais de 30 mil adolescentes no mercado de trabalho. O programa *Engraxando Hoje para Brilhar Amanhã* evitou que jovens fossem atraídos para o trabalho marginal, dignificando a atividade laborativa desses adolescentes.

Outro serviço fundamental foi o de localização de crianças desaparecidas, que promoveu o reencontro de milhares de crianças com suas famílias. O serviço de integração de entidades de atendimento, por sua vez, reintegrou mais de 10 mil crianças e adolescentes institucionalizados às suas famílias.

Todos esses programas foram desenvolvidos e implementados durante minha gestão à frente da 2ª e da 1ª Varas da Infância e da Juventude. Essas iniciativas transformaram o Judiciário do Rio de Janeiro em um paradigma para outras Varas especializadas no resto do país. Esses projetos não apenas me ajudaram a caminhar, mas também a sonhar e lutar por uma justiça social verdadeiramente plena e democrática.

> "Como Luther King, eu também tive um sonho. Sonhei que estava ingressando no Tribunal de Justiça de um Estado onde a criança e o adolescente seriam prioridade absoluta na elaboração de todas as leis, na proposta orçamentária que contemplaria as políticas públicas garantidoras da cidadania e da proteção integral como determina o texto constitucional em seu artigo 227. Sonhei que não havia crianças nas ruas, nem sofrendo violências dentro de casa ou em logradouros públicos. Sonhei que em todas as decisões desse Egrégio Tribunal de Justiça prevaleceriam sempre os interesses superiores das crianças e adolescentes. Sonhei que todos os magistrados estavam imbuídos dos princípios inspiradores da democracia republicana de dar tratamento desigual para os desiguais, equilibrando o prato da balança que simboliza a Justiça. Sonhei que nesse Tribunal haveria democracia interna, como tanto

desejamos nós, magistrados que representamos o Movimento da Magistratura Fluminense Pela Democracia, e que todos os juízes participariam do processo eletivo da cúpula administrativa do Tribunal. O Poder Judiciário, garante da democracia, não pode estar estruturado de maneira autoritária, ainda embevecido da ideologia patriarcal e patrimonialista, que confunde o público com o privado. É indispensável a participação de todo o conjunto dos magistrados nas decisões do poder que personificam e tal só poderá ser feito através de instrumentos democráticos, em especial da eleição dos órgãos de cúpula por todos os membros do Poder Judiciário, o que exigiria maior comprometimento dos órgãos dirigentes com a primeira instância, lócus no qual se realiza a Justiça mais próxima e atenta à realidade social, com possibilidade de resolução eficaz das demandas. Sonhei com a criação de um mecanismo pelo qual todos os magistrados pudessem contribuir para a elaboração dos planos do Poder Judiciário. É incrível e insustentável a versão defendida por alguns de que a eleição trará como consequência a exigência de atividade política por parte dos candidatos, como se isto não ocorresse. A politização do Judiciário é fato incontroverso, a começar pelos Tribunais Superiores. E a politização não é um mal. É necessária para trazer transparência".

E prossegui, citando vários e renomados autores para justificar e respaldar meu discurso:

"Como leciona o desembargador gaúcho Rui Portanova[25], em uma democracia é preferível saber as opções políticas e necessárias de cada julgador, do que se deparar com surpresas e

[25] O desembargador Rui Portanova nasceu em Porto Alegre (RS), é bacharel em Direito pela PUC-RS, em 1974, e nomeado juiz de Direito em 1976. Ele atuou nas comarcas de São Luiz Gonzaga, São Vicente do Sul, Santo Augusto, Nova Prata, Novo Hamburgo e Porto Alegre. Foi promovido a juiz do Tribunal de Alçada em maio de 1995, e a desembargador do Tribunal de Justiça do RS em maio de 1998. Após 46 anos, o desembargador Rui Portanova se despediu da magistratura em setembro de 2023. "No momento em que vou parar de julgar, que é uma coisa que fiz por quase 50 anos, eu me lembro que passei o tempo todo aprendendo. Tenho medo de parar de aprender, eu sou basicamente um aprendiz". Ver em: https://www.tjrs.jus.br/novo/noticia/apos-46-anos-desembargador-rui-portanova-se-despede-da-magistratura/.

falsidades. Como percebeu João Ubaldo[26], aquele que se diz apolítico é o pior e mais perigoso dos políticos. O mito do juiz neutro, despido de valores, justificava-se na pré-história do liberalismo-burguês. Hoje, as ficções e abstrações perderam lugar para a realidade. Estamos em plena fase eleitoral[27] com dois candidatos fazendo política com suas propostas de administração, com suas opções políticas. Basta ter olhos e ouvidos e andar pelos corredores dos fóruns para comprovar que essa atividade, política por definição, já é feita nos tribunais, quando se elegem os órgãos diretivos, com a desvantagem de não ser um processo aberto à participação de todos e nem revestido da necessária transparência. Em meu sonho, também a ideologia de casta e o corporativismo não teriam vez. Desejamos a imediata implantação do mecanismo de eleição de metade do Órgão Especial. Sonhei que em todos os colégios representativos do poder e das decisões importantes à primeira instância estariam contempladas com uma representação pujante e participativa com direito a voz e voto. Sonhei que estava ingressando em um Tribunal de Justiça no qual, como afirma Eugenio Zaffaroni[28], 'A independência do juiz... é a que importa a garantia de que o magistrado não estará submetido às pressões de poderes externos à própria magistratura, mas também implica a segurança de que o juiz

---

[26] O escritor baiano João Ubaldo Ribeiro (1941 — 2014) recebeu o Prêmio Camões de 2008 e teve algumas de suas obras adaptadas para a televisão e o cinema. Ocupava a cadeira 34 da Academia Brasileira de Letras, eleito em 7 de outubro de 1993 na sucessão de Carlos Castelo Branco.

[27] Quando Siro Darlan tomou posse, no dia 22 de novembro de 2004, o país acabara de realizar as eleições municipais, que aconteceram em dois turnos (nos dias 3 e 31 de outubro). No Rio de Janeiro, elegeu-se para seu terceiro mandato de prefeito Cesar Maia (PFL), que, em gestões anteriores, muito foi cobrado por Siro Darlan em inúmeras frentes de acolhimento de menores infratores, com Otávio Leite (PSDB), em segundo lugar.

[28] O jurista e magistrado argentino Eugenio Raúl Zaffaroni nasceu em Buenos Aires, no dia 7 de janeiro de 1940. No cenário jurídico, ao menos até a década de 1980, muitos o definem como um juiz garantista por idealizar o Direito Penal como instrumento de controle social, em vista da eficiência das penas criminais para ressocializar o punido. Suas teorias são, entretanto, amplamente difundidas no Brasil, tendo publicado livros em português, como coautor, com José Henrique Pierangeli, com Nilo Batista e com Ílison Santos. Zaffaroni foi ministro da Suprema Corte Argentina, de 2003 a 2014, e, desde 2015, é juiz da Corte Interamericana de Direitos Humanos. Professor emérito e diretor do Departamento de Direito Penal e criminologia na Universidade de Buenos Aires, o magistrado argentino é também *doutor honoris* causa pela Universidade do Estado do Rio de Janeiro (UERJ), pela Universidade Federal do Ceará, pela Universidade Católica de Brasília e pelo Centro Universitário Fieo. É também vice-presidente da Associação Internacional de Direito Penal.

não sofrerá as pressões dos órgãos colegiados da própria judicatura' ou, nas palavras de Fábio Konder Comparato[29] que a independência judicial se refere "ao fato de que os juízes individualmente e o Judiciário como órgão estatal não estão subordinados a nenhum outro poder no Estado, mas vinculam-se sempre, diretamente, ao povo soberano... é um mecanismo de organização dos Poderes Públicos destinados a proteger os direitos fundamentais da pessoa humana'. Em resumo, que a independência judicial é o outro nome da garantia de direitos humanos. Falo sobre esse tema com a autoridade de quem sofreu 18 representações, com duas advertências e uma censura, que ostento no peito como medalhas recebidas pelo simples fato de ter assumido uma postura de independência nas minhas ações e decisões e não ser subserviente aos modelos pré-estabelecidos e por optar pelo direito de pensar livremente, escrever o que penso sem atentar para as pressões venham de onde vierem. Aliás, no Tribunal de meus sonhos, o juiz deve obediência somente à Constituição da República, mesmo assim na medida em que a aplicação da Constituição não viole direitos conquistados na dura caminhada da humanidade."

E alertei para o patrulhamento ideológico que se desdobrava por movimentações midiáticas que indevidamente se posicionam como "juízes" dos fatos sociais.

"No meu Tribunal, não basta a democracia formal, busca-se a democracia substancial, tal qual definida pelo magistrado italiano Luigi Ferrajoli[30], com cada juiz, com cada desem-

---

[29] Jurista, advogado e escritor, Fábio Konder Comparato nasceu em Santos (SP), no dia 8 de outubro de 1936. É professor emérito da Faculdade de Direito da Universidade de São Paulo, onde foi professor titular e foi um dos advogados que apresentaram o pedido de impeachment do presidente Fernando Collor em 1992. Em 2003, junto ao também professor e advogado Celso Antônio Bandeira de Mello, recomendou ao presidente Luiz Inácio Lula da Silva o nome de Carlos Ayres Britto para ocargo de ministro do Supremo Tribunal Federal, sendo a indicação aceita por Lula. É defensor da reforma agrária no país. Ver: COMPARATO, Fábio Konder. "*Direitos e deveres fundamentais em matéria de propriedade*". In: STROZAKE, Juvelino José (org). "A questão agrária e a justiça". São Paulo: Revista dos Tribunais, 2000.

[30] O jurista italiano Luigi Ferrajoli nasceu em Florença, no dia 6 de agosto de 1940). Ele é um dos principais teóricos do garantismo, definindo-se a si próprio como um "juspositivista crítico". Em entrevista ao *Consultor Jurídico*, Ferrajoli assim respondeu à pergunta: "Há quem afirme que o garantismo se opõe à eficiência do processo penal. O que o senhor pensa dessa ideia?". Resposta: "uma ideia

bargador, julgando até mesmo contra a vontade da maioria na defesa dos direitos fundamentais, julgando contra a opinião pública sempre que o projeto constitucional o exigir, principalmente na sociedade do espetáculo em que ocorre a fabricação midiática de maiorias de ocasião contra o direito das minorias. Quase todas as representações sofridas tiveram o cunho de um patrulhamento ideológico ou foram em razão de decisões judiciais proferidas nos autos. Sonhei com um Tribunal de Justiça onde o critério de promoções obedeceria estritamente ao texto constitucional que determina o cumprimento nas promoções dos critérios da antiguidade e do merecimento, alternadamente, sem o intuito de ajudar ou prejudicar outros colegas. Vale lembrar, e é necessário lembrar, que este último critério determina que a aferição será realizada através de juízos sobre a presteza, a frequência e o aproveitamento do magistrado em cursos reconhecidos de aperfeiçoamento, porém, até hoje, não se estabeleceram, ou ao menos não se conhecem, os elementos objetivos, os dados concretos utilizados nessas aferições, o que propicia situações que acabam por indiciar protecionismo."

Ao abordar este tema em meu discurso de posse, notei que muitos desembargadores começaram a deixar o recinto. Não me intimidei, e assim continuei minha exposição crítica ao modelo protecionista e tendencioso de promoções no Judiciário. Já imaginava naquele instante que o número de desafetos cresceria substancialmente, não bastasse a perseguição midiática capitaneada pela *TV Globo* e o jornal *O Globo* desde o caso "*Laços de Família*".

"Sabe-se que as promoções e remoções não estão recebendo o tratamento constitucionalmente devido e acabam representando, ou parecendo representar, instrumento de favores entre membros dos Tribunais. Em vários estados brasileiros,

---

totalmente errada. Garantir nada mais é que o cumprimento das garantias estabelecidas pelas mais avançadas leis e constituições: garantias que foram concebidas justamente para fazer do processo penal um meio crível de apuração da responsabilidade penal. Como disse ao responder à nona pergunta, o cumprimento dessas garantias é, portanto, um fator de eficiência, bem como de justiça. Garante a imunidade dos inocentes contra punições injustas e a condenação dos culpados, em vez de criar bodes expiatórios fáceis". Ver em: https://www.conjur.com.br/2021-abr-24/entrevista-luigi-ferrajoli-professor-teorico-garantismo-penal/.

juízes são preteridos na promoção por antiguidade sem que se saiba a razão. Recusados sem justificação, sem a fundamentação que se exige tanto dos atos judiciais quanto dos atos administrativos sérios. Repita-se: são decisões sem qualquer motivação, portanto sem transparência, sem legitimidade e possibilidade de contraste, decisões autoritárias e incompatíveis com o modelo republicano. Este quadro conduz a produção de juízes vulneráveis, subservientes e sujeitos ao poder das cúpulas dos tribunais, obrigando-os a serem dóceis e assépticos, além de submeter alguns à vergonhosa procissão de beija-mão e lava-pés que antecedem as promoções e remoções e que além de servir para incensar a vaidade dos votantes, propicia a troca de favores entre votantes/senhores e votados/vassalos, o que torna corrompível, aos olhos do povo, o processo de promoção. Ingresso no Tribunal de Justiça sem nunca haver pedido voto a ninguém, e mesmo assim obtive 20 dos 25 votos, o que demonstra que os Desembargadores sabem em quem devem votar, sem o humilhante pedido de mérito, que vicia o próprio conceito de merecimento. Mais uma vez me valho da sapiência de Zaffaroni para lembrar que: 'Os corpos colegiados que exercem uma ditadura interna e que se divertem aterrorizando seus colegas abusam de seu poder cotidiano. Através deste poder vertical satisfazem seus rancores pessoais, cobram dos jovens suas frustrações, reafirmam sua titubeante identidade, desenvolvem sua vocação para as intrigas, desprendem sua egolatria etc., mortificando os que, pelo simples fato de serem juízes de diversa competência, são considerados seus '*inferiores*'. Deste modo desenvolve-se uma incrível rede de pequenez e mesquinharias vergonhosas, das que participam os funcionários e auxiliares sem jurisdição'. A independência da magistratura é uma das mais importantes garantias do sistema de proteção aos direitos humanos, que só pode se concretizar através dos chamados remédios constitucionais e com a existência de um Poder Judiciário independente, criado para ser garantista, para impedir o abuso de poder dos governantes. Perdoem-me revelar uma mágoa em um dia de festa, perdoem-me, também, o fato de, por estar envolvido, ser incapaz de uma análise isenta, mas recuso-me a considerar satisfatórios os critérios para aferir merecimento na realidade do nosso Tribunal. Após haver concluído dois cursos de pós-graduação no exterior, ter proferido conferências na Itália, França, Suécia, Argentina e Portugal, haver sido elogiado em relatório das Nações Unidas, mais o reconhecimento elogioso do Senado Federal, da Assembleia Legislativa e da Câmara dos Vereadores, não obtive o reconhecimento de mérito desse egrégio Tribunal de Justiça. Tenho, ao menos nesta data, o direito de discordar."

E fui mais longe. Pleiteava um modelo plural e sem amarra do Judiciário fluminense:

> "No tribunal de meus sonhos, não haveria controle ideológico, respeitar-se-ia a alteridade. O Conselho de vitaliciamento e a Escola da Magistratura seriam plurais, polos de incentivo a um conhecimento crítico, aberto ao novo, e o conhecimento transdisciplinar seria reconhecido e exigido dos magistrados, tanto dos iniciantes quanto dos decanos do Tribunal. Haveria um maior entrosamento com a representação civil da sociedade para que o magistrado melhor se informe sobre a realidade da população excluída, encarcerada, dos movimentos populares, dos sem terra, dos sem direitos respeitados, dos torturados, dos explorados, das minorias sexuais e étnicas. Haveria maior sensibilidade e conhecimento da realidade do sistema carcerário tanto do sistema socioeducativo quanto do sistema penitenciário. Como condenar a penas não previstas em lei como as que são executadas contra os detentos e jovens envolvidos com atos infracionais? Não se pode coonestar a tortura permanente e a violências das prisões. Sonhei que havia ingressado num Tribunal de Justiça onde o nepotismo fosse uma prática abandonada. Faz-se mister que haja uma cláusula com vedação para nomear para cargo em comissão ou designar para função de confiança ou para o exercício de qualquer outra atividade de direção, assessoria ou auxiliar, de livre nomeação ou designação e exoneração ou dispensa, em qualquer órgão do Poder Judiciário a que esteja vinculado magistrado, seu cônjuge, companheiro ou parente, em linha reta, colateral ou afim, até o terceiro grau, salvo se titular de cargo efetivo de órgão do Poder Judiciário, para o qual se exija a mesma qualificação, vedada, ainda assim, a nomeação, designação ou exercício junto ao próprio magistrado. É sabido por todos que as nomeações para altos cargos, geralmente em comissão ou de confiança, de parentes próximos, trazem imenso prejuízo para a administração pública."

Parte da plateia, composta em grande parte por representantes do Poder Judiciário, não conseguiu esconder o desconforto diante do meu discurso. Alguns, mais "sensíveis", já haviam se retirado, enquanto outros permaneceram, talvez curiosos ou resistentes, para ouvir o restante do alerta que eu havia preparado para aquela ocasião. Era uma abordagem justa e necessária, afinal, como um magistrado ou advogado, em plena consciência, poderia acreditar que o Poder Judiciário gozava de algum crédito junto à população, especialmente aaquela de baixa renda?

E segue o meu discurso de posse:

> "O imaginário popular nunca teve o Poder Judiciário em tão baixa conta. O dano moral e o político disseminam uma imagem negativa, que já se generalizou na opinião popular, quando os melhores cargos públicos são exercidos pelos familiares de quem detém o poder ao invés de contemplar servidores públicos concursados. A questão do nepotismo é uma das que mais tem afetado a credibilidade do Poder Judiciário e, lamentavelmente virou tradição em vários tribunais do país, ferindo o requisito da moralidade, o princípio da impessoalidade na administração pública. Acordei desse sonho aqui nessa tribunal para humildemente oferecer, nos 15 anos que ainda terei de vida judicante, todo o meu talento, inteligência e disposição para trabalhar na busca da realização de todos esses sonhos. Nesta data, começo a caminhar por uma nova trilha, mas na mesma direção, buscando concretizar o projeto de vida digna para todos, reafirmando o compromisso que assumi ao entrar na magistratura fluminense, um compromisso com o excluído, com o mais frágil, em uma sociedade fragilizada pela desigualdade social, pela falta de compromisso com as políticas públicas que garantam a efetivação dos direitos de crianças, adolescentes e idosos, pela ausência de valores, pela banalização da violência, pela divisão em classes tão díspares. Voltando à infância e à juventude é preciso ressaltar a importância de um investimento eficaz no respeito a esse novo direito ainda tão desconhecido e pouco valorizado, o da criança e do adolescente. É preciso entender que o dito popular "é de pequeno que se torce o pepino" deve ser visto sob outra ótica. É respeitando a criança e seus direitos fundamentais

> que estaremos forjando através do exemplo e da educação o verdadeiro cidadão. Ao ensinar a lição do respeito a sua cidadania estaremos impedindo que essa criança/adolescente enverede pelo descaminho do crime, das drogas lícitas e ilícitas e da violência. Em todas as nossas decisões que esteja presente o interesse superior da criança."

E assim, meu discurso caminhava para o encerramento. Antes, no entanto, fiz questão de frisar aos governantes que a negligência do Poder Público em relação à ressocialização de menores infratores não poderia mais ser tolerada. A responsabilidade era inadiável, e a omissão já não tinha espaço em um sistema de justiça que se pretendia justo e inclusivo.

> "Desejo que o prefeito ou governador que não cumpre a Constituição administrando o estado ou a cidade sem observar a prioridade absoluta da elaboração e execução das políticas públicas que atendam a cidadania das crianças e adolescentes seja cobrado por sua negligência e, se for o caso, que seja punido por esse grave crime de permitir que crianças sejam vítimas de violência por sua omissão. Finalmente, lembrando São Paulo: "Combati o bom combate, terminei a minha obra. Guardei a fé". É assim, com o coração partido de saudade e sofrimento pelo ato de despedida, mas feliz por haver cumprido o meu dever, que parto para outra trincheira, onde pretendo, com toda humildade, continuar servindo à causa das crianças e adolescentes mais excluídos, suas famílias, além de prestar toda minha contribuição para o aperfeiçoamento do Judiciário para que a cada dia esteja mais presente na vida dos cidadãos servindo à causa da verdadeira Justiça. Que a inquietude desse meu coração seja vista não como a de um exibicionista, mas a de um inconformado que deseja servir a Deus incondicionalmente através do serviço constante e desinteressado aos irmãos mais próximos e mais carentes. [...] E, concluindo, quero manifestar a minha fé nesse Deus que criou o céu, a terra, o sol, as estrelas, tudo fez e tudo criou para o seu louvor, que nos fez a todos irmãos, a quem peço que me afaste de qualquer forma de mágoa ou rancor, ressentimento, ódio ou qualquer pensamento ruim em relação ao próximo e que

> faça de mim um instrumento de sua Paz, que me transforme em seu discípulo fiel à sua Palavra e aos seus ensinamentos, que eu seja um instrumento de união entre todos os magistrados, serventuários e, sobretudo aqueles que por terem fome e sede de Justiça são os bem aventurados aos quais temos o dever de servir e entregar a prestação jurisdicional com a humildade de quem tem a consciência de estar na função judicante para servir e não para ser servido. Agradecemos a presença de todos os convidados e amigos e informo que por entender que não é compatível com a fome e a pobreza de nosso povo a produção de coquetéis comemorativos optamos por saciar a fome e sede de justiça através do trabalho e compromissos que assumimos nesse momento solene e oportunamente comemoraremos quando nossos sonhos estiverem sendo realizados e o povo tiver verdadeiramente a Justiça que almejam e merecem."

Encerrado o discurso, ouvi aplausos, alguns sinceramente emocionados, como claro os de meus filhos, de minha companheira, mas também dos meninos e meninas que haviam passado pelos projetos socioeducativos das 1ª e 2ª Varas da Infância e Juventude. No entanto, também ouvi murmúrios de desaprovação, claramente vindos daqueles que se sentiram contrariados e constrangidos. Deixei o púlpito com a certeza de que havia concluído uma das páginas mais importantes da minha vida, mas também plenamente consciente do que me aguardava: rancor injustificável e manobras de vingança sem sentido. Aqueles que orquestrariam esses ataques contra minha imagem pública nunca se preocuparam em se esconder, nem mesmo atrás de suas togas.

Um novo desembargador com antigos ideais

Nos primeiros anos como desembargador, continuei minha luta incansável pela defesa dos direitos das crianças e adolescentes, além de buscar incessantemente tornar a Justiça mais acessível às comunidades marginalizadas. Embora tivesse ascendido na hierarquia do Judiciário, jamais me desviei de minhas metas e ideais, sempre guiados pela alteridade que marcou minha atuação como juiz. Assumir essa postura significa, inevitavelmente, enfrentar uma oposição poderosa, sustentada por uma elite perniciosa que se julga acima das normas constitucionais, como relatei em um artigo publicado no *Jornal do Brasil*[31], em 2009:

> "Ora, em um país marcado pelas mais cruéis diferenças sociais e econômicas, priorizar no texto constitucional a igualdade de tratamento entre crianças das mais variadas classes sociais, étnicas e religiosas soava para as elites como uma heresia. Imaginar assegurar direitos iguais a uma criança bem-nascida economicamente e a uma que vive nas ruas era inaceitável. Logo vieram as críticas e menosprezo ao texto legal, seja por parte da mídia dominada e dominadora, cuja parcela montou uma campanha visando a desmontar a doutrina de proteção integral, seja por parte de intelectuais e acadêmicos que passaram antes mesmo de sua efetivação plena, o que não ocorreu até hoje, a apontar centenas de defeitos no texto legal em vigor."

Minha dedicação em garantir o cumprimento rigoroso do ECA sempre ocupou o topo da minha agenda como desembargador. Essa missão foi a base de todas as minhas ações. Assim que

---

31 OLIVEIRA, Siro Darlan. *"E a criança, como fica?"*. *Jornal do Brasil*: Rio de Janeiro, 19 de março de 2009.

assumi o novo posto no Judiciário fluminense, reuni toda a experiência acumulada entre 1995 e 2004, período em que estive à frente da 1ª Vara da Infância e Juventude, e transformei essa trajetória em um livro[32]. Nele, detalhei inúmeros projetos, destacando o "*Justiça nas Comunidades*", que representou uma verdadeira revolução em termos de inclusão social. Mensalmente, visitávamos comunidades carentes, atendendo a uma média de duas mil pessoas, fornecendo-lhes documentos essenciais como certidões de nascimento e carteiras de trabalho e identidade. Estávamos, portanto, lado a lado com aqueles que mais necessitam da Justiça, mas que, lamentavelmente, permanecem à margem devido aos interesses de uma elite que assim deseja. Essa é, infelizmente, a realidade do Brasil.

Diante dessa oposição desproporcional – e muitas vezes desleal —, respondi com o exercício firme de minhas funções judiciais, sempre empenhado em fortalecer a rede de proteção de crianças e adolescentes. A jornada, embora árdua, trouxe uma imensa satisfação por contribuir diretamente para a melhoria da vida do próximo. Esse comprometimento resultou em um reconhecimento significativo de parte da sociedade. Meu trânsito junto aos movimentos sociais – algo raríssimo no Judiciário daquela época – gerava incômodo, principalmente quando esse envolvimento, aliado à minha atuação como juiz, resultava em um reconhecimento público poderoso. Este reconhecimento vinha principalmente daqueles que compreendiam que não pode existir uma democracia passiva ou dócil, que submete milhões aos caprichos de poucos.

No exercício do meu papel público, a palavra "dominação" era sempre combatida e rechaçada, pois se manifestava com incômoda frequência. Esse embate, entretanto, intensificou-se após eu ser agraciado com a Medalha Tiradentes pela Assembleia

---

[32] OLIVEIRA, Siro Darlan. "*Justiça da Infância e da Juventude: tudo que você precisa saber*". 1. ed. DP&A: Rio de Janeiro, 2004.

Legislativa do Estado do Rio de Janeiro, em cerimônia realizada no dia 25 de julho de 2008.

Com mais de 30 anos de magistratura, enfrentei dezenas de procedimentos administrativos, incluindo representações e pedidos de providências no Conselho da Magistratura. Todas as ações contra mim resultaram de posições e decisões baseadas em um garantismo absoluto, das quais jamais me arrependi. Diversas tentativas foram feitas para me remover do cargo, com cinco procedimentos tramitando no Egrégio Órgão Especial, três dos quais visavam explicitamente à minha remoção compulsória.

Mesmo diante de mais de 40 ataques que exigiram grande esforço para defender-me e restaurar a verdade, resultaram apenas duas advertências. Não me deixei abalar pela perseguição. Respondi a todas as acusações infundadas e provocativas, incluindo as matérias tendenciosas do *O Globo*[33], em outubro de 1999, que consegui provar judicialmente serem caluniosas, sem possibilidade de recurso.

Após apuração, ficou claro que as notícias se originaram de panfletos intitulados "Carta Aberta à Classe", distribuídos por quatro promotores de Justiça que atuavam na 1ª Vara da Infância e da Juventude, onde eu era o juiz titular. Eles me acusaram de descumprir o artigo 155 do Código de Processo Civil, insinuando que eu era responsável pela divulgação de fotos de menores e fatos processuais. Essas denúncias, embora infundadas, foram prontamente exploradas por *O Globo*.

Por meio de mandato outorgado ao ilustre advogado Onurb Couto Bruno, ingressei com uma ação de reparação de danos morais contra o estado do Rio de Janeiro, devido às injuriosas agressões promovidas por promotores de Justiça através do jornal. Após

[33] "Promotores denunciam Juiz de Menores. Siro Darlan é acusado de incluir crianças em listas de adoção sem deixar chance de incluir nas famílias", edição do dia 19 de outubro de 1999 do Jornal *O Globo*. E no dia seguinte, 20 de outubro de 1999, o mesmo jornal prosseguiu com os ataques ao então juiz Siro Darlan: "Adoções promovidas por juiz são investigadas pela Procuradoria".

seis anos de espera, a ação foi vitoriosa. A luminosa sentença do juiz Carlos Santos de Oliveira, da 4ª Vara de Fazenda Pública, foi confirmada em acórdão pela 9ª Câmara Cível, com relatoria do desembargador Joaquim Alves de Brito. O agravo de instrumento impetrado pela promotora Marisa Paiva Carvalho no Superior Tribunal de Justiça foi rejeitado, sendo improvido pelo ministro Castro Filho. Finalmente, a Justiça restaurou a verdade dos fatos e condenou os autores das injúrias publicadas.

Como escreveu o filósofo alemão Theodor Adorno[34]: "A propaganda fascista tem apenas de reproduzir a mentalidade existente para seus próprios propósitos – não precisa induzir uma mudança –, e a repetição compulsiva, que é uma de suas características primárias, estará em acordo com a necessidade dessa reprodução contínua". Essa é a essência do pérfido modelo midiático que empregaram para perseguir-me. Uma essência integralmente fascista.

Na fase de execução do julgado, busquei que o Estado exigisse dos quatro autores do dano o ressarcimento aos cofres públicos pelo valor pago na condenação. Embora o condenado fosse o Estado do Rio de Janeiro, os responsáveis pela disseminação da notícia falsa no jornal *O Globo* eram os quatro promotores. Na sentença de 12 de março de 2001, o juiz Carlos Santos de Oliveira foi categórico em sua decisão:

> "Por fim, vemos publicação na mídia, o que se mostra mais grave de tudo, na medida em que o autor foi exposto publicamente em sua reputação de magistrado, que tem por obrigação o cumprimento da lei e distribuição de justiça. Os documentos de fls. 10/12, comprovam o vazamento de informações para a imprensa escrita. Aqui não se discute se as

[34] ADORNO, Theodor. "A Teoria Freudiana e o Modelo Fascista de Propaganda". *Publicado originalmente em Psychoanalysis and the Social Sciences 3 (408-433) 1951. Reproduzido em Gesammelte Schriften Vol. 8, T. I [Soziologische Schriften] Frankfurt: Surhkamp Verlag, 1975, p. 408-433. Traduzido por Francisco Rüdiger]. Ver em: https://pt.scribd.com/document/194094526/ADORNO-Theodor-a-Teoria-Freudiana-e-o-Modelo-Fascista-de-Propaganda-1951.

informações que vazaram eram ou não sigilosas, eram ou não confidenciais, discutindo-se apenas se o órgão do Ministério Público tem o direito de expor publicamente pessoas, sejam quais forem, sem ter prova suficiente da culpabilidade das mesmas. O fato de haver investigação não significa que a pessoa investigada seja culpada pela prática do que lhe está sendo imputado. Somente a conclusão das investigações é que poderá aferir a verdade dos fatos. Daí não se dever divulgar fatos que ainda sejam objeto de investigação.

"Os documentos de fls. 10/11 comprovam que o conteúdo da 'Carta Aberta' vazou para a imprensa. Já o documento de fls. 12 comprova de forma contundente que a Procuradoria Geral de Justiça, através de seu órgão próprio, fez divulgar para a imprensa fato ainda em investigação e que envolvia o nome do autor. O documento anexado pelos autores às fls. 163/168, confirma que a divulgação da 'Carta Aberta' foi internamente, na Procuradoria Geral, atribuída à Assessoria Geral da Procuradoria Geral de Justiça.

"Quanto mais não fosse, os depoimentos de fls. 176/178 e 179/180, apesar de ambos terem sido tomados sem compromisso, corroboraram o fato de que foi o próprio Ministério Público quem deu publicidade aos fatos descritos na inicial. Das referidas informações colheu este magistrado a conclusão de que determinada repórter de jornal de grande circulação nesta Capital, esteve na 11ª Vara da Infância e da Juventude, com a referida 'Carta Aberta' que teria sido publicada pela Assessoria de Imprensa do Ministério Público, com o intuito de entrevistar o autor a respeito dos fatos contidos na mesma. A prova dos autos é toda no sentido de que foi a Assessoria de Imprensa do Ministério quem divulgou os fatos para os jornais.

"Os argumentos constantes da peça contestatória do Estado demonstram que efetivamente havia uma animosidade entre o autor e os promotores signatários da referida 'Carta Aberta', ou vice-versa, mas destaca este Juízo que o fato de haver animosidade não justifica a publicação em jornal de matéria ofensiva ao autor, tomando públicos fatos até então discutidos internamente. Ressalte-se que todas as manifestações do autor se deram em autos de processo, enquanto que as manifestações dos integrantes da Promotoria Pública foram levadas a conhecimento público através da imprensa escrita. [...]

"Quanto mais não fosse, existe e se encontra devidamente comprovada nos autos a culpa dos agentes do Estado, a gerar o dever de indenizar. Esta culpa vem caracterizada pela imprudência dos agentes do Estado em publicizar matéria até então discutida internamente. Portanto, quer pelo prisma objetivo, quer pelo prisma subjetivo, a responsabilidade do Estado em indenizar o autor exsurge. Os danos morais pleiteados são cabíveis na medida em que os fatos ora em análise provocaram no autor dor interior, constrangimento, sofrimento, sendo passível de indenização. O dano moral, em sua fixação, deve observar a realidade econômico-financeira das partes envolvidas, a intensidade da ofensa, sua natureza e repercussão. No caso a condição de magistrado ostentada pelo autor deverá ser levada em consideração na fixação do 'quantum' indenizatório, na medida em que os fatos orbitaram exatamente em função da condição do autor. Os fatos, como antes asseverado, são graves [...] Diante do exposto, JULGO PROCEDENTE o pedido inicial e condeno o réu a indenizar ao autor, a título de dano moral, no valor de dez (10) salários do autor, em seu valor líquido [...] Condeno o réu no pagamento das custas processuais e honorários de advogado que arbitro em dez por cento (10%) sobre o valor total da condenação."

V

“Você vende sentença!”

“A injustiça que se
faz a um é uma ameaça
que se faz a todos.”

Charles-Louis de Secondat,
barão de La Brède e de Montesquieu

Após receber a indenização por danos morais, que totalizou quase 500 mil reais, solicitei que a Procuradoria do Estado entrasse com uma ação regressiva contra os responsáveis pela difamação. Afinal, o ônus não deveria recair sobre o contribuinte. No entanto, a então Procuradora do Estado decidiu que não cabia processar seus colegas do Ministério Público, arquivando meu pedido. Com o valor da indenização, adquiri o apartamento onde resido atualmente. Mas, infelizmente, os promotores que causaram o dano não foram responsabilizados, e o contribuinte acabou arcando com os custos.

Os ataques do jornal *O Globo* e de alguns promotores, no entanto, foram apenas o início de uma campanha agressiva – e, por que não dizer, de caráter fascista – contra mim, originada de onde menos esperava: dos setores mais influentes e, por vezes, visceralmente poderosos do Judiciário.

"A amizade e a justiça dizem respeito às mesmas coisas e aos mesmos indivíduos", escreveu Aristóteles em sua clássica obra *Ética a Nicômaco*, há cerca de 2400 anos. Vejo a amizade como algo sagrado, e levo esse princípio para todas as minhas relações sociais, inclusive durante minha atuação como juiz e desembargador, sem jamais violar os preceitos da lei. Ao longo de minha trajetória, deparei-me com diversas formas de tirania, e onde ela prevalece, o amor não tem lugar, o que torna impossível a existência da amizade, que só pode florescer onde há respeito mútuo entre as partes. Étienne de La Boétie, que faleceu aos 33 anos em 1563, nos deixou um legado notável com seu *Discurso Sobre a Servidão Voluntária*[35], onde enfatiza a importância da amizade frente ao poder ilimitado que todos, em algum momento de nossas vidas, exercemos sobre os outros, independentemente da esfera social em que nos encontremos. La Boétie foi um crítico feroz da figura do tirano. Para ele, o tirano não ama e jamais amará,

[35] Título original *Discours de la servitude volontaire* (1549), de Étienne de La Boétie (1530-1563). Versão eBookLivros, 2006.

pois a amizade lhe parece frívola e sem importância. Em sua obra expressiva, La Boétie defende a importância da liberdade e da igualdade de todos os homens na esfera política, e ouso estender essa ideia ao campo da justiça, do qual sou parte. Uma necessária reflexão para aqueles que oprimem minorias em busca exclusiva de poder, seja em qual esfera social for.

> "A verdade é que o tirano nunca é amado nem ama. A amizade é uma palavra sagrada, é uma coisa santa e só pode existir entre pessoas de bem, só se mantém quando há estima mútua; conserva-se não tanto pelos benefícios quanto por uma vida de bondade [...] Não cabe amizade onde há crueldade, onde há deslealdade, onde há injustiça. Quando os maus se reúnem, fazem-no para conspirar, não para travarem amizade. Apoiam-se uns aos outros, mas temem-se reciprocamente. Não são amigos, são cúmplices." (La Boétie, pp. 52-3)

O poder tirânico, constituído em várias frentes, do qual fui vítima, não atingiu apenas a mim, mas também a muitos outros. Os ataques reverberavam e afetavam todos os desfavorecidos que eu amparava. Como certa vez disse o arcebispo sul-africano Desmond Tutu: "Se você é neutro em situações de injustiça, você escolhe o lado do opressor." Fiz a minha escolha, e estou certo de que sempre estive amparado pela lei e ao lado de quem realmente precisa. Fui, como juiz, e sempre serei, enquanto advogado, amigo da verdade, pois onde impera a injustiça e a crueldade daqueles que usam o poder de forma perversa, não há espaço para a amizade. Aristóteles estava certo: é preciso buscar sempre a elevação moral e ética no cotidiano para que o espírito amigo possa se manifestar. Somente assim se viverá bem em sociedade, e isso não é utopia.

Kierkegaard é outro pensador que admiro e que escreveu brilhantemente sobre o amor e a amizade. Ele definiu que amar o próximo é uma predisposição divina que se torna visível por meio da ação, da disposição sincera de olhar o outro com alteridade e, sobretudo, de ampará-lo. Como escreveu o filósofo[36] "só aquele que permanece no amor pode conhecer o amor do mesmo modo como seu amor deve ser conhecido".

Ser verdadeiramente e permanentemente amigo é a tradução do amor em via dupla. Como juiz que acolheu menores infratores, internalizei profundamente a importância dessa máxima, embora, como católico, sempre a tenha incorporado desde muito jovem. Quando estávamos, entre 1965 e 1976, no Movimento de Ação de Gente Nova (Magno), costumávamos cantar uma música sobre a amizade que dizia assim:

> "*Se uma boa amizade você tem,*
> *louve a Deus, pois a amizade é um bem.*
> *Toda boa amizade você deve conservar.*
> *Como é bom quando se sabe amar.*
> *A amizade vem de Deus e a Deus deve levar.*
> *Como é bom quando se sabe amar.*
> *Uma boa amizade é mais forte do que a morte.*
> *Mesmo longe na saudade, a amizade vai ficando até mais forte.*
> *A amizade é na vida uma canção.*
> *A amizade faz bater o coração.*
> *Ser amigo é fazer ao amigo todo bem.*
> *Como é bom saber amar alguém.*
> *A amizade vem de Deus e a Deus deve levar.*
> *Como é bom quando se sabe amar.*"

Essa mensagem segue presente na minha vida, mas cultivei poucos amigos. Além dos já mencionados, alguns ficaram na faculdade de Direito, e nos encontramos sempre que temos oportunidade, especialmente o pequeno grupo que estudava junto: Ruth Grimberg, Sallustio da Rosa, Célia e Tania. Na magistratura,

---

[36] KIERKEGAARD, Søren. *As Obras do amor*. Tradução de Alvaro L. M. Valls. Petrópolis: Editora Vozes, 2003., p. 19.

sempre me senti como um peixe fora d'água e deixei poucos amigos, como João Batista Damasceno, Jorge Loreti, Miguel Pachá, Bernardo Garcez, Nagib Slaib, Eduardo Mayr e Humberto Manes. Acho que por aqui encerro a lista.

Não era um ambiente saudável, e eu não era bem-vindo nesse grupo marcado pelo nepotismo de carreira. O bastão, na maioria das vezes, era passado de pai para filho, de filho para neto, perpetuando segmentos familiares, assim como acontece nos demais poderes desde a chegada dos colonizadores. Minha aprovação foi um deslize do "sistema", que não prestou a devida atenção a um "rapaz latino-americano, sem parentes importantes e vindo do interior" da Paraíba, sem ligações com a tradicional "família judiciária".

Foi um concurso com 70 vagas, e fui aprovado em 61° lugar, mas passei. O favoritismo já começou no primeiro dia da escolha das comarcas, quando os "filhotes" foram alocados na capital e arredores, enquanto os não apadrinhados ficaram com o que sobrava. E assim seguiu durante toda a carreira, ou seja, nunca tive o "merecimento" para promoções e me restava o segundo critério da antiguidade. O cochilo aconteceu quando fui promovido por antiguidade à Vara da Infância e da Juventude destinada aos jovens em conflito com a lei. Aliás, as então varas de menores eram destinadas a juízes "menores", no sentido de menos dotados de conhecimento geral do direito. Foi assim que o melhor de todos, Alyrio Cavalieri, só foi promovido a desembargador no último ano de sua honrosa carreira.

A incompatibilidade começou cedo. Quando eu era juiz auxiliar da Vara de Execução Penal e concedi benefícios legais a presos que cumpriram os requisitos previstos na lei, o então presidente do Tribunal de Justiça me despachou para a zona oeste, onde peregrinei por Santa Cruz, Bangu e Campo Grande, simplesmente por ter cumprido a lei. Mas essa divergência se consolidou quando me atrevi a dar vida à letra do Estatuto da Criança e do Adolescente (ECA), uma lei que trouxe inovações ao direito brasileiro, transformando crianças em cidadãos e sujeitos de direitos.

Aqui começou meu calvário. Inovei para cumprir a lei, mudando a sede do Juizado da Praça Onze para uma Justiça Itinerante, que realizava as audiências nos locais onde os jovens estavam detidos. Seja na Ilha do Governador, em Bangu, Santa Cruz, Campo Grande, ou em qualquer outro lugar onde houvesse equipamentos de cumprimento de medidas, eu deslocava a equipe socioeducativa até lá, contrariando os interesses dos promotores de Justiça, mas sempre contando com a colaboração da Defensoria Pública. Com isso, economizamos uma fortuna para o Estado, que antes gastava deslocando os jovens em camburões desumanos até o centro da cidade; agora, éramos nós que nos deslocávamos.

Foi com essa iniciativa que descobrimos talentos presos desde a infância, seja pela burocracia institucional, seja pela falta de políticas públicas que exilava crianças e adolescentes em feudos de violência, sob o domínio da criminalidade e a omissão dos governantes, que os viam como bandidos desde o nascimento. Tivemos governadores que propuseram a construção de muros para isolar essas comunidades; outros, até hoje, mantêm o isolamento, com policiais proibindo que saiam para buscar o lazer público e comum, como a proibição de frequentar as praias.

Nesse ambiente de troca e aproximação, a amizade fluía, e o reconhecimento mútuo era natural. Esse trabalho nunca teve o reconhecimento do Tribunal de Justiça, mas foi amplamente valorizado pelos demais setores de poder que representavam a sociedade. Recebi, tanto da Assembleia Legislativa quanto da Câmara dos Vereadores, todas as comendas e honrarias possíveis, inclusive o título de Cidadão do Município e do Estado do Rio de Janeiro. Sou cidadão de diversos municípios do estado e tenho medalhas de todas as forças armadas, da Polícia Militar e da

Civil. Mas isso também foi uma das causas da inveja e do isolamento entre meus pares.

O trabalho que realizava era amplamente mostrado e reconhecido pela mídia. Recebi elogios do eminente presidente da Conferência Nacional dos Bispos do Brasil (CNBB), Dom Luciano Mendes de Almeida, e do Betinho, que afirmou: "Siro Darlan sabe o que é lei e o que é justiça! Devo a ele muitas de minhas opiniões sobre o Brasil atual, seus males e remédios." Todo esse reconhecimento e glamour deve-se ao meu trabalho dedicado à causa da criança. O relator da ONU destacou que o Juizado, sob minha direção, era um exemplo a ser seguido pelo Judiciário brasileiro. No entanto, onde há sucesso, há inveja, e foi aí que começaram as armações ilimitadas. Sem o querer, "cutuquei a onça com vara curta."

A amizade na magistratura é muito rara, pois é um ambiente de disputa permanente, onde muitos torcem pelo insucesso alheio. Não há qualquer empatia. Há magistrados que mantêm um "obituário" dos colegas para saber quando alguém vai se aposentar por tempo de serviço, a fim de que a fila das promoções ande. Nesse ambiente de "vale tudo" pela promoção, muitos se tornam lacaios de seus "julgadores", fazendo fila na porta dos gabinetes dos desembargadores votantes (do Órgão Especial). Sempre chamei essa fila de "beija-mão e lava-pés". Felizmente, mantive minha coerência crítica e nunca participei dela. Alguns não precisavam entrar na fila, pois já traziam o "merecimento" por hereditariedade.

Nesse ambiente, não há amizades, apenas interesses! E o interesse supera qualquer sentimento de fraternidade. A situação se torna ainda mais grave quando se trata de promoção pelo quinto constitucional, pois os candidatos se transformam em políticos da pior espécie e fazem exatamente o que depois condenam nos políticos profissionais: a propaganda enganosa. Já vi desembargadores entrarem pelo quinto da advocacia e, em seguida, tratarem mal os advogados que foram seus colegas, assim como membros do Ministério Público que nunca abandonaram o vício de acusadores, mesmo após se tornarem juízes.

Lembro-me de ter ouvido de um ilustre desembargador, que foi presidente do Tribunal de Justiça e do Tribunal Regional Eleitoral, um vaticínio feito no final de 1995: "Com a chegada de um desembargador pelo quinto da advocacia, o Tribunal do Rio nunca mais será o mesmo e, em breve, se transformará." A partir dessa profecia, vimos concursos fraudados, superfaturamento em obras, diversas representações disciplinares e nenhuma consequência diante desses fatos. A credibilidade do Judiciário despencou vertiginosamente nas pesquisas. O papel de garantidor da Constituição e das leis está constantemente em xeque, especialmente devido à dificuldade dos mais pobres em acessar a Justiça, diante do alto custo das custas processuais, e ao crescente cerceamento do acesso dos advogados aos magistrados. O distanciamento dos juízes em relação aos principais atores que clamam por justiça é cada vez maior. Da mesma forma, os magistrados na véspera da Revolução Francesa de 1789 também se distanciaram, e por isso se tornaram os alvos preferenciais das guilhotinas.

***

Em 2015, durante um plantão judicial, recebi um pedido de *habeas corpus* para a libertação de Ricardo Abbud, um empresário de Resende, cidade no sudoeste do estado do Rio de Janeiro. Esse episódio marcou o início do meu longo calvário, resultando em um processo judicial que se desdobraria de forma implacável e com múltiplas implicações. Naquele momento, as perseguições contra minha pessoa pública atingiram seu auge.

Ricardo Abbud, réu primário, foi acusado de participar de uma fraude em uma licitação na Câmara dos Vereadores de Resende, um crime cuja pena prevista é inferior a quatro anos, o que não implicaria prisão. Além disso, ele possuía residência fixa e acresce que outros três indivíduos foram igualmente acusados.

Assim, ao analisar o caso, observei os ditames da lei: Abbud era réu primário, empresário, com endereço fixo, e o crime não envolvia violência. Assim, sentenciei uma pena inferior a quatro anos, substituindo a privação de liberdade por medidas cautelares. O empresário foi libertado de acordo com os preceitos legais. Naquele dia, emiti diversas decisões, mas jamais imaginei que a de Abbud desencadearia o início do meu calvário.

Não houve recurso, mas a situação tomou um rumo inesperado devido à imprudência do próprio empresário e a uma suspeita manobra do Ministério Público. No dia seguinte à sua libertação, o empresário foi até um galpão e recolheu várias pastas do local. Essa ação foi filmada e a gravação entregue ao MP, que solicitou uma nova ordem de prisão, alegando que ele estava "eliminando" provas. O advogado do empresário defendeu-o, argumentando que ele estava apenas retirando documentos pessoais.

A situação era realmente suspeita, e não havia como negar isso. O juiz decretou uma nova prisão, mas desta vez, o pedido de *habeas corpus* foi submetido a outros desembargadores, já que eu havia decidido o caso anterior apenas porque estava de plantão.

Diante do pedido da defesa do empresário, o que fez, afinal, a turma de desembargadores? Concedeu o *habeas corpus*, mantendo as mesmas medidas cautelares que eu havia estabelecido durante o plantão. Errei juridicamente? Evidentemente que não, pois, caso contrário, os três colegas também teriam errado comigo. Abbud foi solto pela segunda vez. E é exatamente aí que a trama sórdida contra mim começa a se desenrolar.

Embora eu não possa acusar diretamente, os fatos processuais apontam nessa direção. O Ministério Público se aproximou de um dos três corréus, chamado Crystian, que permaneceu preso. Ele poderia ter sido libertado, já que a decisão que concedeu liberdade a Ricardo Abbud poderia ter sido estendida aos outros correús, caso o advogado tivesse solicitado. Eventualmente, Crystian também foi solto, mas não por mim, e sim por outro desembargador.

O que se seguiu foi que Crystian foi cooptado pelo Ministério Público para fazer uma delação, algo que, em minha visão, representa uma verdadeira maldição, pois se traduz em uma negociação que favorece o mal. Conforme consta nos autos, foi dito a Crystian que ele enfrentaria uma condenação de aproximadamente 40 anos pelos crimes imputados, mas que, caso colaborasse, sua pena poderia ser reduzida para apenas quatro anos, a serem cumpridos em liberdade. Seduzido por essa proposta insidiosa, Crystian não hesitou e aceitou, dando início a uma série de delações "premiadas" que envolveram funcionários da Câmara de Vereadores de Resende.

Na última delação, conforme registrado nos autos, o promotor questionou Crystian sobre o que ele sabia a respeito do *habeas corpus* concedido por Siro Darlan ao empresário Ricardo Abbud. No entanto, a delação não pode ser induzida, pois a lei não permite essa prática. Ignorando a premissa, o promotor insistiu na pergunta, pressionando Crystian, que prontamente respondeu que aquela questão não era motivo da delação e afirmou categoricamente ao promotor que nada sabia sobre o *habeas corpus*.

Mesmo assim, o promotor não desistiu, claramente com a intenção de me atacar:

— Conte o que você sabe.

— Ouvi dizer que estão falando na rua que o pai de Ricardo Abbud pagou a um intermediário de Siro Darlan a quantia de 50 mil reais, dividida em duas parcelas.

Diante da torpe resposta, o que fez o Ministério Público de Resende? Decidiu investigar a afirmação do corréu, que havia sido claramente coagido, e contratou um delegado federal com a finalidade de induzi-lo a fazer gravações de delações contra outras pessoas. A insistência foi implacável, repetida como um mantra: "O que você sabe sobre Siro Darlan?", ao que o corréu, já pressionado, continuava a responder: "Siro Darlan recebeu dinheiro do Abbud."

Os detratores do Ministério Público decidiram então encaminhar a delação ao Superior Tribunal de Justiça. E, para minha surpresa, quem era o relator do processo no STJ? Luis Felipe Salomão, que prontamente acolheu a denúncia, sem hesitar. Todo o sistema parecia conspirar contra mim. Eu precisava me defender dessa turba insana, que vociferava acusações com o claro objetivo de destruir minha reputação. E sempre com o apoio de parte da imprensa, cujo papel nessa trama já foi abordado em capítulos anteriores deste livro, mas que continuaria incansável em sua jornada detratora, especialmente após a entrada em cena de Luis Felipe Salomão.

O conhecimento jurídico do meu advogado Carlos Eduardo Machado e de sua equipe foi meu escudo. No caso do CNJ, interpelei judicialmente Ricardo Abbud e seu pai, João Bosco de Azevedo, em uma vara criminal. Ambos negaram qualquer tipo de irregularidade envolvendo minha pessoa, especialmente a falácia de que Bosco teria negociado um pagamento pela decisão favorável com Luís Eduardo Soares, que havia sido meu motorista e fora apontado pelo pai de Abbud como o operador desse esquema de corrupção inexistente. Também processei o delator, Crystian, por danos morais, mas a juíza entendeu que não cabia punição a alguém que estivesse colaborando com a Justiça.

No caso de Abbud, apliquei medidas cautelares, pois não havia fundamento legal para sua prisão, considerando que os crimes em questão envolviam fraude à licitação. Em resumo, concedi, sim, o *habeas corpus* a Abbud com base na lei e jamais recebi qualquer quantia de dinheiro, nem diretamente, nem por intermédio de terceiros, como havia sido alegado pelo coagido Crystian. Foram feitas diversas elucubrações infundadas, incluindo a de que, no dia em que Abbud foi preso novamente, teriam ligado para o meu filho, Renato Darlan, que mal havia iniciado sua carreira de advogado, e para o meu escritório. Estava, assim, montado o calunioso circo, envolvendo até mesmo entes queridos meus.

O abuso de poder foi evidente. Por determinação do STJ, fui afastado das minhas funções, e o Ministério Público chegou a solicitar minha prisão. Passei por seis constrangedoras buscas e apreensões, todas determinadas por Luis Felipe Salomão. Duas dessas operações ocorreram em minha casa, e, como não poderia ser diferente, havia uma equipe de jornalismo da *TV Globo* de plantão, previamente avisada com bastante antecedência. Isso fazia parte do teatro de horrores. A Globo sempre esteve interessada nessa guerra contra mim, guardando mágoas de longa data devido a decisões jurídicas que tomei e que frearam interesses comerciais relacionados às suas produções televisivas que infringiam a lei, especialmente no que tange ao direito de menores. Ressentida, a emissora transformou os ataques do STJ e do Ministério Público em uma de suas pautas prioritárias. Era notório o prazer com que reproduziam toda a cólera injuriosa travestida de decisão judicial em seus veículos jornalísticos, seja na TV ou na imprensa escrita. As equipes de jornalistas chegavam ao local das buscas até mesmo antes dos agentes da Polícia Federal.

No capítulo seguinte, detalharei cada uma dessas indesejáveis visitas da PF à minha casa e ao meu local de trabalho. Mas aqui, quero evidenciar o que meus algozes do Judiciário e da Globo conseguiram: impregnar a opinião pública com o vaticínio da maldade e da mentira, repetindo incansavelmente o mantra "Siro Darlan vende sentenças." O mais doloroso foi ver meu filho insidiosamente envolvido nessa investida contra mim. Doeu (e ainda dói) muito. Às vezes, ainda choro ao recordar toda aquela perseguição, que ocorreu pura e simplesmente por eu ter afrontado os poderosos com minha postura garantista.

Nem meu filho foi poupado

Em 2012, anos antes do imbróglio envolvendo o réu Ricardo Abbud, meu filho Renato formou-se em Direito, prestou o exame da OAB, foi aprovado e recebeu sua carteira da Ordem, dedicando-se à área criminal. Logo no início de sua carreira como advogado, tomei uma providência imediata: declarei-me impedido em relação ao meu filho, o que significava que ele não poderia advogar nos casos em que eu exercia a função de juiz. Essa medida foi devidamente anotada no tribunal, onde existe um rol de impedimentos registrado na distribuição. E, como não poderia ser diferente, respeitei essa regra rigorosamente. Em resumo, um juiz não pode relatar ou sentenciar processos que envolvam seus familiares diretos, como cônjuges, filhos, pais ou mães. Tomei essa decisão seguindo a lei, a ética e a probidade. Ainda assim, meu filho também sofreu ataques, que detalharei adiante.

Naquele mesmo ano, recebi a informação de que, na primeira delegacia policial, alguns promotores estavam investigando minha vida pessoal. Eles buscavam saber se eu tinha algum antecedente criminal, se havia me envolvido em atos de violência ou qualquer outro tipo de má conduta. Essa investida dos promotores chegou ao meu conhecimento através de um funcionário, um servidor, e não pelo delegado responsável. Diante dessa situação, tomei a decisão de comunicar o ocorrido à então presidente do Tribunal de Justiça do Estado do Rio de Janeiro, a desembargadora Leila Mariano, informando-a sobre as ameaças que estava recebendo do Ministério Público.

Esse processo, que deveria ter sido investigado pelo Tribunal para proteger o magistrado ameaçado, acabou sendo distribuído para a relatoria do desembargador Luis Zveiter, que simplesmente o arquivou. Com isso, ele colocou um ponto final em uma articulação franca, infundada, mas perigosa do Ministério Público contra mim. Naquela mesma época, fui procurado por uma pesquisadora interessada em estudar processos relacionados à violência contra crianças, um tema ao qual eu tinha uma forte ligação devido ao meu trabalho na área do direito da criança. A violência contra crianças é um problema persistente, presente em muitos processos, especialmente os de família.

Atendendo ao pedido da pesquisadora, enviei um ofício à desembargadora Leila Mariano, solicitando autorização para que ela pudesse realizar sua pesquisa. Leila Mariano, além de ser presidente do TJRJ, havia sido diretora da Escola de Magistratura do Estado do Rio de Janeiro (Emerj), o que me levou a acreditar que ela, uma mulher ligada à pesquisa e ao estudo, não veria impedimentos em meu pedido. No entanto, fui surpreendido ao receber um ofício assinado pelo juiz auxiliar dela, Joaquim Domingues, indeferindo a solicitação com o argumento de que "tratava-se de processos em segredo de justiça".

Embora os processos estivessem, de fato, sob segredo de justiça, esse sigilo não deveria ser um obstáculo para um pesquisador comprometido com a verdade e que buscava escrever uma tese. Todo pesquisador pode ter acesso a processos sigilosos, desde que se comprometa a não identificar as partes envolvidas. Com essa condição, o acesso é permitido para que se conheçam os fatos.

Indignado, respondi ao ofício argumentando que havia me dirigido à presidente do TJRJ, e não ao juiz auxiliar, e exigi uma resposta da própria desembargadora, considerando indelicado que um desembargador fizesse um requerimento e fosse respondido por um juiz auxiliar com uma negativa. Para minha decepção, Leila Mariano simplesmente afirmou que concordava com o que havia sido subscrito pelo juiz Joaquim Domingues.

E por que menciono esse juiz? Logo após esse episódio, Joaquim Domingues foi promovido a desembargador, e os outros desembargadores atuaram para que ele fosse designado para a câmara que eu presidia. Como presidente do órgão, eu poderia ter negado sua indicação, mas não é do meu alvitre perseguir alguém ou nutrir ódio. Sou um defensor intransigente da transparência e da verdade dos fatos. Por isso, disse: "Se vocês querem, tragam-no." E o aceitei de braços abertos. No entanto, o que aconteceu a partir daí foi deplorável. Sem qualquer motivo que o justificasse, Joaquim Domingues foi o que mais conspirou contra mim nos corredores da câmara, iniciando representações que se traduziram em incontáveis perseguições.

Para se ter uma ideia da intensidade e da injustiça dessa refrega, basta recordar um episódio em que escrevi um artigo comentando um caso verídico de uma pessoa condenada por furtar dois quilos de carne. Fui categórico ao afirmar no texto: isso não é crime. A pessoa que furtou dois quilos de carne, conforme determina a própria jurisprudência, é alguém famélico, e o furto não envolvia um valor econômico significativo. No entanto, os quatro desembargadores Maria Angélica, Sidney Rosa, José Roberto Távora e Joaquim Domingues (eu era o quinto integrante da câmara) representaram contra mim, alegando que eu havia mencionado em um artigo público as decisões proferidas por eles.

Na ocasião, eu estava cursando um mestrado na Fiocruz. Fundamentei minha defesa argumentando que se tratava de um trabalho acadêmico e que eu estava apenas comentando um fato sem identificar os julgadores. Porém, ao representarem contra mim, eles mesmos acabaram se autoidentificando. Sentiram-se ofendidos, mas sem razão alguma. Diante da minha defesa, o presidente do TJRJ, o desembargador Cláudio Mello Tavares, mandou arquivar a representação. Inconformados, os quatro desembargadores levaram a questão ao Conselho Nacional de Justiça (CNJ), mas sem sucesso, pois, em uma rara decisão favorável a mim, o CNJ seguiu a decisão da Presidência do TJRJ e também arquivou a representação.

Esse episódio foi o preâmbulo de uma teia de perseguições sem nome no Judiciário, que se tornaria ainda mais evidente no ano seguinte, com o caso "Ricardo Abbud".

***

Imaginar que um dia fui próximo de Luis Felipe Salomão é, de fato, surpreendente. Surpreendente porque é difícil conceber que alguém tão próximo de você possa, de um dia para o outro, sem fundamento algum, decidir começar a persegui-lo. A lista de decisões de Luis Felipe Salomão no CNJ contra mim, baseadas em reclamações disciplinares do Ministério Público, foi interminável.

Nossa amizade começou a ruir em 2008, logo após Luis Felipe Salomão ser nomeado para o STJ pelo então governador Sérgio Cabral. Ele estava exultante. Inclusive, me confidenciou que acreditava que seria alçado a voos maiores. Fiquei feliz por ele, achando tudo muito justo pela carreira que havia trilhado até ali. "Pô, Luis, bacana, parabéns! Torço por você. Espero que consiga." E ele respondeu com uma frase que jamais esquecerei: "Cavalo encilhado não passa duas vezes." Ao que eu respondi: "Então aproveite e monte, amigo."

Eu realmente vibrei por Luis Felipe, torci muito por ele, e gosto de enfatizar isso. No entanto, de repente, me vi diante da incômoda e dolorosa pergunta: "Qual foi a motivação de Luis Felipe para tanta perseguição?" Sinceramente, nunca soube a resposta. Talvez o fato de eu me recusar a fazer acordo com a Globo tenha gerado essa indisposição, mas não posso afirmar com certeza.

Como enfatizei no capítulo três deste livro, e faço questão de reforçar novamente aqui, fui procurado pelo advogado e amigo do ministro Ary Berguer, que me fez uma proposta, supostamente a pedido de Luis Felipe Salomão, para que eu fizesse um acordo com a Globo. Eu havia processado a emissora devido a uma nota publicada na coluna de Ancelmo Gois, no jornal *O Globo*, que comentei no mesmo capítulo, mas que considero importante ressaltar novamente. A nota dizia que eu tinha sido punido com a pena de degredo em Portugal por ter concedido uma entrevista a uma revista gay, ainda quando estava no Juizado da Infância e da Juventude. Essa entrevista abordava a questão da adoção por homossexuais. Na verdade, eu havia vencido um concurso na Associação de Magistrados Brasileiros (AMB) para uma bolsa de um ano em Coimbra, Portugal. A notícia foi considerada insultuosa pela Justiça, e *O Globo* foi condenado a pagar 20 salários de magistrado como indenização.

Já haviam se passado 12 anos desde que o processo estava no STJ, sem decisão do recurso, e a proposta feita foi para que eu aceitasse 50 mil reais, o que na época representava menos de 10% do valor da condenação corrigido. O advogado, um grande amigo de Luis Felipe Salomão, disse que, se eu levasse essa afirmação a qualquer foro, ele a desmentiria. Mas, como não encontro nenhuma outra motivação para a perseguição implacável que sofri, minha especulação centra-se na minha negativa em aceitar essa proposta. Contudo, é apenas uma especulação, pois a única prova seria a palavra do advogado, que já havia afirmado que negaria tudo.

Coincidentemente, esse mesmo advogado foi quem me representou na primeira representação no CNJ e, inclusive, foi o autor do mandado de segurança, que foi negado pelo STF, mas que acabou vinculando o ilustre ministro Ricardo Lewandowski aos meus processos. Foi Lewandowski, graças a Deus, quem fez justiça, suspendendo a decisão que me aposentava compulsoriamente. Abordarei mais detalhadamente esse desfecho nos capítulos seguintes, a partir da decisão do ministro Lewandowski. Quanto a Luis Felipe, não consigo encontrar outra motivação para a perseguição implacável que sofri.

O que sei, e isso pude sentir dolorosamente, é que Luis Felipe, a partir do processo de Ricardo Abbud, me massacrou por anos.

Se eu não fosse forte e cristão, teria sucumbido. Resisti porque tenho uma mulher fantástica ao meu lado, uma mulher calma, uma "psicóloga" que, embora não formada na área, sabe como acalmar e seduzir com sua serenidade. Ela foi meu esteio, meu porto seguro ao longo dessa jornada desafortunada e terrivelmente covarde de ataques e processos intermináveis contra os quais recorri sucessivamente.

"Tão falando aí"

Há, contudo, algumas particularidades que evidenciam ainda mais a sanha incontida de Luis Felipe contra mim. Em 31 de agosto de 2020, a subprocuradora-geral da República, Lindora Maria Araújo, apresentou uma denúncia, que foi acolhida pela Corte Especial do Superior Tribunal de Justiça para julgamento em 16 de setembro[37]. Durante o julgamento, a subprocuradora-geral falou por oito minutos, defendendo a denúncia que havia apresentado dias antes. Em um momento de seu breve pronunciamento, equivocou-se ao me chamar de "Ciro Nogueira", um político do Centrão.

Por sua vez, o ministro Luis Felipe Salomão discursou por uma hora e quarenta minutos, fazendo declarações ao colegiado do CNJ, composto pelos quinze ministros mais antigos, que não correspondiam à verdade, com o claro intuito de enganar e influenciar os demais julgadores. Após o voto do ministro Napoleão Maia, o único que discordou de sua relatoria, Luis Felipe ainda replicou, insistindo em obter unanimidade – aquilo que seria um fato inédito e que revela sua suspeição processual ao demonstrar interesse no resultado da causa. Ele afirmava que

[37] VITAL, Danilo. "STJ recebe denúncia contra desembargador Siro Darlan, do TJ-RJ, por venda de decisão". Consultor Jurídico, de 16 de setembro de 2020. Ver em: https://www.conjur.com.br/2020-set-16/stj-recebe-denuncia-desembargador-rj-acusado-corrupcao/.

suas declarações eram "apenas uma amostra de muitos outros fatos muito mais graves", mas nada do que mencionou ao colegiado se concretizou.

Para rebater a denúncia e os argumentos do relator Luis Felipe, meus advogados, Carlos Eduardo Machado e Geraldo Prado, apresentaram, em 3 de setembro – logo após a formalização da denúncia pela subprocuradora-geral Lindora – os memoriais em minha defesa. É essencial apresentá-los detalhadamente aqui para que a verdade sobre os fatos e a flagrante intencionalidade de todo o processo – vicioso, vale ressaltar – em me denegrir e desmoralizar perante a opinião pública, fique clara.

> "A investigação que deu origem à acusação em face de Siro Darlan de Oliveira e que serviu de base a medidas cautelares ordenadas em face do desembargador do Tribunal de Justiça do Rio de Janeiro (TJRJ) pode ser assim resumida:
> "i) Em notícia crime fundada em declaração de colaborador a Promotores de Justiça do MPRJ por meio da qual o colaborador, preso à disposição da justiça estadual, afirmava «ter ouvido dizer» que determinada pessoa (Ricardo Abbud) comprara por cinquenta mil reais a sua liberdade ao acusado;
> "ii) A notícia foi incrustada em acordo de colaboração premiada submetido à homologação perante juiz criminal estadual, sonegando-se ao Superior Tribunal de Justiça (STJ) a informação a respeito[38];
> "iii) Depois disso, no contexto da corroboração da hipotética delação, portanto em atividade supostamente destinada a demonstrar a notícia crime, o preso-colaborador gravou conversa com a própria advogada, incentivando-a a falar da compra da decisão;
> "iv) A iniciativa investigatória que usurpou a competência do STJ sofreu seu primeiro revés quando a 6ª Turma deste Tribunal reconheceu que, porque vereadores fluminenses também estavam sendo ilegalmente investigados, a competência do Tribunal de Justiça do Rio de Janeiro (TJRJ) fora usurpada[39];

[38] MARCHIONATTI, Daniel. Processo penal contra autoridades. Rio de Janeiro: Forense, 2019. p. 188.

[39] Recurso Ordinário em Habeas Corpus nº. 68.718/RJ. Superior Tribunal de Justiça. Min. Rel. Sebastião Reis Júnior. Decisão da 6ª Turma de provimento ao

"v) Na sequência da decretação pelo STJ da nulidade do processo, o material com a delação foi enviado ao tribunal fluminense;

"vi) A clandestina investigação do desembargador fluminense, que à altura contava com o ato ilegal de gravação já referido, terminou incluída no âmbito da nova homologação por juiz incompetente, agora o TJRJ;

"vii) Novamente o STJ permaneceu à margem do negócio jurídico-processual, malgrado pacífica orientação da jurisprudência, que estabelece que cabe ao tribunal superior determinar eventual desmembramento de casos criminais, remetendo aos TJs e TRFs as causas de sua competência[40];

"viii) A usurpação de poder do STJ, causa de nulidade absoluta, é compreensível como estratégia dos Promotores de Justiça do GAECO-RJ, à luz dos preconceitos contra a atuação garantista do acusado, como magistrado;

"ix) Desde os tempos de exercício da jurisdição nas Varas da Infância e Juventude do Rio de Janeiro o desembargador Siro Darlan de Oliveira foi alvo da irresignação de alguns integrantes do Ministério Público estadual, o que explica o viés investigatório evidente no presente caso, com sérias consequências para os direitos e também para a reputação do DEFENDENTE;

"x) Em vista dessas perseguições descabidas o DEFENDENTE viu-se mesmo obrigado a provocar a tutela jurisdicional em face dos que atentavam contra a sua honra[41];

"xi) A acusação afirma que o desembargador deferiu liberdade em plantão judicial contrariando procedimentos que costumeiramente adotava;

"xii) Houvesse pesquisado um pouco mais, o MPF teria se deparado com inúmeras decisões do gênero proferidas pelo desembargador Siro Darlan de Oliveira, a requerimento de advogados e defensores públicos, antes e depois da que questiona;

"xiii) Sequer é o caso de sublinhar que a liberdade do paciente do citado *habeas corpus* foi ao final objeto de decisão do colegiado do TJRJ, atestando a correção da decisão liminar;

---

recurso. Recorrente: Ricardo Abbud de Azevedo. Recorrido: Ministério Público do Estadodo Rio de Janeiro. Data do julgamento: 26 de abril de 2016.

[40] Colaboração premiada: prerrogativa de foro e competência. 2ª turma. In: Informativo STF nº 895. Brasília. Data: 19 a 30 de março de 2018. Disponível em: http://www.stf.jus.br/arquivo/informativo/documento/informativo895.htm.

[41] A título de exemplo: Doc. Anexo 05 – Jornais que, à época, noticiaram o fato: "TJ-RJ condena procurador"; "Promotor indenizará desembargador"; "Promotor é condenado por ofender Siro Darlan"

"xiv) Sem embargo disso e na sequência de investigação iniciada em flagrante usurpação de função, a quebra de sigilo dos dados telefônicos do DEFENDENTE se fundamentou em fato falso narrado pelo Parquet em sua representação, efetivamente levando o e. Ministro relator a erro quando da decretação da medida;

"xv) Em petição de rerratificação da denúncia o MPF reconhece que se equivocou em um ano quanto ao período que em tese justificaria o afastamento dos sigilos constitucionais do DEFENDENTE;

"xvi) Esta grave violação dos direitos do DEFENDENTE, com a instauração de verdadeira devassa que atingiu sua vida pessoal e profissional, está no mesmo contexto da usurpação da competência do Superior Tribunal de Justiça, da solteira, provocada e interessada colaboração do preso e do antagonismo de setores do MPRJ por força das decisões do DEFENDENTE em conformidade com a Constituição da República;

"xvii) Trata-se da única explicação plausível para o oferecimento de denúncia inepta, pois que não descreve as circunstâncias e os elementos essenciais do crime de corrupção passiva, ou seja, como teriam ocorrido os ajustes espúrios imputados, tampouco a forma de pagamento dos valores indevidos;

"xviii) Entende-se a impossibilidade de a douta Procuradoria-Geral da República oferecer acusação obediente às exigências do artigo 41 do Código de Processo Penal (CPP) porque não houve crime de corrupção passiva praticado pelo DEFENDENTE;

"xix) Siro Darlan de Oliveira desconhecia a existência de Ricardo Abbud até apreciar e decidir requerimento de medida liminar no citado plantão judicial, adotando entendimento que, sem prejuízo de ao final ter sido sufragado pelo colegiado julgador, corresponde a conhecido posicionamento jurídico do magistrado;

"xx) As informações colhidas na investigação criminal, referentes ao período de tempo em que alegadamente terceiro teria negociado a decisão de liberdade, mostram que o contato entre terceiro e a família de Ricardo Abbud, se ocorreu teve lugar depois de deferida a liminar, soando absurda a tese acusatória à luz dos elementos informativos obtidos a requerimento do próprio MPF;

"xxi) Não há um ínfimo indício de que o suposto contato entre terceiro e a família de Ricardo Abbud pudesse ter contado

com o conhecimento a qualquer tempo, o incentivo ou a determinação do DEFENDENTE. A denúncia a respeito especula sem lastro em provas e em contradição com as demais informações obtidas ao longo da instrução preliminar;
"xxii) Desnecessário igualmente enfatizar a magistrados experientes, como são os integrantes desta Corte Especial, que do juiz de primeira instância da mais longínqua comarca do interior do país a ministros dos tribunais superiores, nenhum julgador está livre de ter seu nome indevidamente associado a semelhantes episódios;
"xxiii) Por essa razão é fundamental que a investigação da notícia crime seja inteiramente da responsabilidade do tribunal competente, que seja procedida sob rigorosa supervisão do Ministro relator, que apure as circunstâncias e os elementos essenciais do crime de corrupção passiva, ou seja, como teriam ocorrido os ajustes espúrios imputados, além da forma de pagamento dos valores indevidos, tudo isso livre de especulações ilegítimas e interessadas;
"xxiv) O DEFENDENTE fez questão de demonstrar que depende com exclusividade de seus estipêndios na magistratura, com os quais, com as mesmas dificuldades das pessoas de classe média, vive uma vida simples. O DEFENDENTE não exerce cargo no magistério;
"xxv) Seu patrimônio é compatível com seus rendimentos de juiz de carreira;
"xxvi) O abuso contra o DEFENDENTE chegou ao limite de levar o MPF a supor que a portabilidade de linhas telefônicas para outra companhia – mantidos os respectivos números de telefones – pudesse ser interpretada como artifício para se desfazer de provas;
"xxvii) Nada justifica esse abuso do MPF, por meio do qual buscou lastrar medida cautelar. Os números das linhas telefônicas do DEFENDENTE são os mesmos há anos. A mudança de plano obedeceu ao propósito de vincular-se a um plano economicamente mais em conta, mais barato;
"xxviii) O absurdo da acusação contra o desembargador Siro Darlan de Oliveira é dessa ordem. Ignora as provas de seus posicionamentos jurídicos, ignora a ausência de provas de um acerto prévio para a hipotética prática da corrupção passiva, ignora a falta de provas de que tenha recebido algo, ignora o padrão de vida modesto do DEFENDENTE, tratando-se de magistrado de carreira, ignora datas, linhas telefônicas... ignora o DEFENDENTE, que até hoje não foi ouvido sobre os fatos;

"xxix) Para acusar Siro Darlan de Oliveira o MPF não ignorou apenas um único elemento: a colaboração premiada de ouvir dizer, premiada a partir de promessa formulada por órgão sem atribuição (MPRJ) e inicialmente homologada por juiz e tribunal incompetentes, no âmbito dos quais o colaborador buscou criar as suas provas de corroboração.

"Em uma investigação na qual em tempo algum o DEFENDENTE foi ouvido, a defesa buscou fazer o seu trabalho, demostrando os erros da investigação, alguns hoje explicitamente admitidos pelo MPF, a insustentabilidade da tese acusatória descrita no preâmbulo dos memoriais, o viés das conclusões da acusação e o absurdo de um procedimento que a bem da verdade atenta contra a independência da própria magistratura.

"Cabe agora a esta e. Corte Especial decidir qual caminho seguir. Confia-se que seja o da restauração da legalidade e da afirmação da Constituição de 1988, como fez a Segunda Turma do Supremo Tribunal Federal, mostrando-se intransigente com o apontado abuso dos órgãos de persecução e com uma investigação conduzida à revelia do Direito, cujo efeito prático, ao revés, seria permitir que Promotores de Justiça de 1ª Instância celebrem colaborações premiadas nas quais autoridades com prerrogativa de foro são delatadas, sem o devido controle da autoridade judiciária competente.

Pedimos, por fim, desculpas pela veemência que nos domina, chegando próxima da indignação, sem sabermos mais se hoje estamos a defender o desembargador Siro Darlan de Oliveira, a própria Constituição da República ou ambos.

"Confiando que Vossa Excelência votará pela rejeição da denúncia e pela restauração da ordem constitucional, subscrevemo-nos."

Salomão, para manter sua investida contra mim, ignorou os plausíveis argumentos dos meus advogados. Acolheu a denúncia e, no dia do julgamento, defendeu por quase duas horas seu relatório, recorrendo, entre outras inconsistências, a diálogos sem margem de verdade, sem prova alguma, como já havia alertado minha defesa.

"Em síntese, a denúncia de fls. 505-574 aponta que o Desembargador Siro Darlan de Oliveira obteve vantagem indevida, em data aproximada de 1º.11.2015, decorrente da venda de decisão liminar proferida no *habeas corpus* n.0441519-57.2015.19.0001, durante plantão judicial do Tribunal de Justiça do Estado do Rio de Janeiro realizado em 31.10.2015, beneficiando o acusado Ricardo Abbud de Azevedo em troca do pagamento de R$ 50.000,00 em propina. Os fatos narrados decorrem das investigações realizadas no âmbito do Inquérito n. 1.199/DF, deflagrado com base nas Notícias de fato n.1.00.000.0011346/2016-53 e 1.00.000.017420/2016-45, em que o Ministério Público do Estado do Rio de Janeiro reportou o possível envolvimento do Desembargador Siro Darlan em ilícito (e-STJ, fls.73-75 do Apenso n.1). Inicialmente, uma gravação de conversa presencial entre o colaborador Crystian Guimarães Viana e o advogado Marcelo Macedo, ambos suspeitos de integrar organização criminosa investigada na origem, revelou a suspeita do ilícito. No diálogo, o advogado menciona que teria ouvido dizer que o Desembargador Siro Darlan de Oliveira recebera 50 mil reais para conceder a liminar no *habeas corpus* que favoreceu Ricardo Abbud de Azevedo (fls. 36-37, v.1):

[...]

Marcelo – *Nego tá falando aí que Siro Darlan ganhou cinquenta conto pra dar aquela liminar pra ele.*

Crystian – *Quem falou isso, cara?*

Marcelo – *Tão falando aí.*

Crystian – *Cinquenta mil?*

Marcelo – *Tão falando aí.*

Crystian – *E cê acha que é possível?*

Marcelo – *Ah, eu acho. Tudo é possível. Aquela liminar que deu pra ele, lembra?*

Crystian – *No de domingo, que ele saiu no domingo. Marcelo – É. Ali, rapaz, não podia. Tava sendo monitorado, não podia dar mole.*

[...]

"Segundo o MPF, Marcelo Macedo referia-se à decisão liminar concedida no *habeas corpus* n. 0441519-57.2015.19.0001, que favoreceu o paciente Ricardo Abbud de Azevedo durante o plantão judicial de 31.10.2015, dois dias após o cumprimento do mandado de prisão preventiva contra Ricardo Abbud em decorrência da Operação Betrug, que investigou crimes de fraude em licitação na Câmara Municipal de Resende/RJ.

"Em 16.6.2016, durante outra conversa ambiental igualmente gravada por Crystian Guimarães Viana, a advogada Nathalie Anselmo da Silva relata que ouviu sobre o pagamento de 50 mil reais ao Desembargador Siro Darlan de Oliveira do próprio João Bosco de Azevedo, pai do acusado Ricardo Abbud de Azevedo, conforme fls. 49-50 do apenso e mídia de fl. 3 do Apenso n. 1:

[...]
Crystian: *Cê ficou sabendo que o Ricardo pagou o Siro Darlan?*
Nathalie: *Ele contou isso pra mim e eu que contei isso pra você. Eu que te contei isso. Que eu falei assim, que o pai dele bateu no peito e falou assim 'sabe como todo mundo saiu? Eu paguei cinquenta mil ao Siro Darlan. Eu paguei.' Só que naquela época ele tinha soltado o filho dele. Você saiu pelo seu HC que o seu advogado impetrou.*
Crystian: *É.*
Nathalie: *Aí eu falei 'olha, o Russo'. Aí eu fui bem grossa com ele, eu falei: 'olha, se o senhor tá falando isso, eu não acho vantagem, contar isso pros outros. O Crystian na época...Eu falei o meu cliente na época tinha advogado, estava... tinha advogado constituído e ele impetrou HC porque eu mesma conferi. Então, se ele saiu, foi por causa do HC que foi impetrado pra ele. Não é porque saíram em épocas diferentes do seu filho. Se o senhor, se você quer dizer...eu sei que você comprou pro seu filho e chegou até ele, aí, é sua palavra. Não pode dizer que não, não acompanhava o processo que na época era funcionária pública. Sei que hoje e na época, pelo que consta nos autos, ele saiu pelo HC dele.*
Crystian: *Não, lógico, saí pelo meu HC.*
Nathalie: *Mas ele falou que, ele falou que ele que pagou pra todo mundo sair. Só que, olha que incoerência que vocês saíram numa época totalmente diferente. Primeiro ele saiu, o filho dele.*
Crystian: *Quanto que ele falou que ele pagou pra você?*
Nathalie: *Cinquenta mil.*
Crystian: *Pra mim ele falou cem mil.*
Nathalie: *Cinquenta mil que ele falou pra mim. Falou pra mim, pro Lucas e pra todo mundo.*
[...]
Nathalie: *Ele falou pra mim isso, que pagou cinquenta mil, cinquenta mil e o HC dele é cinquenta mil. Eu acho que foi cinquenta mil mesmo que o HC dele todo mundo sabe que é cinquenta mil.*"

Expostos os diálogos que nada provavam, Luis Felipe prosseguiu em seu interminável discurso para ludibriar os outros ministros, tentando associar meu nome aos atos do meu ex-motorista. E deu seu vaticínio:

"Discorre que, no âmbito da Sindicância n. 605/DF, antes sob a relatoria da Ministra Maria Thereza de Assis Moura, que apura fatos análogos – possível venda de decisão judicial pelo Desembargador Siro Darlan em plantão judicial do

TJRJ —, foi identificado o intermediário que atuava em nome do Desembargador Siro Darlan de Oliveira.

"A partir dos dados telefônicos do advogado Onofre Alves, subscritor do *habeas corpus* supostamente objeto de negociação, verificou-se que ele manteve 21 ligações com Luis Eduardo Soares no dia da concessão da liminar no writ objeto daquele procedimento investigativo (SD n. 605/DF).

"De acordo com a narrativa ministerial, Luis Eduardo Soares trabalhou como motorista no Tribunal de Justiça do Estado do Rio de Janeiro entre 20.1.1996 e 20.9.2005, vinculado diretamente ao Desembargador Siro Darlan ao exercer cargo de confiança na estrutura administrativa do seu gabinete (fls. 326-341).

"A relação entre ambos se tornou notória em virtude da prisão em flagrante de Luis Eduardo Soares, em 20.9.2005, por receber 80 ingressos gratuitos da Claro Hall localizada na cidade do Rio de Janeiro/RJ. Apesar de Siro Darlan, na época, já haver sido empossado Desembargador, Luis Eduardo havia trabalhado para ele quando ainda era juiz titular do 1º juizado da infância e juventude, exercendo a função de motorista e assessor informal, envolvendo-se com a fiscalização de estabelecimentos desta natureza, conforme narra o Parquet.

"Ao tempo da prisão de Luis Eduardo Soares, Siro Darlan o exonerou do cargo comissionado de motorista e compartilhou entre seus pares uma nota, também divulgada na imprensa."

[...]

"Além do episódio descrito na presente ação penal, há fortes e robustos elementos indicativos da prática dos crimes de corrupção e associação criminosa/organização criminosa pelo Desembargador Siro Darlan de Oliveira, por meio da venda de decisões judiciais durante plantões do Tribunal de Justiça do Estado do Rio de Janeiro. Nessa perspectiva, há elementos no sentido de que a venda de decisão durante plantão presidido pelo magistrado, ao que tudo indica, não se restringiu ao caso da liminar deferida no *habeas corpus* n. 0441519-57.2015.19.0001, favorecendo Ricardo Abbud de Azevedo durante o plantão judiciário do Tribunal de Justiça do Estado do Rio de Janeiro ocorrido em 31.10.2015, existindo elementos a indicar que a negociação de decisões pode estar ocorrendo de forma atual e generalizada."

***

Independentemente do que achava ou deixava de achar Luis Felipe Salomão, havia um fato totalmente estranho ao processo e importado para fazer carga. No inquérito nº 1.199/DF, foram realizadas diversas medidas visando à obtenção de provas, tais como o afastamento dos sigilos bancário, fiscal e de dados telefônicos, em conjunto com os demais elementos carreados ao pedido de busca e apreensão criminal (PBAC nº 16), assim como o compartilhamento de informações apuradas na sindicância nº 605/DF e dos elementos extraídos do celular de Mayson César Fideles de Santana, em razão do encontro fortuito de prova envolvendo meu nome na ação penal nº 0025888-67.2018.8.19.0023, em trâmite na 1ª Vara Criminal de Itaboraí-RJ, na qual foram denunciados 77 réus supostamente envolvidos em diversos delitos relacionados à milícia atuante naquela região. A extração dos dados do celular, cujo número é (21) 96489-2928, de Mayson César Fideles de Santana, conhecido como "Santana" ou "César", um dos réus na referida ação penal, revelou que ele se comunicou, por diversas vezes, com pessoa identificada na sua agenda como "Ciro Darlam", relacionado ao terminal (21) 997919-6677, que tem Luis Eduardo como usuário (e-STJ, fls. 3-13 do Apenso n. 2), extraindo-se diálogos que supostamente demonstrariam o recebimento de valores em espécie, o que seria indício de que essa foi a forma de recebimento de valores pela decisão que alegavam ter beneficiado Ricardo Abbud de Azevedo.

Ora, dados bancários levantados de toda a família de Ricardo Abbud somados não chegaram a vinte mil reais. Pontualmente, portanto: os dados de movimentação bancária de João Bosco de Azevedo, Ricardo Abbud de Azevedo e Sibele Abbud de Azevedo, em valores supostamente compatíveis com a vantagem atribuída a Siro Darlan de Oliveira para proferir a decisão, mostravam-se como uma completa mentira, assim como os telefones "puxados" para o processo. As investidas mentirosas da denúncia e, consequentemente, da acusação no STJ, não pararam por aí. Havia mais mentira: não há nenhuma prova desses contatos telefônicos, apenas alegações. O que havia, de fato, eram dados telefônicos que demonstram comunicação entre João Bosco de Azevedo e Luis Eduardo Soares, e entre mim e meu filho Renato Darlan de Oliveira, em datas próximas ao plantão do dia 31 de outubro de 2015. No entanto, esses fatos foram tendenciosamente importados para a denúncia, sem qualquer relação com o falacioso teor da acusação. E vem mais mentira: conforme a narrativa do MPF, a impetração em favor de Ricardo Abbud de Azevedo foi articulada em termos genéricos, sob o argumento de que não eram conhecidos os fundamentos da decisão que decretou a prisão preventiva do paciente. Em outras palavras, a petição do *habeas corpus* sequer foi instruída com a cópia da decisão impugnada ou de petição protocolada no juízo coator, visando obter acesso aos autos, sob a alegação de desconhecimento, tampouco de comprovação de que foi realizado pedido de revogação da prisão preventiva no juízo *a quo*. Não obstante, deferi a liminar em favor de Ricardo Abbud de Azevedo, tendo ele mesmo extraído o "espelho" da decisão no site do Tribunal de Justiça do Estado do Rio de Janeiro.

Independentemente do vazio de verdade no que argumentara ao colegiado, o fato é que o discurso do Luis Felipe foi sedutor. Ele tem uma excelente retórica, reconheça-se. O desfecho é que a denúncia contra mim foi recebida por quatorze votos a um. O único voto divergente foi o do ministro Napoleão Maia. Não o conheço pessoalmente, nunca o vi. Napoleão Maia aposentou-se. Era um ministro oriundo do Ceará. Naquele julgamento, ele analisou a prova e o que discursou Luis Felipe Salomão. Lembro bem. Como esquecer? Napoleão Maia disse mais ou menos assim:

> "Olha, eu peço vênia para divergir porque não ouvi nenhuma voz do Siro Darlan em nenhuma gravação. Não vi nenhuma negociação dele pedindo dinheiro. Não vi nenhuma prova de que esse dinheiro chegou à conta dele. Acho que se houver

algo, que se investigue, mas, no momento, eu voto contra. Não há prova para receber a denúncia."

O ministro Napoleão Maia foi o único ministro que teve disposição para analisar profundamente o processo. Vejamos o que mais disse o ministro:

> "Só ouvi falar do Desembargador S D ontem. Não o conhecia nem de nome. Não tinha referência nenhuma a respeito de S. Exa., nenhuma. Nem para o bem, nem para o mal. Nunca tinha ouvido o nome dele. Ouvi ontem quando comecei a manusear as peças deste julgamento, que hoje teria lugar. [...] Lá, no TJ do Rio de Janeiro, se homologou uma delação envolvendo o Desembargador. De que se deveria apreciar a delação contra os vereadores não há dúvida nenhuma, mas quanto ao Desembargador também? [...] é muito difícil a prova de propina, porque ninguém passa recibo disso. É claro que é muito difícil. [...] Por ser imensa a dificuldade, podemos presumir responsabilidades e culpas? Podemos descartar a exigência da prova porque é de produção árdua, dificílima e até impossível? [...] Pelo que percebi, Ministro SALOMÃO, o Desembargador S D nem foi ouvido até agora. Foi ouvido? Foi ouvido. Bem. Observei que V. Exa. apontou que o HC no qual ele deferiu a liminar era um HC capenga, tanto que foi reformada a liminar pela Câmara correspondente do TJ do Rio de Janeiro. Não vou fazer nenhuma crítica a essa decisão judicial do Desembargador S D. Acho que o recurso próprio foi exercitado, e a Câmara lá cassou a liminar dele, ou não cassou. Não interessa. O que me interessa aqui é simplesmente, Ministro SALOMÃO, verificar se há elementos veementes de que ele recebeu uma propina. Vi os telefonemas, vi a transcrição do voto de V. Exa., mas não vi nenhuma palavra do Desembargador S D, nenhuma palavra dele. O que me chamou a atenção, Ministro Salomão, foi ver esse processo migrar do primeiro grau para o TJ por causa dos vereadores e lá se homologar também a delação que envolve o Desembargador S D. Isso deveria ter vindo para o STJ, não veio. Diz V. Exa. que essa não é a única coisa que supedaneou, como gosta de dizer o Ministro RAUL, a acusação. Não é mesmo, não. Qual é a outra coisa? Duas gravações: numa, alguém ouviu dizer; na outra, alguém alega conhecer o fato. Veja bem essas duas provas. A minha indagação, que ficou na

minha consciência, Ministro SALOMÃO, é esta: qual o indício veemente que aponta o Desembargador como beneficiário dessa propina? Isso me pareceu mais uma atividade de venda do Desembargador, o que, aliás, é muito comum hoje em dia com Magistrados. Dizer: O processo está com quem? Está com fulano de tal; deixa que eu resolvo, e, às vezes, resolve, porque tem 50% de chance de ser favorável a decisão. O sujeito que vende um Desembargador, que vende um Magistrado, que vende um Juiz qualquer, tem a favor dele 50% de chance de acertar. [...]Na minha opinião, Ministro SALOMÃO, o que se está vislumbrando, o que se está desenhando no horizonte, é a utilização do processo como meio ou como prosseguimento de investigação. Dessas situações, afirma-se que não há justa causa para a Ação Penal; para a investigação, há, de sobra, Ministro HUMBERTO. Há elementos de sobra para se investigar. Mas para receber a denúncia contra um Magistrado em que não há uma prova, um indício, uma coisa mais direta, mais plausível de que ele recebeu esse dinheiro? [...]Não vi, Ministro SALOMÃO, nessas gravações, uma incriminação direta ao Desembargador delatado e muito menos o ouvi falando. Se tivesse ele falando com esse ABBUD ou com NATHALIE ou com não sei quem, se tivesse a voz dele, acho que era realmente um indício veemente. Porém, no caso, o que temos com relação a MARCELO e a CRYSTIAN é que são colaboradores instigantes, conversando com pessoas e as levando, persuadindo-as, seduzindo-as dolosamente para fazerem declarações que ele estava gravando. [...]Vejo mais, Presidente, que a colaboração que foi prestada por essa pessoa era com relação a uma ORCRIM. Será que o Desembargador S D está também na ORCRIM? Parece que está, ou será um encontro fortuito de uma prova? Porém, não foi encontrado nada em poder dele. Nada foi encontrado em poder do acusado. Ministro RAUL, nada foi encontrado em poder do acusado. Foi encontrado em poder do ex-Motorista, que agora é o assessor informal da NATHALIE, de não sei quem e de outras pessoas, mas dele mesmo, nada. [...] O que é a justa causa neste caso para submeter o Desembargador a processo? Em relação à investigação, estou de pleno acordo, de plenissimo acordo com V. Exa., Ministro SALOMÃO, mas não vejo razão, até esse momento, para se instaurar Ação Penal contra ele, porque não há, a meu sentir, um conjunto veemente de indícios que comportem essa acusação gravíssima. [...] Ministro SALOMÃO, meu voto é no sentido de se ponderar isso com mais demora para permitir que o Ministério

> Público e a Polícia do Rio de Janeiro aprofundem imediatamente essas investigações e cheguem a conclusões que possam persuadir mesmo quem tenha o espírito garantista. Não se deve confundir o espírito garantista, como se confunde diariamente, com a benevolência com a impunidade, mas, sim, com a preservação das garantias. [...] Essa acusação não tem importância nenhuma, se é recebida ou não. O sujeito já está afastado da função judicante. Então, seria facílimo receber, processar e tal, e lá adiante se descobrir que ele não fez ou que ele fez, mas, neste momento, a justa causa, Ministro MAURO, está sob uma densa nuvem de incertezas. [...]Não temos uma coisa que una o Desembargador ao seu ex-Motorista; que una o Desembargador à NATHALIE. Sabe-se lá quem é NATHALIE. Pode ser uma pessoa ligadíssima a ele. Quem é MARCELO? Quem é ABBUD? O pai do ABBUD morreu. Essas pessoas todas têm de ser chamadas – vou usar uma expressão vulgar lá da minha região, do Ceará – e espremidas para dizerem o que sabem. Disseram coisas, assim, pela rama, e foram em cima do Desembargador."

Quando houve esse voto divergente, Luis Felipe Salomão pediu novamente a palavra, dirigindo-se ao ministro Napoleão: "O senhor quer que o corrupto dê recibo do dinheiro que recebeu? Nunca vi nenhum corrupto passar recibo". Essa postura é inadequada porque cada ministro tem seu voto, e este precisa ser respeitado, tanto que nenhum dos outros ministros contestou-o. O ministro Napoleão Maia apenas declarou não ver prova que sustentasse a denúncia. Ele teve a coragem de ser o único, embora nem sequer me conhecesse. Poderia seguir o voto do relator, mas mostrou independência. Mais ainda, mostrou decência jurídica. Seguir o relator é o voto mais cômodo. Ainda mais o voto de um relator que sustentou sua acusação durante uma hora e quarenta minutos. Mas o ministro Napoleão Maia teve a coragem de divergir porque se certificara de que tudo ali dito diante dele não tinha embasamento em provas. Estava convicto da minha inocência. E foi além em seu discurso ao afirmar que nem sequer me conhecia. Suspeição zero, idoneidade mil.

Intencionalmente, O *Globo* "embarca" no grave denuncismo

"Não cheira bem a facilidade com que jornais entram no jogo de assassinatos de reputações. É o caso de *O Globo*, aceitando sem pestanejar denúncias contra o desembargador Siro Darlan. Darlan é um magistrado garantista, que usa o recurso da prisão apenas em última instância. Os tribunais movem perseguições a juízes garantistas. É o caso da desembargadora Kenarik Boujikian, do Tribunal de Justiça de São Paulo, um ícone da luta pelos direitos humanos, permanentemente acossada pelos pares por suas sentenças e declarações. Recentemente foi denunciada por fazer cumprir a lei e mandar soltar presos sem julgamento. Foi o caso também do Ministro Marcelo Dantas, de carreira impecável, mas alvo de ataques de toda ordem por ter sido nomeado para o STJ (Superior Tribunal de Justiça) e ter fama de garantista. Imediatamente a imprensa tratou de criar versões de cumplicidade dele com o PT. Darlan parece alvo de golpe semelhante. As evidências contra ele se resumem a grampos em pessoas que supostamente "negociavam" *habeas corpus* dele com advogados. Ora, é mais que manjado o golpe do sujeito que se diz íntimo de autoridades para ludibriar trouxas. O malandro se apresenta, falando em nome do juiz, e diz que só haverá pagamento se a sentença favorável for confirmada. É um golpe tão velho quanto a instituição da Justiça. E a probabilidade de Darlan conceder um HC é muito maior que a de qualquer outro desembargador, pois ele é claramente um garantista. A reportagem diz que os advogados selecionavam os plantões de Darlan para entrar com os pedidos. Se o advogado pode escolher a data de entrar com o pedido, é mais que óbvio que selecionará o plantão do desembargador garantista. Mas hoje em dia, os assassinatos de reputação estão tão naturalizados quanto os assassinatos de lideranças camponesas. Ainda bem que a boa índole do brasileiro se manifesta quando cães são assassinados."[42]

O artigo acima foi escrito pelo jornalista Luis Nassif em 2018, alertando sobre mais um episódio em que o jornal *O Globo* acolheu denúncias infundadas contra mim. Nassif, de forma pertinente, chamou isso de "assassinato de reputação". Apesar de não haver nenhuma prova contra mim até aquele momento, meus detratores não descansavam. Urdiam toda sorte de maldade para manchar minha imagem, acreditando na ideia infame de que eu acabaria me acovardando. Enganaram-se, mas persistiram com obstinação impertinente. Em 10 de dezembro de 2018, o jornal *O Globo* publicou a seguinte manchete: "Desembargador Siro Darlan é suspeito de soltar presos por propina"[43]. Foi uma verdadeira patacoada – para não usar termos mais graves – cheia de insinuações. O tom tendencioso era claro e direto, como de costume, vindo de um jornal que sempre demonstrou uma agressividade gratuita em relação a mim. Aos olhos da direção do jornal e de alguns de seus jornalistas, eu era visto como um "vendedor de sentenças", e eles faziam questão de reforçar essa inverdade logo no início de suas matérias.

> "O desembargador Siro Darlan, presidente da 7ª Câmara Criminal do Tribunal de Justiça do Rio, é suspeito de soltar presos durante plantões judiciais em troca de propina. Darlan é alvo de inquérito no Superior Tribunal de Justiça (STJ), que apura a venda de sentenças no fórum da capital. 'Em dois casos investigados, detentos teriam sido beneficiados por decisões de Darlan. Num deles, foi anexada a colaboração premiada de um dos envolvidos, que afirmou ter ouvido de um dos presos sobre o pagamento a um intermediário do

[42] NASSIF, Luis. "Globo comete assassinato de reputação contra desembargador Darlan". *Jornal GGN*, online, em 10 de dezembro de 2018. Ver em: https://jornalggn. com.br /justica/ globo-comete- assassinato-de-reputacao- contra-desembargador-por- luis-nassif/.

[43] OTÁVIO, Chico, BIASETTO, Daniel, e ARAÚJO, Vera. "Desembargador Siro Darlan é suspeito de soltar presos por propina". *O Globo*, Rio de Janeiro, em 10 de dezembro de 2018. Ver em: https://oglobo.globo.com/politica/ desembargador-siro-darlan-suspeito-de-soltar-presos-por-propina-23293498.

magistrado: R$ 50 mil para ser solto. Inicialmente, segundo o delator, o lance foi de R$ 120 mil, mas caiu para menos da metade dividido em duas parcelas."

A mesma reportagem destacava todos os ataques que sofri naquele período, provavelmente devido à minha postura garantista como juiz. No entanto, o texto era inteiramente guiado por ilações maliciosas e despropositadas, sem uma única linha que me "absolvesse". Esse é o chamado "jornalismo juiz", em que a imprensa se coloca no papel de julgadora, distorcendo a realidade dos fatos antes mesmo que os tribunais se pronunciem. Isso é prejudicial, especialmente para a própria imprensa. Todos os *habeas corpus* que concedi, e que injustamente me valeram o rótulo covarde de "vendedor de sentenças", eram motivos para novos ataques do jornal *O Globo* ou dos telejornais da mesma rede.

Entretanto, para a imprensa séria, especialmente aquela voltada para a cobertura jurídica, o "vendedor de sentenças" propagado pelos veículos do grupo *Globo* era, na verdade, um "Dom Quixote da modernidade". Essa visão foi destacada em um artigo[44] assinado pelo respeitado desembargador aposentado do TJRJ, Geraldo Prado, e publicado na conceituada revista *Justiça e Cidadania*, da qual tive a honra de fazer parte do conselho editorial. A menção integral deste artigo é indispensável para mostrar o que *O Globo* e a *TV Globo* ocultaram sobre mim em todo o seu noticiário naquele momento em que Luis Felipe Salomão, via CNJ, atacou minha reputação.

> "Pensei em muitos títulos para as ideias que exporei em seguida.
> "Nenhum, todavia, captava integralmente o sentido de um episódio aparentemente singular, a princípio destinado a permanecer oculto nas entranhas da instituição judiciária, mas que veio à superfície provocado pela manifestação de Siro

[44] PRADO, Geraldo. "Siro Darlan Oliveira: O Dom Quixote da modernidade". *Revista Justiça e Cidadania*, edição nº 179, Rio de Janeiro, de julho de 2015. Ver também: https://www.editorajc.com.br/siro-darlan-oliveira-o-dom-quixote-da-modernidade/.

Darlan, desembargador do Tribunal de Justiça do Rio de Janeiro, e pela reação do Presidente do mencionado tribunal. "Pode-se tentar entender o que se passou limitando-se artificialmente o fato à imagem de uma luta – desigual – por poder no âmbito do tribunal. É possível também empenhar-se em comprimir as margens do entendimento à figura "autoral" de Siro Darlan e creditar a ação ao propósito dele de estar ou ficar em evidência. Num e noutro caso o que se tem é tão-só o superficial, não se toca nas questões de fundo que estão implicadas quer na trajetória, quer com a personalidade de Siro, menos ainda penetra-se no contexto político implícito, que transcende as objeções ao modo como o Judiciário governa a si próprio.

"Quando o foco recai sobre a conduta de Siro Darlan, singularizada ou simplesmente colocada ao lado de tantas outras, pelo critério da repercussão na comunicação social, ao qual se confere importância central, a política definitivamente é escanteada.

"E escantear a política, ocultando os conflitos que lhe são inerentes, é próprio das tradições autoritárias. Para ficar na proximidade temporal, isso remonta a pretensões muito conhecidas de Carl Schmitt e Francisco Campos: postular uma sociedade "homogênea", concorde, sem conflitos e atritos, pois que todos estão irmanados em torno de ideais comuns.

"O dissidente dissente "da sociedade", ainda que seja apenas uma corporação, a corporação judiciária, contraria os princípios do grupo, ofende suas pautas éticas e se transforma em um ser abominável, um "inimigo" dentro das "nossas fronteiras", de quem se devem denunciar as "fraquezas morais" e em relação a quem cabem as iniciativas de isolar, censurar e punir exemplarmente.

"O contágio dos sediciosos é mortal às pretensões do poder de governar sem dissensões... seu exemplo questionador ("o rei está nu") necessita ser reelaborado discursivamente em termos tais que sua ação seja vista como atentatória à ordem comunitária. Se for o caso, o governante deverá apelar, impiedosamente, ao "divide e impera" romano, com o propósito de romper as redes de solidariedade em torno do sujeito indesejável, provocar a cizânia no seio do grupo ao qual pertence, estimular a desconfiança sobre a sua pessoa.

"Tudo culmina, ensinam as razões de estado, desde Maquiavel, com o sacrifício ritual a que Foucault se refere, sacrifício que nas sociedades pós-industriais contemporâneas opera em dois níveis: internamente, na esfera da instituição integrada pelo "traidor", com o emprego de punições simbólicas e/ou concretas; e no "mundo exterior". Nesse caso é funcional o sempre complacente apoio da mídia, dada a convergência contingente dos interesses. "O que isso oculta? Há algum fio condutor nas ações de Siro Darlan? Algo, um princípio, a que todas elas possam ser reconduzidas, critiquem-se ou não os métodos que ele emprega? "Uma correta estratégia analítica, do meu ponto de vista, passa pela identificação do contexto no qual se insere a trajetória de Siro. Definir este contexto é um projeto maior que o de relembrar a biografia dele, mas também inclui recapitular essa biografia.

"Siro Darlan torna-se conhecido na década de 90 por lutar pela implementação dos direitos de crianças e adolescentes vulneráveis, objeto prioritário de várias formas de exclusão/criminalização: da midiática, operada de modo incansável, cotidianamente, pelas grandes empresas de comunicação social, à concreta, sob a forma das ações de grupos de extermínio, com protagonismo inegável das políticas públicas que persistiram (e persistem, na maior parte do tempo) em tratar as instituições "socioeducativas" como presídios juvenis.

"Ver as coisas assim importa em circunscrever o comportamento de Siro ao campo das políticas infanto-juvenis. Nada mais equivocado.

"A luta que protagoniza, simbolizada na defesa dos direitos de crianças e adolescentes, em sua maioria negros, pobres, meninas grávidas, quase todos oriundos de alguma periferia real ou igualmente simbólica, exprime uma postura de contestação a uma ordem social reconhecidamente injusta, que se manifesta também em outros campos, que são objeto de sua atenção:

"a) no Judiciário, que durante a ditadura revelou-se em grande medida servil aos desmandos dos poderosos de ocasião, quer por convicção (autoritária) de muitos dos seus membros, quer por medo ou simplesmente porque outros integrantes do poder acreditavam que não era dever seu opor resistência à ditadura de dentro do Judiciário;

"b) no amplo terreno de conflitos demarcado pelas políticas de "minorização", isto é, de conversão das maiorias populacionais (os mesmos pobres, negros, mulheres, os que professam credos de origem africana etc.) em minorias políticas, algo que, diga-se de passagem, diz muito daquilo que Wacquant denomina de "imenso trabalho histórico de eufemização jurídica, política e cultural constitutivo do estabelecimento de um regime formalmente democrático, fruto de dois séculos de lutas sociais – (brotar com clareza a face oculta) do Estado como organização coletiva da violência visando a manutenção da ordem estabelecida e a submissão dos dominados"; "c) no setor da incriminação de adultos. Muito antes do fenômeno mais recente do "grande encarceramento", Siro Darlan lutava contra aquilo que se observava a olho nu: a desumana repressão penal e a predileção seletiva do sistema.

"Siro Darlan foi um dos pioneiros, na esfera do Judiciário, no que se refere ao diálogo com movimentos sociais. Também a abertura a setores discriminados, cuja voz pretende-se sufocada, como o pessoal do funk, tem em Siro um ator de vanguarda. Esteticamente estar ao lado de funkeiros, sambistas, "menores infratores" apenas fazia sentido ao establishment, em se tratando de juiz, na hipótese de obedecer ao padrão consagrado para a figura da autoridade, encarnada pelo magistrado: a condição de alguém dotado de uma superioridade ética com disposição "paternal" para fazer o bem.

"O figurino do Siro não cabe nesse traje vertical da autoridade autocrática... a vestimenta judicial dele é horizontal, permeável, dialogal... há um Outro que Siro reconhece, ainda que movido por sua ideologia católica.

"A percepção dessa trajetória auxilia na compreensão do conjunto de atitudes – judiciais e extrajudiciais, todas públicas – de Siro Darlan. Vistas em perspectiva, o exótico e censurável muda de lugar: transfere-se dele para os que abusam do poder, quer ao pretender a manutenção do *status* quo, quer ao defender benefícios corporativos que toda a sociedade critica, porque muito claramente contradizem princípios republicanos.

"No início das batalhas, nos 90, Siro encontrou uma sociedade com o olhar autoritário treinado... seu comportamento destoava do que se esperava das autoridades judiciárias, era incompatível com o espírito da magistratura... espírito que havia inspirado o judiciário entre 1937 e 1985!

"Siro é coerente e por isso hoje continua na contramão.

"A recaída conservadora no Brasil e fora daqui é inegável. A intolerância e o individualismo são os valores mais cultivados. O selfie está na moda, não apenas como proposição estética. Os grupos mais organizados tratam de proteger-se a si próprios e a solidariedade social é desvalorizada sob o argumento de que "se deve ensinar a pescar" e não "dar o peixe", como se as coisas fossem simples assim e a meritocracia pudesse ter lugar em um ambiente tão desigual. Que falta faz o Betinho, irmão do Henfil. A única ação afirmativa aceitável é a "ação afirmativa carcerária" (Wacquant).

> "O moralismo, que reduz as questões complexas e as ações estratégicas à dicotomia rasa verdade vs. mentira, estrutura novas modalidades do velho autoritarismo e fundamenta novas e expansivas formas de vigiar e punir. É Wacquant novamente quem nos lembra da manipulação de conceitos como o do "'respeito ancestral' outrora observado em relação às figuras ('o pai, o professor, o prefeito, o tenente, o colega da oficina, o funcionário da repartição')" para justificar empreitadas punitivas em tese aptas a realizar o sonho (pesadelo) de homogeneização social... devemos ser todos iguais... mesmo sendo diferentes.
>
> "Não é de estranhar, portanto, a reação a Siro Darlan. Não é de causar espanto sequer as formas que toma. Maquiavel não é novo... mas claro que sempre se pode optar pelas "razões de estado" e ignorar o valor ético que em uma democracia há de presidir as ações dos governantes.
>
> "Há suavidade no conhecido... o conflito é temido. Não creio que haja futuro para uma democracia dócil, porque a docilidade no caso equivale à sujeição de muitos a poucos e leva o nome de dominação.
>
> "Há pouco mais de uma década candidatei-me à presidência da associação de magistrados do Rio de Janeiro. Alguns me advertiram que o fato de ser apoiado por Siro Darlan levaria à minha derrota. Levei a questão a uma reunião e deixei claro que poderia até perder com o Siro, mas em hipótese alguma ganharia sem ele.
>
> "Continuo onde sempre estive... não por amizade, que nutro por Siro, mas como na história de Aristóteles, sou ainda mais amigo das lutas sociais e estas, sem dúvida, na história que será escrita sobre a magistratura fluminense, passam necessariamente por Siro Darlan."

Aqueles que, assim como eu desde menino nos bancos escolares do Colégio Santo Agostinho, lutam por justiça social, acabam pagando um preço alto por incomodarem os poderosos acomodados, especialmente no Judiciário, onde a alteridade é um verbo indesejável. Continuo pagando essa pesada conta até hoje por ser, como tão bem me definiu o ilustre desembargador Geraldo Prado, um "Dom Quixote" em defesa dos direitos de crianças e adolescentes. Essa tem sido a minha estrada profissional e de vida, uma missão que carrego com orgulho e que define essencialmente quem sou.

VI

Indesejáveis visitas

"A justiça de Deus tarda, mas não falha."

Sábio dito popular

"Porque há nas tuas mãos, meu velho pai, essa beleza que se chama simplesmente vida." O poeta Mario Quintana[45] foi quem escreveu essas palavras de forma tão bela. Lamento nunca ter conhecido de verdade o meu pai. Procurei-o pelas estradas e nos meus sonhos, desejando poder, como Quintana, escrever uma poesia, uma carta, ou qualquer coisa que as palavras permitissem, para lhe dizer o quanto aquele menino, embora tão amado por sua mãe e irmãos, ansiava um dia abraçá-lo sem constrangimento e dizer com sinceridade, mas de forma semelhante ao poeta: "Pai, você se chama vida para mim". Esse carinho me foi sequestrado pelo destino. Não tive a chance de amá-lo, mas o mesmo destino que um dia zombou do ingênuo menino Siro parece ter mudado, tornando-se generoso e recompensador. Melhor ainda, acredito que foi Deus, em Sua infinita sabedoria e amor, quem desenhou essa reviravolta em minha vida.

Tornei-me pai e aprendi a valorizar cada momento, cada carinho, cada oportunidade de estar com meus filhos. Sempre foi assim. Embora minha jornada como magistrado tenha me tolido de muitas formas, jamais os deixei à margem do meu profundo afeto, do meu amor incondicional por cada um deles. Vê-los sofrer, especialmente por injustiças, é sofrer com a mesma intensidade. Sempre estive ao lado deles para ampará-los, protegê-los e orientá-los. Essa necessidade se tornou ainda mais evidente após o caso "Abbud", quando fui acusado de "vender sentença" em outubro de 2015. A partir daí, iniciou-se uma perseguição sem precedentes, que se estendeu à minha

[45] Nunca compreendi os motivos que impediram um poeta tão genial como Mario Quintana [1906-1994] de ter sido eleito para uma cadeira na Academia Brasileira de Letras. Por três vezes se candidatou e em todas foi rechaçado. Quintana, que foi, além de poeta, tradutor e jornalista, escreveu seus primeiros poemas em sua cidade natal, Alegrete, no interior do Rio Grande do Sul. Em 1919, mudou-se para Porto Alegre. Não parou mais de escrever suas lindas linhas. Foi agraciado com o Prêmio Jabuti, em 1981, e, em 1983, foi fundada a Casa de Cultura Mario Quintana, no prédio do antigo Hotel Majestic, no centro da capital gaúcha, local que por muitos anos foi a casa do solitário poeta.

família. Diante das acusações inconsistentes contra mim, como ficará provado ao longo deste capítulo, meus algozes partiram para um ataque ainda mais covarde. Eles atingiram meu filho Renato para ferir-me onde o amor é mais caro. Por ser um juiz garantista, paguei um preço altíssimo, marcado pela obsessão de muitos desafetos, especialmente aqueles notórios oriundos da Globo e do Judiciário.

A macabra estratégia contra mim começou a ruir no dia 22 de junho de 2021. Antes dessa data, porém, sofri intensamente com as indesejáveis invasões de agentes da Polícia Federal, sobre as quais ainda discorrerei em detalhes. O que importa aqui é que, naquele mês de junho, ainda em meio à pandemia, meus algozes foram surpreendidos por uma decisão do ministro Edson Fachin, do Supremo Tribunal Federal. Ele trancou a ação penal que tramitava contra mim relacionada ao caso "Abbud", considerando "ilícitas" as provas contidas no processo, especialmente o acordo de delação premiada de Crystian Guimarães Viana, que, como o próprio ministro Fachin destacou, foi evidentemente "orientada" pela Polícia Civil e pelo Ministério Público. Fachin também classificou o trâmite inconstitucional do processo como uma "afronta à competência do Superior Tribunal de Justiça". Agora, com a palavra, o ministro Fachin, em sua decisão fundamental para revelar a verdade:

> "No caso em análise verifica-se que, embora tenha havido a atribuição da prática de crime por parte do paciente – desembargador do Tribunal de Justiça do estado do Rio de Janeiro —, o acordo de colaboração premiada foi celebrado entre Crystian Guimarães Viana e o Ministério Público do estado do Rio de Janeiro e homologado no TJRJ por outro desembargador do mesmo tribunal. Como se vê, houve afronta à competência do Superior Tribunal de Justiça prevista no art. 105, I, "a", da Constituição da República, juiz natural para processar e julgar, nos crimes comuns os desembargadores dos Tribunais de Justiça dos Estados, além de violação das atribuições do procurador-geral da República a quem incumbe

propor a ação penal no STJ envolvendo tais autoridades (LC 75/93, art. 48, II).

[...]

"Contudo, ao contrário do que decidido pelo Superior Tribunal de Justiça, tenho, a partir dos elementos juntados aos autos, que houve usurpação de competência daquela Corte não apenas pela homologação do acordo de colaboração por juízo incompetente, mas também desde o momento inicial das tratativas do referido acordo, bem como da atividade investigativa desenvolvida e dos atos de colaboração praticados pelo colaborador sob orientação do Ministério Público e da Polícia judiciária que compreenderam as gravações realizadas.

"Desse modo, não prosperam as afirmações contidas no acórdão impugnado no sentido de que os fatos que ensejaram as investigações e a denúncia oferecida contra o paciente iniciaram-se a partir de *notitia criminis* encaminhada pelo Ministério Público do estado do Rio de Janeiro à Procuradoria-Geral da República contendo gravações feitas pelo colaborador efetuadas em momento anterior à homologação do acordo de colaboração premiada e que, fortuitamente, houve menção a fatos atribuídos ao desembargador Siro Darlan.

"Aliás, como se vê das peças juntadas aos autos e também consignado pelo STJ no acórdão atacado, a mencionada notícia-crime foi encaminhada à PGR em 11 de julho de 2016, apenas dois dias antes da efetiva homologação do acordo de colaboração premiada realizada em 13 de julho de 2016. Ademais, o acordo já estava sendo negociado e com a informação de envolvimento do paciente há mais de seis meses.

"Consta dos autos, ainda, que o tema relacionado à suposta venda de liminar em *habeas corpus* pelo paciente foi ventilado em depoimento prestado perante o Grupo de atuação Especial de Combate ao Crime Organizado (Gaeco/RJ) em 1º de fevereiro de 2016 (eDoc. 15).

[...]

"Ainda no mesmo depoimento prestado no âmbito de processo administrativo disciplinar em tramitação no Conselho Nacional de Justiça, o colaborador Crystian Guimarães Viana esclareceu que foram realizadas medidas investigativas consubstanciadas em gravações realizadas por ele com o auxílio de investigadores da Polícia Civil do Rio de Janeiro e sob orientação do Ministério Público estadual (eDoc. 07):

"'Sr. Crystian Guimarães Viana – Nós começamos a ter algumas reuniões, aqui no Rio de Janeiro, no MP do Rio. E aí foi tendo uma reunião, depois outra, depois outra, depois eu tive uma outra reunião com a polícia do Ministério Público, eu posso estar falando um termo errado, foi isso aonde a gente fez algumas ações controladas na gravação [00:28:55] de alguns áudios e... foi isso. E aí até hoje inclusive, até na data de hoje, eu sou chamado pelo Doutor Fabiano...

[...]

"Defesa do Des. Siro Darlan – Perfeito, perfeito. Refazendo então minha pergunta. O senhor então procurou o MP [00:00:30] conforme o senhor afirmou em várias reuniões, e as últimas reuniões foram com relação às ações controladas?

"Sr. Crystian Guimarães Viana – Não, houveram [*sic*] as ações controladas, mas as últimas, por exemplo, eu posso te dizer que a última foi sobre o processo de concurso público da Câmara.

"Defesa do Des. Siro Darlan – Perfeito. Com relação a essas ações controladas. O senhor sabe dizer se elas foram homologadas por algum juiz?

"Sr. Crystian Guimarães Viana – Não sei. [00:01:00] "Defesa do Des. Siro Darlan – O senhor só esteve com o MP falando dessas ações controladas...

"Sr. Crystian Guimarães Viana – Até a data de hoje sim.

"Defesa do Des. Siro Darlan – E o que seria a polícia do MP, eu não entendi?

"Sr. Crystian Guimarães Viana – Eram pessoas à paisana com carros descaracterizados que me seguiam para eu poder fazer essa essas gravações.

"Defesa do Des. Siro Darlan – O senhor quer dizer agentes policiais?

"Sr. Crystian Guimarães Viana – Sim.

"Defesa do Des. Siro Darlan – E o senhor sabe dizer se eram agentes federais ou estaduais? [00:01:30] "Sr. Crystian Guimarães Viana – Estaduais.

"Defesa do Des. Siro Darlan – Estaduais, da Polícia Civil do Estado do Rio de Janeiro.

"Sr. Crystian Guimarães Viana – Sim, **estadual**." (*grifei*)

[...]

"Os impetrantes juntaram, ainda, conversas pelo aplicativo WhatsApp, mantidas entre a autoridade policial e o colaborador em que é possível verificar a constante orientação para realização das aludidas gravações inclusive dos temas a serem tratados.

"Mesmo diante de todo contexto revelador do envolvimento do desembargador Siro Darlan na prática de possível delito, os promotores de Justiça do Gaeco-MP/RJ entabularam acordo de colaboração com Crystian Guimarães e submeteram a homologação no TJ/RJ, incluindo em um dos temas o termo de depoimento nº 10 que trata exatamente dos fatos objeto da ação penal que tramita no STJ, que restou ao final homologado na Corte estadual (eDoc. 18).

"O fato de o acordo ter sido homologado em 13 de julho de 2016 e as gravações terem sido encaminhadas à PGR em 11 de julho de 2016, ao invés de demonstrar a autonomia das provas, como entendeu o STJ, reforçam a vinculação com o acordo de colaboração premiada e demonstram a clara usurpação de competência e atribuições ocorridas no caso.

[...]

"Desse modo, diante da obtenção das provas que deram início às investigações e a ação penal formulada contra o paciente, mediante a usurpação de competência do Superior Tribunal de Justiça, entendo que deve ser reconhecida a nulidade das provas e os depoimentos decorrente do acordo de colaboração premiada celebrado entre Crystian Guimarães Viana e Ministério Público do Estado do Rio de Janeiro, exclusivamente, em relação ao ora paciente, bem como das gravações realizadas pelo colaborador no ponto que envolvem o desembargador Siro Darlan, sem prejuízo dos demais termos de colaboração envolvendo outros temas.

"Ademais, como a APn 951/DF, em tramitação no Superior Tribunal de Justiça, teve como início com a instauração de inquérito baseada nas gravações e declarações realizadas pelo colaborador que estão eivadas pela mencionada nulidade, deve ser reconhecida a ilicitude também de todas as provas decorrentes por derivação, ensejando, por consequência, no trancamento da ação penal.

[...]

"Ante o exposto, com fundamento no art. 192, caput, do RISTF e no art. 654, § 2º, do Código de Processo Penal, concedo a ordem de *habeas corpus* para i) reconhecer ineficácia do acordo de colaboração premiada celebrado entre Crystian Guimarães Viana e o Ministério Público do Estado do Rio de Janeiro, exclusivamente, em relação ao paciente; ii) declarar a nulidade das provas obtidas mediante atos de colaboração envolvendo o paciente, em especial as gravações de diálogos realizados pelo colaborador Crystian Guimarães Viana e de todas as demais delas decorrentes; e iii) determinar o trancamento da APn 951/DF.

"Comunique-se, com urgência, ao Ministro Relator da APn 951/DF no Superior Tribunal de Justiça pelo meio mais expedito.

"Intime-se.

"Brasília, 22 de junho de 2021."

O ministro Edson Fachin foi tecnicamente impecável em seu parecer, e sua decisão anulou as supostas provas obtidas a partir de uma delação fajuta, inconsistente e, o mais grave, manipulada por agentes da Polícia Civil e do Ministério Público. Destaco a seriedade do ministro Fachin, que enxergou claramente todo esse jogo sórdido de destruição de uma imagem pública. Ele é um magistrado de extrema integridade; dizem os advogados que ele não concede liminar nem para a própria mãe, de tão correto e detalhista que é. A decisão no STF foi a "pá de cal" nas tentativas de meus desafetos de me denegrir. Imagino a fúria deles ao se depararem com a decisão do ministro, especialmente ao verem que nela estava a determinação expressa para que eu fosse reintegrado ao cargo de desembargador, do qual havia sido afastado em abril de 2020.

A decisão do ministro Fachin representa, como ressaltaram meus advogados Geraldo Prado e Carlos Eduardo Machado, uma

> "reafirmação inequívoca da independência judicial e do devido processo legal como valores essenciais no Estado de Direito [...]. As feridas provocadas pela injusta acusação demorarão a cicatrizar, mas serão marcas que o próprio Estado de Direito carregará consigo, lembrando que a defesa da Constituição é um dever que não se pode abdicar, especialmente nos momentos de maior tensão na democracia."[46]

[46] RODAS, Sérgio. "Edson Fachin tranca ação penal contra desembargador Siro Darlan, do TJ-RJ". *Consultor Jurídico*, em 23 de junho de 2021. Ver em: https://www.conjur.com.br/2021-jun-23/fachin-tranca-acao-penal-desembargador-tj-rj-siro-darlan/.

Não me canso de enfatizar, e me regozijo: a decisão do ministro Fachin foi um golpe duro naqueles que me perseguiam, mas não o derradeiro. Em 3 de março de 2022, oito meses após minha primeira vitória, Fachin, mais uma vez, em decisão monocrática em *habeas corpus*, determinou que eu imediatamente retomasse o cargo de desembargador do Tribunal de Justiça do Estado do Rio de Janeiro, sem a necessidade de aguardar o julgamento de agravo regimental que contestava sua decisão. Sob a defesa incansável de meus advogados, Carlos Eduardo Machado e Geraldo Prado, conquistei mais essa vitória. Mas além deles, o apoio de diversas representações foi crucial. Aqui, agradeço, e sempre o farei, à Associação dos Magistrados do Estado do Rio de Janeiro (Amaerj), à Associação Nacional dos Magistrados Estaduais (Anamages) e à Associação Nacional da Advocacia Criminal (Anacrim), que, como publicado pelo *Consultor Jurídico*[47], reconheceram a violação das prerrogativas da magistratura. Abaixo, um trecho da decisão do ministro Fachin:

> "Com o trancamento da ação penal, não se justifica, por consequência lógica, a manutenção de qualquer medida cautelar nela tomada, seja pela impossibilidade natural de sua existência, seja ainda por não haver espaço para que decisões fundamentadas em provas reconhecidamente nulas continuem a produzir efeitos."

No dia 11 de março de 2022, apenas quatro dias após essa mais que justa vitória, retornei ao exercício do cargo de desembargador. No entanto, enfrentei um grave problema: todas as minhas rendas, meus bens, inclusive imóveis, estavam bloqueados. Somente no final de 2023 consegui recuperar parte do que era meu por direito, fruto do meu trabalho árduo e dedicado ao longo de quase cinco

[47] RODAS, Sérgio. "Fachin determina que Siro Darlan retorne ao cargo de desembargador do TJ-RJ". *Consultor Jurídico*, em 15 de março de 2022. Ver em: https://www.conjur.com.br/2022-mar-15/fachin-determina-siro-darlan- retorne- cargo- desembargador/

décadas, um trabalho sem mácula alguma. Porém, ainda há parte dos meus bens que permanece bloqueada.

O último desbloqueio ocorreu em novembro de 2023, quando, após a insistência dos meus advogados, foi liberado um depósito de R$ 32 mil na Caixa Econômica Federal. No mesmo mês, descobri que o imóvel onde resido, na Gávea, havia sido colocado sob a cláusula de inalienabilidade. Com a relatoria do ministro Humberto Martins, que substituiu o ministro Luis Felipe Salomão após este assumir o cargo de corregedor do Conselho Nacional de Justiça, consegui liberar o imóvel. Salomão, em sua nova função, instaurou três novos procedimentos administrativos contra mim e acelerou outro que estava em tramitação desde 2018, votando em todos eles, apesar de estar impedido por norma processual, já que havia sido o relator da ação penal trancada pelo Supremo Tribunal Federal. A lei processual é clara ao proibir que um juiz que tenha julgado a causa em uma instância, no caso a judicial, atue na instância administrativa. Essa norma foi claramente violada.

A propósito, eu e Luis Felipe tivemos várias interações ao longo dos anos. Em uma delas, eu estava prestes a disputar a Presidência da Associação dos Juízes. No entanto, quando ele manifestou o desejo de concorrer também, decidi abrir mão da candidatura e passei a apoiá-lo em sua campanha. Luis Felipe foi eleito e desempenhou um bom trabalho como presidente da Associação, graças ao seu caráter político. Alguns juízes têm esse perfil político, e geralmente são aqueles que vêm do quinto constitucional. Embora Luis Felipe seja de carreira, ele possui essa característica política, que chamamos de carreirista. Ele sabe como se relacionar e construiu um *networking* sólido no Judiciário.

Caminhamos juntos, e isso não é segredo; muita gente sabe disso. Inclusive, recusei minha promoção a desembargador porque amava ser juiz da infância. Como eu era o mais antigo, poderia ter sido promovido por antiguidade, sem precisar concorrer por merecimento. Em várias ocasiões, alguns presidentes do Tribunal, que não simpatizavam comigo, tentaram me retirar da Vara da Infância, onde eu era considerado um obstáculo.

O desafio de implantar o Estatuto da Criança e do Adolescente era quase insuperável. Só uma dedicação muito grande a essa causa social me motivava a permanecer nesse Juizado. Nessa cidadela, contrariava muitos interesses que preferiam que a "escravidão" do povo pobre e preto perdurasse. Foi assim quando Darcy Ribeiro e Leonel Brizola buscaram democratizar o ensino em horário integral; é assim com o padre Júlio Lancelotti, que socorre a população de rua. Os interesses contrariados sempre montam armadilhas, e comigo não foi diferente. Enfrentei 50 representações administrativas e duas ações de remoção compulsória do cargo de juiz da infância e da juventude. Houve várias tentativas de me transferir para outros juízos e inúmeras ofertas para que eu pedisse remoção, mas resisti o quanto pude. Aqueles que se opõem à cidadania plena para crianças persistem até hoje. Basta ver o que fizeram com a juíza Lysia Maria Mesquita, que recentemente proibiu a prisão de crianças e adolescentes que não estivessem em flagrante delito. Mesmo tendo sua decisão confirmada pelo STF, ela agora enfrenta um procedimento administrativo no CNJ.

O poder nos ronda constantemente. Recusei-o, para abrir espaço para Luis Felipe. Mas essa não foi a primeira vez que fiz isso. Também recusei o poder em outra ocasião.

Certa vez, a desembargadora Áurea Pimentel ficou chateada comigo porque acolhi um menino usuário de maconha e o matriculei na escola. Ela considerou isso um absurdo. Para Áurea, eu estava "colocando um maconheiro" na escola e, por isso, "não podia ser juiz de menores". O que ela fez então? Áurea fez um pedido especial de remoção compulsória, ou seja, queria que eu permanecesse juiz até me aposentar. Existe o princípio da inamovibilidade, que garante que o juiz é irremovível, salvo em casos de remoção compulsória, caso o magistrado venha a dar motivos para isso. E, para ela, o motivo era o fato de eu ter matriculado o menino na escola.

O caso foi levado ao Órgão Especial, onde alguns desembargadores, inclusive o presidente do Tribunal na época, Tiago Ribas, sugeriram que eu evitasse todo aquele desgaste e me transferisse para a Vara de Órfãos. Essa vara é vista como um topo, pois ali prevalece mais o trabalho administrativo, e os cartórios têm um papel muito mais significativo que o do juiz. Além disso, é um degrau importante para quem busca ascender ao Tribunal, já que envolve inventários de grande valor e outras questões de poder. No entanto, resisti e disse que não aceitaria sair da Vara de Infância.

Outra situação que gerou confusão envolveu o desembargador Humberto de Mendonça Manes e uma desembargadora mais jovem, minha amiga, que ia concorrer à promoção por antiguidade. Como eu era o mais antigo e não pretendia me aposentar, ela passaria a ser a mais antiga e poderia concorrer. Manes, que sempre foi muito meu amigo e foi responsável por eu me tornar juiz, não se interessava pelo nome da desembargadora. Ele me procurou e disse que só havia uma solução: eu deveria requerer o lugar dela.

Manes, como já mencionado neste livro, foi meu professor de direito civil e me encorajou a prestar o concurso para magistratura, apesar de eu não me sentir preparado. Segui seu conselho, fiz a prova e passei. Quando surgiu o episódio da aposentadoria por antiguidade, Manes pediu que eu fizesse um requerimento de promoção, assinasse e deixasse com ele, embora nunca tenha usado o documento. Como não concorri, outro desembargador disputou contra a minha amiga, que acabou perdendo. No entanto, tempos depois, ela conseguiu a promoção, mesmo com Manes ainda guardando o meu requerimento.

Eu não queria a aposentadoria. Sempre fui apaixonado pelo meu ofício, seja como juiz, seja como desembargador. Amava estar ao lado da população, principalmente daquelas parcelas desassistidas pelo poder público e marginalizadas pelo lado mais elitista do Judiciário, que destaco ao longo deste livro. Fui responsável por trazer para dentro do Judiciário uma expressiva parcela da população que estava apartada de seus direitos. Isso, claro, incomodou os poderosos em várias frentes da sociedade.

***

Certo dia, o então presidente do Tribunal de Justiça do Estado do Rio de Janeiro, Miguel Pachá, me procurou e disse que estava na hora de eu "olhar" para a minha carreira e considerar a transição de juiz para desembargador. "Estamos precisando de desembargadores no Tribunal, Siro", argumentava ele. Aceitei e concorri por antiguidade. No mesmo dia, Luis Felipe Salomão também concorreu, mas por merecimento. Fomos promovidos juntos e, como mencionei neste livro, tomamos posse juntos.

Há, entretanto, uma tradição de se fazer um coquetel para celebrar a posse. Eu já relatei isso, mas convém, neste passo, repisar: Luis Felipe queria dividir o evento comigo. Fui sincero e disse a ele que não gosto dessas festas, primeiramente porque são muito caras e eu não tinha, e nunca tive, dinheiro para financiá-las. Mas ele insistiu, garantindo que eu não precisasse me preocupar com os custos, pois queria apenas minha companhia na festa. Recusei educadamente e disse que a minha comemoração seria com as meninas e meninos do abrigo para menores, animada por uma escola de samba mirim, com a Cedae servindo água potável e um lanchinho para todos.

Acredito que isso não tenha afetado minha relação com Luis Felipe. Ele tem o perfil dele, e eu tenho o meu. Somos muito diferentes, e isso é um fato. Apesar disso, além de termos sido empossados juntos como desembargadores, temos amigos em comum. Um deles é Ary Bergher, advogado criminalista e filho de Gerson

Bergher [1925-2016], um médico psiquiatra que fez história atendendo comunidades carentes e foi um político cassado pelo AI-5, com uma trajetória exemplar.

Quando sofri a primeira representação no CNJ, relativa ao caso "Abbud", ou mesmo antes da ação penal, houve uma representação em 2018. Eu já havia enfrentado essa representação, não só no caso "Abbud", mas também por ter decidido pela prisão domiciliar para Jonas, um caso em que, só depois, soube que ele teria sido patrocinado pelo meu filho. Conheci essa informação apenas após as notícias saírem na imprensa, episódio que abordaremos ainda neste capítulo. E quem me defendeu? Ary Bergher!

Ary me procurou e afirmou que o que estavam fazendo comigo era uma "sacanagem" e se ofereceu para atuar "*pro bono*", embora eu tivesse direito à assistência jurídica pela Amaerj, como foi em todo o processo. O que gastei foram R$ 35 mil que tive de desembolsar para realizar uma perícia contábil que deu uma trabalheira imensa, especialmente para minha esposa, cujas contas também foram devassadas.

Até hoje, ela tem pesadelos com a Polícia Federal, com as batidas na porta... Minha esposa desenvolveu um câncer por conta dessa perseguição atroz, desse fantasma que nos assombra, a mim, a ela e aos nossos filhos. Ela tem o hábito de dormir e acordar mais tarde, não raro acorda chorando, depois de um pesadelo com a polícia à nossa porta. Essa parte dramática da nossa vida será abordada mais adiante. Por ora, preciso te contar mais sobre Bergher.

Ary Bergher é um advogado criminalista que sempre me tratou com respeito e consideração. Pessoalmente, não tenho nada contra ele; pelo contrário, sinto gratidão. Quando tudo começou, com o procedimento administrativo que me acusava de ter favorecido um policial – aquele a quem concedi liminar para tratamento de saúde em regime domiciliar, que foi posteriormente cassada pelo colegiado da Sétima Câmara Criminal – foi o escritório de

Ary Bergher que assumiu minha defesa, isso em 2018. O policial foi recapturado enquanto estava em tratamento em uma clínica médica e, mais tarde, veio a falecer pelas mesmas causas que justificaram a liminar que deferi.

O escritório de Ary Bergher propôs um mandado de segurança para trancar o procedimento, argumentando que se tratava de uma decisão judicial recorrível, contra a qual não cabia procedimento administrativo. Embora o ministro Ricardo Lewandowski tenha negado provimento ao mandado de segurança, a ação foi crucial, pois tornou o ministro prevento no caso. Quando minha aposentadoria compulsória foi decretada, foi justamente o ministro Lewandowski, já prevento, quem suspendeu essa medida draconiana e injusta.

O último despacho do ministro Lewandowski atuando no STF foi emitido de Paris. Tempos depois, encontrei-o no BNDES e tentei agradecer por sua decisão, mas ele antecipou-se: "O senhor tem história", disse ele. Infelizmente, parte dessa história foi manchada por uma investida covarde dos meus algozes.

O que se revela estranho é que Ary Bergher, até então meu amigo e defensor *pro bono* – uma oferta que ele fez por ser muito próximo e por ter declarado publicamente ser o melhor amigo de Luis Felipe Salomão —, renunciou ao meu patrocínio exatamente na época em que Luis Felipe iniciou a sanha persecutória, relatando a ação penal que mais tarde foi trancada pelo ministro Edson Fachin devido ao uso de provas ilícitas e falsas. Esse afastamento repentino sugere que ele foi pressionado a abandonar minha defesa, pois nunca me deu qualquer justificativa. Foi então que procurei o patrocínio da Associação de Magistrados do Rio de Janeiro (Amaerj), que poderia ter assumido minha defesa desde o início, não fosse a oferta de Ary Bergher.

Embora ele não tenha feito nada diretamente contra mim, ao retirar-se do meu patrocínio, acabou por contribuir com o "amigo dele". Os prejuízos causados não se limitaram ao campo financeiro; o impacto mais profundo foi a desconstrução de uma imagem que levei mais de quatro décadas para construir, marcada pela dedicação, honestidade, responsabilidade e probidade administrativa. Somando-se à pandemia, que afetou a vida de todos os brasileiros, tivemos esse adicional emocional que prejudicou minhas noites de sono e atingiu profundamente minha esposa, que desenvolveu câncer. A vida particular e profissional de meu filho foi destroçada, afetando toda a sua família e meus dois netos, que precisaram trocar de escola para se adaptar às novas condições econômicas.

Embora meus advogados insistentemente reclamassem, meus algozes derrotados procrastinaram ao máximo o cumprimento da decisão do ministro Fachin. Em uma ocasião, ao tentar tirar uma certidão do imóvel onde moro, descobri que ele estava bloqueado. Indignado, questionei o funcionário do cartório: "Como assim?! Como pode estar bloqueado o imóvel onde moro?" Tive que pedir ao meu advogado, através de um ofício com o registro de imóvel, para desbloquear a propriedade. O drama não cessa. Meu filho, que não tem nada a ver com toda essa história, também continua com seus bens bloqueados até hoje.

A decisão do ministro Fachin data de 2021, mas parte dos meus bens e todos os bens do meu filho ainda estão bloqueados. Apesar de a Suprema Corte ter exposto publicamente a manipulação abominável e criminosa que fizeram para me destruir, meus detratores retardam ao máximo a devolução de bens que são integralmente compatíveis com os salários que recebi como juiz e desembargador. Isso é um esforço deliberado para me humilhar e à minha família.

O que mais revoltava a essas personagens que investiam contra mim, antes mesmo da decisão do ministro Fachin em 2021, era o apoio público que eu recebia. Havia um clamor público, incluindo o de alguns dos meus pares no Judiciário, contra as injustiças praticadas contra mim e meus familiares. No entanto, esse apoio era pouco divulgado pela imprensa, especialmente pelos veículos da Globo, como os telejornais e o jornal *O Globo*. Nenhuma linha sequer. Nada.

O Globo se limitava a espalhar ilações maldosas e mentirosas. Seu noticiário era repleto de concepções irresponsavelmente tendenciosas, como exemplifica este trecho de uma matéria[48] veiculada, inclusive, na versão online do jornal:

> "No fim do ano passado, foram coletadas pela Polícia Federal, com autorização de Salomão, revelando o envolvimento do filho do desembargador e do sócio dele com a milícia. O grupo também tentou cooptar outros desembargadores. Essa parte da investigação ainda está em andamento."

Ora, nada foi revelado, como ficou provado nos autos, onde a perseguição contra mim e minha família foi escancarada. Em contrapartida à sanha desenfreada dos meus algozes, havia uma pressão constante de entidades a meu favor, como a Associação Juízes para a Democracia (AJD), que se mostrava incansável.

Em janeiro de 2021, a AJD divulgou uma nota[49] pública e lançou um abaixo-assinado em defesa da minha independência funcional e contra a violação do princípio do juiz natural, a que eu vinha sendo covardemente submetido. Faço questão de reproduzi-la na íntegra:

> "Diante dos pedidos de aplicação de punição disciplinar ao Desembargador Siro Darlan, em curso tanto no Conselho Nacional de Justiça (CNJ) quanto no Superior Tribunal de Justiça (STJ), decorrentes de sua atuação na esfera jurisdicional,

[48] BRÍGIDO, Carolina. "STJ determina afastamento de desembargador Siro Darlan e quebra sigilos". *O Globo*: Rio de Janeiro, em 9 de abril de 2020. https://oglobo.globo.com/rio/stj-determina-afastamento-de-desembargador-siro-darlan-quebra-sigilos-1-24361478.

[49] N.E: "Nota pública em defesa da independência funcional de Siro Darlan e contra a violação do princípio do juiz natural", em 29 de janeiro de 2021. Ver em: https://ajd.org.br/noticias/2819-ajd-faz-abaixo-assinado-em-defesa-da-independencia-funcional-de-siro-darlan-e-contra-a-violacao-do-principio-do-juiz-natural.

a Associação Juízes para a Democracia (AJD) vem a público manifestar-se nos seguintes termos: os procedimentos disciplinares em questão se referem a duas decisões proferidas pelo Desembargador Siro Darlan, quando atuava pelo regime de plantão do Tribunal de Justiça do Rio de Janeiro.

De acordo com o que consta nos respectivos processos, tais decisões foram fundamentadas na urgência característica das situações submetidas ao plantão judicial, avaliação que pertence à esfera do livre convencimento de juízas e juízes. Foram, também, submetidas ao regular procedimento de revisão, pela interposição dos recursos cabíveis, junto ao órgão julgador competente, na forma da lei e do regimento interno do Tribunal."

"Ainda assim, estão sendo alvo de procedimento disciplinar. Por isso, mais uma vez manifestamos extrema preocupação com o cerceamento da independência judicial e do avanço daquilo que se pode entender como a criminalização da prática do garantismo penal em âmbito judicial. A garantia da independência judicial é um dos pilares do Estado Democrático de Direito e deve ser praticada por todos, inclusive e principalmente pelos integrantes do próprio Poder Judiciário. Necessário, ainda, que os processos disciplinares observem as garantias constitucionais de presunção de inocência e de duração razoável do processo, de modo a não se transformarem em mecanismos de controle e pressão para juízas e juízes seguirem tal ou qual entendimento, em razão das bandeiras e sinalizações de seus próprios tribunais.

"A Associação Juízes para a Democracia (AJD) reafirma, portanto, o seu compromisso de respeito à ordem e às garantias constitucionais, que emanam da Constituição da República e que se mostram essenciais para o exercício pleno da democracia. Assim, manifesta a extrema necessidade de observância ao devido processo legal, à tramitação por tempo razoável e à presunção de inocência nos procedimentos disciplinares em curso contra o Desembargador Siro Darlan, diante do concreto risco de violação à independência judicial."

Virei esse jogo, mas havia outra batalha, além dos bens bloqueados, que me dói e humilha profundamente até hoje – uma dor que talvez nunca cesse. A investida covarde contra meu filho Renato, cujo objetivo sórdido era destruir sua carreira e reputação, foi feita com o único propósito de me atingir.

Covardia contra meu filho

Em agosto de 2018, com relatoria da desembargadora e conselheira do Conselho Nacional de Justiça (CNJ), Salise Monteiro Sanchotene, foi instaurado um processo administrativo disciplinar contra mim, com a acusação de ter concedido, durante um plantão noturno no dia 27 de setembro de 2016, um *habeas corpus* que permitia a prisão domiciliar de Jonas Gonçalves da Silva. O pedido foi feito pelos advogados Carlos Eduardo Mota Ferraz e Adilson Câmara.

Conhecido popularmente como "Jonas É Nós", o ex-policial militar reformado Jonas foi vereador do município de Duque de Caxias e era acusado de chefiar uma milícia na Baixada Fluminense. Jonas foi preso durante a operação "Capa Preta", deflagrada pela Delegacia de Repressão às Ações Criminosas (Draco), com base em uma peça lavrada pelo Grupo de Atuação Especial de Combate ao Crime Organizado (Gaeco), do Ministério Público do Rio de Janeiro. Mas o que meu filho Renato tinha a ver com esse contexto? Renato havia trabalhado no mesmo escritório que defendia Jonas, o que se tornou um "prato cheio" para a investida dos meus detratores no Ministério Público.

É importante esclarecer que Renato já havia se desligado do escritório que patrocinava a defesa de Jonas há mais de três meses. Tanto é que os advogados que assinam o *habeas corpus* não são conhecidos por mim. Além disso, como a própria imprensa confirmou, a prisão domiciliar foi concedida para permitir o tratamento médico de Jonas, que estava internado em um hospital na cidade de Tanguá.

Jonas se encontrava em estado de saúde tão debilitado que não tinha condições físicas de permanecer preso em uma cela.

Somente em prisão domiciliar ele poderia receber o atendimento médico necessário. Com base nessa garantia à vida, deferi a liminar ao ex-vereador, que acabou sendo cassada pelo Tribunal de Justiça do Rio. Jonas, apesar de doente, foi enviado de volta à prisão.

O que o Ministério Público ignorava – ou, sem dúvida, preferiu ignorar – é que meu filho, como argumentou de forma pertinente o advogado Júlio Matuch de Carvalho, que me representava, já havia deixado o escritório de advocacia que defendia Jonas 90 dias antes da decisão que concedeu a prisão domiciliar. Além disso, eu não tinha acesso aos detalhes do processo, pois, durante os despachos no plantão, o acesso ao sistema processual é limitado.

Como bem observou o desembargador Nagib Slaibi Filho, então Presidente do Comitê de Governança e Tecnologia da Informação e Comunicação do Tribunal de Justiça do Estado do Rio de Janeiro: "O plantão, para o magistrado do estado do Rio de Janeiro, é um voo cego. Por que é um voo cego? Eu tenho que voar, eu tenho que atender! Agora, eu não tenho acesso aos autos, eu não tenho acesso ao caso."

Meus advogados, Julio Matuch de Carvalho, Murilo Matuch de Carvalho, Alexandre Pontieri e Johan Trindade, ressaltaram essa mesma questão na petição assinada em 10 de junho de 2022, recorrendo à máxima do desembargador Nagib.

> "É FATO INDEFENSÁVEL [*grifo dos advogados*] que o sistema do plantão do Tribunal do Rio de Janeiro não permite a verificação de impedimentos ou a consulta a eventuais processos originários do pedido urgente, sendo certo que era impossível ao desembargador requerido, na hipótese investigada, verificar que seu filho advogado teria funcionado como um dos patronos do paciente do referido *habeas corpus* e renunciado ao mandato que lhe havia sido outorgado, 3 (três) meses antes do pedido em sede de plantão! [...] Pode se afirmar, nessa linha de intelecção, que o desembargador representado só tomaria

> conhecimento inequívoco do impedimento na hipótese de seu filho advogado assinar a petição de *habeas corpus*, o que, evidentemente, não ocorreu e não poderia mesmo ter ocorrido, eis que, naquela oportunidade, o advogado já não mais detinha mandato da parte impetrante há meses. Portanto a conduta do desembargador requerido foi absolutamente correta e regular, tendo este, simplesmente, se desincumbido do seu mister, ao despachar em feito apresentado a si, dentre tantos outros, por ocasião de plantão noturno do Poder Judiciário do estado do Rio de Janeiro!"

Mas tudo isso, além do meu notório perfil de garantista penal, foi ignorado, com a conselheira Salise mostrando-se irredutível em sua argumentação, repleta de suposições e acusações infundadas. Minha defesa respondeu de forma pontual, conforme se segue. Vejamos o que a conselheira argumentou e como respondemos:

> "[...] não ficou provado que Renato Darlan havia deixado a defesa do ex-vereador, o que na avaliação dela prova que houve quebra do dever de imparcialidade do desembargador."

Os argumentos da defesa encontram-se nas razões expostas no mandado de segurança que foi provido pelo ministro Ricardo Lewandowski como, por exemplo, a carta de renúncia ao mandato e as procurações dos advogados que subscreveram o *habeas corpus*. O depoimento do desembargador Nagib Slaib de que o plantão é um voo cego que não permite conhecer previamente os impedimentos. Falaremos mais detalhadamente ainda neste capítulo.

> "[...] que a prisão domiciliar já havia sido negada pelos juízes do caso e que o PM reformado sofria de doenças crônicas e não de problemas de saúde 'agudos' que justificassem uma decisão urgente no plantão noturno."

Os laudos médicos comprovam a fragilidade do paciente que foi preso em um hospital onde estava em tratamento e morreu posteriormente por essas mesmas causas.

> "[...] que foi proferida uma decisão judicial absolutamente divorciada da técnica processual e dos requisitos legais para tanto."

Nesse aspecto, a relatora faz críticas que não lhe cabem, dirigidas a uma decisão judicial que foi devidamente fundamentada e passível de recurso.

> "[...] que, pelas normas do Tribunal de Justiça do Rio, o desembargador não precisava trabalhar no plantão, que ficava a cargo dos magistrados com menos tempo de serviço. Siro Darlan, no entanto, se voluntariou para o serviço."

Essa é uma falsa argumentação, pois eu não estava de plantão por vontade própria, mas por decisão do presidente do TJ, que é quem define a escala do plantão. E, como bem afirmou o conselheiro Giovane Olsson:

> "[...] que o que aparentemente ter sido uma sucessão de 'estranhas coincidências' nada mais passa do que a demonstração de uma conexão profunda e articulada que compromete a aplicação da lei penal, a efetividade do sistema de Justiça e a imagem do Poder Judiciário como um todo."

Essa argumentação é fantasiosa e destituída de juridicidade, pois é genérica e não aponta quais coincidências seriam essas, para as quais o Ministério Público não recorreu pelos meios apropriados. O que realmente mancha a imagem do Judiciário é a injustiça e a perseguição pessoal.

Mas toda a sanha contra mim parecia insuficiente. Queriam mais do que apenas me constranger num tribunal. Após a invasão da Polícia Federal em 2019, relacionada ao caso do *habeas corpus* que concedi a Ricardo Abbud, com um mandado de busca e apreensão expedido contra mim pelo ministro do STJ Luis Felipe Salomão, houve outras ações em 2020. Dessa vez, usaram meu filho Renato como meio para me atacar, a partir do caso do ex-vereador Jonas Gonçalves. Meu filho, advogado criminalista, traz aqui o seu depoimento, que ajuda a compreender a trama que foi urdida contra ele para atingir-me:

> "Isso virou um pesadelo para mim na advocacia. Mas eu enfrento. Sempre enfrentei. Meu pai era o patinho feio na câmara dele e era perseguido a todo o momento pelas decisões dele, de forma muitas vezes até covarde. Quanto ao Jonas, eu tinha um PAD [*processo administrativo disciplinar*] no antigo BEP [*Batalhão Especial Prisional*], em Benfica, dos policiais militares. O atendimento lá era feito numa mesa. Muitas vezes tomei café e suco com o meu cliente durante aqueles atendimentos. Era um contato sem grade e sem telefone.
>
> "Tive um cliente no antigo BEP. Hoje, ele é capitão Vitor Araújo. Na época, ele era tenente Vitor Araújo. Atendi-o umas quatro vezes no BEP. Numa delas, ele disse o seguinte: ' Doutor Renato, o Jonas quer falar com você'. E respondi: 'Quem é Jonas?'. E o então tenente respondeu: ' É o Jonas É Nós'. Não quis ser indelicado com o meu cliente e disse a ele que poderia atendê-lo, porém em uma outra ocasião.
>
> "Quando saí do BEP, aquela abordagem me gerou curiosidade e fui ver de quem se tratava o tal Jonas É Nós. Constatei que o sujeito estava envolvido em um processo em que era acusado de suposta eliminação das testemunhas. O processo a que ele respondia era chamado de 'Capa Preta'.
>
> "Respondi ao tenente Vitor que era complicado pegar a causa porque o cara era perigoso. Ademais, eu estava iniciando a minha vida na advocacia. Eu não queria me envolver com aquele processo por achá-lo muito pesado. Depois, descobri que aquele processo corria na sétima Câmara Criminal, que envolve processos que cercam muitos homicídios. Era mais um agravante para eu não me envolver naquilo.
>
> "Na terceira vez em que visitei o Vitor, ele insistiu para que eu falasse com o Jonas. Respondi que não queria. Na quarta e última visita ao BEP, quando estou conversando com o Vitor,

alguém toca o meu ombro. Quando viro, vejo um cara que eu não reconhecia. Mas quando ele sorriu, percebi quem era. Os dentes todos cravejados de ouro e neles escrito 'Jonas'. A cena assustou-me. 'Meu Deus do céu...', pensei em voz baixa, ele disse: 'Pô, o senhor, não quer falar comigo? Eu sou o Jonas'. E fui sincero: ' Vi o seu processo, mas você tem advogado'. Ele respondeu que seu advogado chamava-se Ubiratan Guedes. Ele era marido da desembargadora Maria Angélica, que digo com toda a sinceridade foi uma das pessoas nas quais mais me inspirei para entrar na advocacia criminal.

"Passei anos na avenida [*sic*], na época em que meu pai era da Vara da Infância, e convivíamos com aqueles personagens. O Ubiratan Guedes era o advogado de muitos deles. Ele era um cara importante, que chamava a atenção. E ele sempre foi muito educado comigo, chamava-me de sobrinho. Mas voltando ao Jonas, eu disse a ele que o seu advogado era o Ubiratan Guedes, um bom advogado e que, inclusive, era uma pessoa pela qual eu tinha o maior carinho e respeito. Mas o Joanas foi enfático: 'Isso não é problema, porque vou revogar o mandado dele. Não gostei da atitude dele'. E Jonas me contou a seguinte história: o Ubiratan teria dito a ele para que pegasse um pote de sorvete no congelador que estaria cheio de dinheiro para pagar seus honorários. Isso ficou na minha cabeça, me impressionou. Quando saí aquele dia do BEP de Benfica, eu tinha uma sustentação no tribunal, e quem encontro no corredor? O Ubiratan. Cumprimentei-o: 'Oi, padrinho, tudo bem?' e revelei toda conversa que acabara de ter com Jonas no BEP. Ubiratan virou-se para mim e disse que 'aquilo' [*o Jonas*] era um 'problema' e seu quisesse pegar a causa dele, poderia pegá-la. Frisei que não a pegaria, principalmente sabendo que Ubiratan estava nela.

"Certo dia, voltei à unidade e o Jonas me abordou, mostrando a revogação do mandado de Ubiratan. 'Estou sem advogado agora. Quer advogar para mim?'. Não respondi. Fui para o meu escritório, conversei com a minha então sócia, que aceitou pegar a causa, que financeiramente nem era boa. Mas era um desafio. O Vitor também deu uma carga porque já era meu cliente. Então acabei assumido a causa do Jonas e tenho certeza de que ali virou uma chave do Ubiratan comigo. Ele nem me cumprimentava mais. Quando aconteceu essa situação do meu pai com essa delação [*do caso 'Abbud'*], resgataram essa história do Jonas que só quem sabia era o Ubiratan.

"No dia do julgamento do Jonas, um júri muito pesado. Só pancada. E ele mentiu muito para mim. Diante disso fui para o júri completamente sem argumento plausível de defesa. Jonas respondia a cinco júris. Teve uma audiência em que ele virou para trás, algemado, e se dirigiu a mim: 'Doutor, tá ruim, não tá?'. Respondi que sim por que havia mentido para mim. E ele prosseguiu: 'Doutor, não vou ter mais dinheiro para te pagar, vou pegar defensoria pública'. Respondi que tudo bem. Para mim foi ótimo sair daquela defesa. Fiz as revogações no escritório e saí do caso.

"Seis meses se passaram e, em um dia, quando eu estava na academia, meu pai liga e pergunta se eu conhecia algum 'Jonas'. Em seguida, meu pai pediu para que eu fosse ao gabinete dele para conversarmos. Meu pai disse que durante um plantão entraram com um pedido de prisão domiciliar para um cara doente, que se chamava 'Jonas'. A decisão do meu pai, tecnicamente, foi correta, perfeita. Só que havia o fato de eu já ter advogado para o Jonas É Nós, e só quem sabia disso era o Ubiratan. Logicamente, foi um 'prato cheio' para os urubus da câmara que queriam assassinar a reputação do meu pai para alcançarem o poder que sempre buscaram.

"Disse ao meu pai que não havia problema algum, que eu havia parado de advogar para o Jonas seis meses atrás, ou seja, bem antes de a nova defesa dele pedir prisão domiciliar, e havia uma questão absolutamente diferente: Jonas estava doente, e meu pai concedeu, na época, uma prisão ambulatorial. Nem foi prisão domiciliar, mas ambulatorial. Tanto é que o Jonas foi preso no hospital em que se tratava. Ele morreria de uma hérnia estrangulada pouco tempo depois dessa decisão do meu pai. A perseguição contra mim para atingir meu pai começou naquele momento, após essa decisão.

"Eu deixava sempre para ir ao presídio às sextas-feiras, porque era mais tranquilo e eu ia à paisana, ia de calça jeans e camisa polo. Num daqueles dias, eu estava no Bangu 3, que é um presídio destinado ao Comando Vermelho, para fazer um atendimento. Só havia estagiário. E eu estava lá, com a minha carteirinha e vestindo uma camisa polo que tinha um bolso, não esqueço. Enquanto eu colocava a carteirinha nele, naquele mesmo instante chegava uma picape branca. Não lembro a marca, mas era branca. Dela saiu um advogado todo alinhado, com abotoadura, gravata. Foi um buchicho entre os estagiários: 'Já chegou o doutor'. 'Quem é esse cara?'. Do nada o cara, que se apresentou como 'doutor Eduardo Marzollo', começou a falar que todo mundo ali estava 'por fora' e que no tribunal tem 10% de conhecimento técnico e o resto é dinheiro'. Pensei na hora que o cara era maluco. Se ele acha isso, problema dele, mas ficar gritando na fila para entrar no presídio... e ele continuou a falar, agora alegando que na Sétima Câmara Criminal "era tudo dinheiro". Tive a percepção de que o cara falava tudo aquilo para mim. Não deu outra. 'Uma vez, por exemplo, eu estava com um caso dificílimo, aí era com o Siro Darlan. Eu falava com a assessoria dele e resolvia...'. Não acreditei que aquele advogado falava aquilo tudo. Eram acusações gravíssimas. E, além do nome do meu pai, ele citava os de outros desembargadores. Foi aí que reagi e me dirigi a ele questionando a gravidade do que falava, das acusações infundadas que proferia diante de outros advogados naquela fila para ingresso no presídio. Mas o cara insistiu e falou novamente da Sétima Câmara e de meu pai. Foi aí que o peguei pela camisa e disse chamar-me Renato Darlan, filho de Siro Darlan. Imediatamente agentes do Desipe nos apartaram. O tal advogado tentou desviar o foco do que acabara de dizer, tentando atenuar a discussão, pedindo inclusive desculpas e para que eu não comentasse o que dissera com o meu pai. Decidi entrar logo no presídio e fui fazer meu atendimento jurídico, mas muito tenso com tudo o que acabara de ouvir do tal Eduardo Marzollo. Terminado o meu atendimento, parti imediatamente para o gabinete do meu pai, no Tribunal. Contei a história toda. Meu pai imediatamente chamou a assessoria dele e determinou que ligassem para a secretaria do Tribunal declarando o seu impedimento a esse Eduardo Marzollo.

"O fato é que desejavam atingir meu pai. Usaram, juntamente o com Ministério Público, a polícia para poder rastrear-me e chegar até esse episódio do Jonas, para tentar traduzir isso em prova física. Se tivessem direcionado tudo isso exclusivamente ao meu pai, não teriam o efeito que gostariam. Fazer de um filho prova física para atingir o pai foi a forma que encontraram para desestabilizar meu pai, e justamente a pessoa que era mais próxima dele. Eles tentaram, inclusive, envolver o meu irmão Carlos Alexandre também advogado nos Estados Unidos. Chegaram a juntar nos autos o car tão do meu irmão como advogado, só que, se comigo não tinha nada, o meu irmão menos ainda. Carlos saiu daqui com 18 anos. Formouse nos Estados Unidos, vive lá há 25 anos, construiu família, é sócio do segundo mais antigo escritório de advocacia dos Estados Unidos, que tem 260 anos."

Indesejáveis invasões ou artefato da maldade

Seis horas da manhã. Muito cedo mesmo. Sequer consigo recordar se o dia amanhecera ensolarado ou encoberto. Considerando os arautos do caos com os quais tive que lidar, é bem provável que até o sol tenha se escondido. Tudo parecia cinzento. Naquela manhã de 9 de abril de 2020, não haveria luz capaz de dissolver trevas tantas. Fui despertado por pelo menos oito policiais federais fortemente armados, com armas de grande calibre, como se eu e minha família fôssemos criminosos de alta periculosidade. Eles esmurravam a porta da minha casa, aos gritos de "Polícia Federal! Polícia Federal!". Ainda mais surpreendente foi constatar que uma equipe de telejornal da *TV Globo* já estava na porta da minha residência, chegara antes mesmo de os policiais chegarem.

Meu filho Renato passou pelo mesmo constrangimento sórdido e injusto, ouçamo-lo:

> "Olhei pelo olho mágico e vi o corredor do meu prédio tomado pela cor preta das fardas dos 'federais'. Num átimo, o delegado estendeu a mão e mostrou um mandado de busca e apreensão com endereço da residência da minha ex-esposa e do meu filho mais novo, que à época tinha somente quatro anos de idade. Por óbvio, não foi franqueada a entrada com aquele mandado. Os homens de preto imediatamente invadiram o apartamento em busca não sei de que, mas batiam nas paredes e perguntavam seu eu tinha cofre, se tinha armas, se tinha dólares, euros, etc. estavam todos vestidos a caráter e muito armados de uma forma como se fossem para uma guerra, todos com armas de grosso calibre.
>
> "No primeiro momento, levei aquilo ali como um engano até porque havia nomes no mandado que eu nem conhecia, dos quais nunca ouvi falar. De fato, nunca ouvi falar. A não ser,

obviamente, o nome do meu pai. E aí eles apareceram. Foi no mês de abril. Lembro que era próximo do aniversário da minha filha.

"Para surpresa de todos, houve um fato nonsense ocorrido apenas 15 minutos depois da chegada dos policiais: os agentes invadiram o banheiro do meu quarto com (isso mesmo!) um novo mandado, com endereço corrigido e com a assinatura do relator daquele inquérito que surgia no Superior Tribunal de Justiça.

"Eu estava até de pijama, sem camisa. E aí o policial me apresentou o mandato e logo vi que não era para o meu endereço, o que fortaleceu a minha ideia de que era um engano. Mas aí o policial mostrou que o endereço era o da casa da minha ex-esposa. Respondi que, sendo assim, eles não deveriam estar em minha casa. Como não sabia o que queriam em minha residência, fechei a porta na cara dele. Fiquei assustado. Comecei a ligar para o meu pai para tentar entender por que tinha o nome dele naquele mandado. Comecei a ligar e meu pai não atendia porque já estavam na casa dele também, naquele mesmo momento. Não demorou nem 15 minutos, foi muito rápido, os policiais voltaram à minha residência com um mandado contendo o meu endereço e assinado pelo ministro de Brasília, Luiz Felipe Salomão, ou seja, nem que se tivesse o maior aparato do mundo, se conseguiria solucionar aquela questão do mandado tão rapidamente... a não ser que fosse algo muito direcionado, orquestrado para um objetivo específico, que era o de nos violentar.

"Bem, tendo a minha casa tomada por policiais federais que inclusive retiraram a minha filha, à época com 12 anos, da cama, eles foram entrando abruptamente no quarto dela. Tentei impedi-los para ver se ela estava vestida, mesmo assim abriram a porta. Minha filha estava bastante assustada com aqueles caras todos armados. Ela se preparava para ir à escola. Quanto a mim, só pensava o porquê daquilo tudo meu Deus, de toda aquela violência. Li e reli o mandado e afirmava não conhecer nenhum daqueles nomes, exceto, obviamente, o do meu pai.

"Tudo foi posto de cabeça para baixo em minha casa. Levaram um notebook, que era o único meio para confecção das minhas petições e usado para o meu labor, três telefones celulares, sendo um completamente quebrado e outro também sem utilidade, alguns pendrives, que eram a memória das viagens que havia feito e fotos dos aniversários das crianças, nada além disso. E, por fim, o meu *token* funcional da Ordem dos Advogados do Brasil (OAB), utilizado para assinar minhas peças digitais. Pegaram até o celular do meu filho, que na época tinha uns seis anos. Mostrei que só tinha joguinhos dele e fotos no celular. Mesmo assim levaram o aparelho. Quando foram à casa da minha ex-esposa, meu filho estava lá, inclusive depois, ele, coitado, relatou para mim. 'Poxa, pai, eu vi a arma, vi tudo'.

"Pegaram fotos da minha rede social e juntaram, editaram como se eu estivesse ostentando, como se eu vivesse das questões jurídicas ligadas ao meu pai, como se a gente fosse uma quadrilha e ele, meu pai, fosse o chefe. A marginalização é tão grande e evidente que chegaram a dar vulgo de coroa para o meu pai. Sempre chamo meu pai assim. Acho que todo filho faz isso. Mas aqueles que perseguiam meu pai fizeram desse carinho algo pejorativo.

"Tentava entender aquilo tudo, mas não compreendia. Dias após aquela violência sem propósito, comprei outro celular porque precisava me comunicar. Treze dias depois, os policiais retornaram à minha casa. Uma nova busca e apreensão. E aí novamente apreenderam meu celular. Eu abri novamente o celular e se não havia nada no outro no novo tinha menos ainda, porque havia somente dez dias que o comprei. Mas o levaram! E, nessa segunda oportunidade, já vieram com um mandado de prisão. E, como se fosse um 'prêmio', concederam-me a prisão domiciliar com uma série de medidas restritivas. Inclusive a constrangedora tornozeleira eletrônica que ficou presa em mim por mais de um ano."[50]

Assim como meu filho, franqueei a entrada dos policiais em minha casa ao constatar que o mandado estava assinado pelo ministro do STJ Luis Felipe Salomão – sempre ele! Nada de relevante foi encontrado, nem na residência do Renato, nem na minha.

Quando os agentes da PF deixaram minha casa, liguei imediatamente para o Renato. Ele, por sua vez, estava tentando me ligar ao mesmo tempo. Foi então que veio a desagradável surpresa: a casa dele também havia sido invadida pelos policiais. Indaguei o motivo, mas ele não soube informar. Renato sofreu o mesmo

[50] Entrevista de Renato Darlan aos jornalistas André Felipe de Lima e José Carlos Mattos, no dia 6 de fevereiro de 2024.

ataque brutal que eu naquela manhã. Posteriormente, meus advogados me informaram que meu filho foi investigado após seu telefone celular ser grampeado, em uma conversa com seu então sócio advogado, na qual discutiam processos de interesse comum do escritório e mencionavam a prisão do ex-governador Anthony Garotinho. Era apenas um diálogo, nada mais que isso. Os dois, como qualquer advogado, comentavam que um processo daquele porte, envolvendo figuras políticas de destaque, poderia ser uma boa causa e rentável para o escritório. Esse simples fato provocou sua entrada no processo, resultando em sua prisão e na imposição de uma tornozeleira eletrônica por um ano, assim como ocorreu com seu sócio.

Antes da prisão de meu filho, porém, parte da imprensa não nos dava descanso, preferindo aderir à pauta da mentira propagada por aqueles que nos perseguiam. Um exemplo claro dessa injustiça disfarçada de notícia veio da revista *Veja*, mais precisamente da coluna *Radar*, assinada pelo jornalista Robson Bonin. No dia 24 de setembro de 2019, foi veiculada uma nota[51] tendenciosa, com "nome" e "sobrenome" daquele que mais desejava (e certamente ainda deseja...) minha desgraça:

> "Alvo de mandados de busca expedidos pelo ministro Luis Felipe Salomão, do STJ, o advogado Renato Darlan é conhecido em rodas do Rio pelo estilo de vida "ostentação", sem dia ruim, sempre de carro importado, bermuda e chinelo.
> "Nas redes sociais, Renato aparece em voos de helicóptero, em giros por praias famosas, em lanchas caras e carrões... Há, claro, passeios pela Europa em baladas e lugares badalados.
> "Numa foto descendo de um jatinho em Jericoaquara, por exemplo, ele escreve: "Será que teve bagunça? Que foi gostoso?". Em outra foto, ele filosofa: "Nada me derruba, só me fortalece".
> "A Operação Plantão, da Polícia Federal, investiga a venda de sentenças do desembargador Siro Darlan, pai do advogado,

[51] BONIN, Renato. A ostentação do filho de Siro Darlan. *Veja*, coluna "Radar": São Paulo, em 24 de setembro de 2019. Ver em: https://veja.abril.com.br/coluna/radar/a--ostentacao-do-filho-de-siro-dalan-alvo-da-pf-por-venda-de-sentenca.

no Tribunal de Justiça do Rio (TJ-RJ). Agentes cumpriram 11 mandados de busca e apreensão na casa do magistrado, no gabinete dele no TJ e em outros endereços relacionados ao Siro."

A mesma coluna da *Veja* prosseguiu com um jornalismo afetado pela maldade e preconceito, como se meu filho, como qualquer jovem na idade dele, não pudesse tentar buscar felicidade em meio a tanta perseguição e injustiça a que foi submetido. Duas semanas após a primeira estocada da Veja, veio outra, novamente em forma de nota[52], porém não menos irônica e com a evidente intenção de me atingir:

> "Filho do desembargador Siro Darlan, o advogado Renato Darlan não se abateu com as buscas da Polícia Federal na semana passada (leia mais em Filho ostentação).
> "O advogado esteve no Rock in Rio na sexta (27) para o show do rapper norte-americano Drake. O after foi até o amanhecer.
> "O pai foi alvo de mandados de busca pelo suposto envolvimento com a milícia e por suspeita de vender sentenças no Tribunal de Justiça do Rio de Janeiro."

E a farra de calúnias na imprensa prosseguia contra mim e meu filho, alimentada por decisões do ministro do STJ Luis Felipe Salomão e, certamente, por seus *offs*. Assim escreveu o repórter Chico Otávio, de *O Globo*[53], ao especular se a Procuradoria-Geral da República (PGR) pediria ou não a prorrogação da prisão temporária do meu filho:

> "Na decisão sobre o afastamento de Siro Darlan e a prisão de quatro envolvidos, o ministro Salomão chamou a atenção para um fato ocorrido em 3 de setembro de 2019, dia da

[52] CARVALHO, Pedro. "Depois da visita da PF... Filho de Siro Darlan curte Rock in Rio". *Veja*, coluna "Radar": São Paulo, em 4 de outubro de 2019. Ver em: https://veja.abril.com.br/coluna/radar/filho-de-desembargador-acusado-de-vender-sentencas--curte-rock-in-rio.

[53] OTÁVIO, Chico. "PGR decide se pedirá prorrogação da prisão de filho de desembargador Darlan".

> prisão do ex-governador do Rio Anthony Garotinho e de sua mulher, a ex-governadora Rosinha Matheus: 'Os advogados Renato Darlan e Pablo Andrade [*grifo meu, ex-sócio do meu filho*] se articulam para se tornarem advogados do casal, com a garantia da liberação deles. Renato insinua que podem cobrar até R$ 1 milhão e Pablo Andrade pede a Renato para que o *habeas corpus* seja negado caso eles não sejam contratados. No plantão do dia seguinte, Siro Darlan concedeu o *habeas corpus* em favor do casal, destacando que foram encontrados na agenda do celular de Siro Darlan os números dos celulares do casal Garotinho.'"

Após tanta perseguição de desafetos do Judiciário, que agora se enraizava também em parte da imprensa, como evidenciaram as notas da *Veja* e outras reportagens de *O Globo* e da *TV Globo*, meu filho, no fatídico dia 9 de abril de 2020, foi preso. Um fato intrigante chama a atenção: o ministro Luis Felipe Salomão negou um pedido da Polícia Federal para que eu fosse preso, mas expediu mandados de busca e apreensão, além de ordens de prisão para quatro pessoas, entre elas meu filho Renato. As prisões preventivas foram convertidas em domiciliares devido à pandemia de COVID-19. Embora meu filho não tenha ficado em uma cela, o constrangimento e a humilhação já estavam consumados.

Renato, além de sofrer a vexatória e abusiva ordem de prisão por uma acusação infundada e caluniosa de aliciar clientes para que eu, durante plantões judiciais, relaxasse prisões, teve seus bens bloqueados e foi proibido de frequentar o fórum... vejam o absurdo! Como pode um advogado ficar, como ele ficou, quase dois anos sem poder trabalhar porque não podia frequentar seu local de trabalho?

Lembro, no entanto, que naquele mandado de prisão contra meu filho, havia, na decisão do excelentíssimo ministro do STJ, como se fosse uma "benesse" ou um "prêmio", uma série de medidas cautelares, incluindo a monitoração eletrônica. Ou seja, o golpe final, mostrando que o maior objetivo daquele inquérito sempre foi humilhar, denegrir e destruir toda uma família.

Na mesma decisão, por mais absurdo que pareça, veio a proibição de trabalhar. Um advogado, que tinha na advocacia seu único meio de subsistência e sustento de seus filhos, ficou completamente desprovido de tudo. Esse fato foi devastador para meu filho, que, além de injustamente preso, permaneceu quase dois anos sem qualquer acusação formal. Não houve processo contra ele, mas até hoje Renato tem seus bens retidos e enfrenta dificuldades até para abrir contas bancárias. Nunca foi denunciado, e mesmo após o STF trancar o meu processo, ele continua sofrendo os efeitos negativos de um processo sem que qualquer ilicitude tenha sido atribuída a ele. Apenas por ser meu filho, Renato sofre essa perseguição do mesmo ministro, Luis Felipe Salomão, cujos filhos, em tempos passados, brincavam nos corredores da Associação dos Magistrados com o meu filho. Apesar das acusações mentirosas, Renato, desde outubro de 2019, integra a respeitabilíssima Comissão de Processo Penal da OAB-RJ.

Passaram-se quatro anos, e meu filho nunca foi ouvido, nem informalmente. Nunca Renato foi denunciado. Mesmo assim, o prenderam. Tiraram dele e de sua família, por um ano, a única fonte de renda que tinham: seu ofício como advogado. Seus bens permanecem bloqueados, e Renato, hoje, humilhado, está afundado em dívidas. A maioria daqueles que se diziam amigos desapareceu. Afastaram-se. Poucos, verdadeiramente fiéis, permaneceram ao seu lado durante todo esse tempo. Na lista dos que o abandonaram, constam alguns com os quais Renato convivia desde a infância e que um dia até me chamaram de "tio". Renato recorda:

> "Eu era muito próximo dos filhos do Paulo César Salomão: o Paulo César, que é o Paulinho, a Andreia e a Carolina. Aliás, Andreia, Paulinho e Carolina. Nessa ordem, né? Convivíamos, viajávamos juntos, normalmente passávamos os carnavais e os finais de ano na associação em São Pedro

> da Aldeia. Sempre juntos. Eu lembro de uma vez que fizemos uma viagem para o Le Canton. Fomos juntos. Mas quando fui colocado nesse turbilhão, sem justificativa alguma, sem ser denunciado ou ouvido, todos se afastaram. Nenhum deles foi solidário comigo. Tentei falar com os três, mas me bloquearam de seus contatos. Mas tudo bem. Sofremos muito, mas estamos dando a volta por cima. Toda essa covardia contra meu pai, contra mim e nossa família só nos uniu ainda mais. Somos fortes. Meu pai, com sua trajetória de vida, nos ensinou a ser assim."

É importante salientar que essa primeira incursão em minha casa e na do Renato ocorreu no auge da pandemia, quando todas as operações estavam suspensas. Dias após aquela invasão da PF, meu filho foi diagnosticado com COVID-19.

Foram emitidos seis mandados de busca e apreensão: dois em minha casa, dois em meu gabinete e dois na casa do meu filho. Não encontraram sequer uma nota de real que não fosse fruto do meu trabalho, e muito menos na casa do Renato. Lá, também nada de comprometedor foi encontrado. Foi um martírio que atingiu toda a família.

Com o passar do tempo, e já se foram quatro anos, meu filho, que nunca foi ouvido, mesmo sofrendo todas essas constrições, em nenhum momento foi denunciado. Contudo, ele foi preso, humilhado, teve seus bens apreendidos e foi impedido de trabalhar, sem que qualquer denúncia formal fosse apresentada.

Eles não desistiriam tão facilmente. Nem mesmo respeitaram a decisão do ministro Edson Fachin, do STF, que, em sua mais absoluta verdade, me absolveu. Mas meus detratores mostravam-se incansáveis. Desejavam avidamente destruir-me. Para isso, realizaram manobras espúrias até que, no dia 14 de março de 2023, após o processo disciplinar aberto em 2018, veio a decisão mais injusta de todas, a mais humilhante para um magistrado: minha aposentadoria compulsória. Essa foi a decisão dos conselheiros do CNJ, mais severa até do que a pena de censura proposta pelo próprio Ministério Público. Consumou-se naquele dia uma perseguição implacável.

Logo após a decisão, escrevi uma carta pública, que foi veiculada por alguns jornalistas. Eis o conteúdo, expressando minha profunda indignação pela covardia e injustiça às quais fui submetido:

> "Escrever este artigo é doloroso para mim, pois escrevê-lo é admitir que há algo de errado, de muito errado, na área para a qual dediquei minha vida profissional, qual seja o Judiciário brasileiro. Hoje tenho mais de 40 anos de magistratura, e esta experiência se funde com a minha própria existência. Antes de irmos ao caso que me traz a estas linhas irei contar umas poucas linhas de minha trajetória.
>
> "Natural de Cajazeiras, na Paraíba, cheguei ao Rio criança ainda. Vim com minha mãe, que decidira sair da Paraíba e vir tentar uma vida melhor no Rio de Janeiro, então a capital do Brasil. Viemos ela e os meus irmãos e passamos as muitas dificuldades comuns aos migrantes nordestinos, dificuldades que persistem até hoje, é bom notar.
>
> "Portanto, aprendi por mim mesmo o que é ser um jovem pobre em uma grande cidade brasileira. Se não me faltou o amor de uma mãe, se não me faltou o amor de meus irmãos, se fui bem acolhido pelos agostinianos do Colégio Santo Agostinho, aprendi também as agruras de um internato público estadual, a vida contada de uma costureira para sustentar seus filhos a partir de uma velha máquina Singer.
>
> "Dessa experiência veio a comiseração pelos que falham na vida e a compreensão do quanto é importante dar, principalmente aos jovens, uma segunda oportunidade, uma segunda chance de recuperação. Não vou relatar aqui as incompreensões que tenho enfrentado por parte dos que açodadamente preferem jogar as pessoas nas verdadeiras masmorras do nosso sistema prisional, a ouvi-las e tentar dar-lhes uma chance de retomarem suas vidas, suas cidadanias.
>
> "Coube-me a felicidade de ser o juiz titular da Segunda Vara da Infância e, logo depois da Primeira Vara da Infância quando da implantação do Estatuto da Criança e do Adolescente, criado pela Lei 8069, de 13 de julho de 1990. Respondi por estas Varas de 1991 até 2004, onde e quando me ocupei em mostrar para a sociedade os direitos das crianças e dos adolescentes,

direitos estes que se tornam mais importantes ainda quando tratamos de crianças desamparadas, vivendo nas ruas, sendo vítimas de todo tipo de violência e arbitrariedade. Mas não só estas crianças mereceram a atenção da Justiça neste tempo. Também averiguamos denúncias de jovens que conviviam em situações inadequadas para a sua formação psicológica quando empregados de grandes grupos de mídia. Eram jovens que, empregados como atores e figurantes, não recebiam o apoio psicológico de que eram merecedores quando encenavam cenas fortes e em desacordo com suas idades. Essas medidas nos trouxeram grandes inimizades e incompreensões, muitos nos acusando de buscarmos os holofotes da mídia e gerando polêmicas inúteis e desnecessárias.

"Nada disso poderia me prevenir para o que enfrento hoje. Uma perseguição implacável partindo de meus próprios pares, alguns deles ex-amigos. Em primeiro urdiram um processo em que eu fui acusado de ter vendido uma sentença. Deste processo fui absolvido no Supremo Tribunal Federal (STF) pelo HC 200.197 relatado pelo ministro Edson Fachin, ficando ali exaustivamente comprovada a minha inocência diante da insidiosa acusação à minha honra profissional e pessoal.

"Mas isso não bastou para acalmar a sanha dos meus detratores. Derrotados na instância penal, decidiram eles contornar a minha absolvição colocando agora um processo administrativo com o qual objetivam deslustrar a minha carreira construída dentro das melhores práticas da magistratura com uma aposentadoria compulsória.

Os motivos novamente são inverídicos e resultado do trabalho de mentes deturpadas pela maldade, pela falta de equilíbrio moral. Acusam-me de ter visitado um preso sem ter para isto cumprido as rotinas necessárias. Ora, eu, na verdade, visitei o presídio em busca de subsídios para preparar a minha tese da Escola Nacional de Formação de Magistrados, cujo tema aprovado foi 'O racismo estrutural como causa do super encarceramento', tese que concluí com todos os méritos acadêmicos. Tese que trata de outro interesse transversal em minha carreira que é a proteção das vítimas de racismo, esta sociopatia que aflige a sociedade brasileira e se reflete de maneira candente no sistema judiciário.

"Este meu interesse em verificar os excessos a que afro-brasileiros são submetidos diuturnamente nas ruas, delegacias, salas de audiência e presídios Brasil afora não é bem-visto pelos que me acusam. Para eles falta-me vigor para enquadrar grande parte dos brasileiros vivendo um mundo sem

> oportunidades, sem respeito do Estado. Eles se esquecem da cor da minha pele, eles se esquecem dos meus anos de internato público, eles se esquecem dos dias de 16, 18 horas de trabalho que eu vivi até chegar aqui.
> "É verdade, eu não sou um deles. Eu sou dos poucos que passaram as barreiras que ali estavam postas para me impedir o progresso. E não me peçam para eu ver os brasileiros pobres como se fossem parte de outra vida minha. Eles são parte de mim, e de mim eles sempre terão a lei para cumprir e não para flagelá-los. No meu tribunal, eles ouvirão o martelo da Justiça, mas não sentirão em suas peles o látego do preconceito."

Após meus advogados recorrerem imediatamente, alegando que as provas utilizadas para o meu afastamento definitivo eram de uma ação penal já arquivada pelo ministro Edson Fachin, não demorou um mês para que a decisão covarde dos conselheiros do CNJ, que me impôs aposentadoria compulsória, fosse derrubada. No dia 5 de abril, o ministro Ricardo Lewandowski, do STF, suspendeu a decisão do CNJ e, além disso, determinou que a conselheira relatora do caso, Salise Sanchotene, informasse se o órgão "utilizou prova declarada ilícita nos autos" que culminou na aposentadoria a mim imposta. Ela prestou as informações, reiterando não ter utilizado as provas ilícitas proibidas pelo STF, mas isso está muito claro em sua decisão e nos autos gravados.

Agora, essa é a última pendência, pois com a aposentadoria do ministro Lewandowski e a assunção do ministro Cristiano Zanin, cabe a ele manter ou não a decisão de Lewandowski. Eis a questão...

Aos meus advogados coube a brilhante argumentação de defesa, acatada pelo ministro Lewandowski, que antes havia sido cegamente (ou propositadamente, quem sabe?) ignorada pelo CNJ:

> "Com efeito, ao Autor da presente querela foi imputada a gravíssima acusação de 'recebimento de vantagem econômica indevida pelo deferimento de liminar em *habeas corpus* em favor de Ricardo Abbud, conforme declaração prestada

por Crystian Guimarães Viana como acordo de colaboração premiada firmada nos autos do Processo n. 0012481-30.2015.8.196. 0045.' "Contudo, tendo o Supremo Tribunal Federal determinado o expurgo de todos os documentos referentes ao acordo de colaboração premiada epigrafado, através da decisão paradigma de controle, deveria ter o Conselho Nacional de Justiça efetivamente expurgado todos os documentos do PAD referenciado. "Em que pese a clareza do comando da decisão ora apontada como violada, o Conselho Nacional de Justiça levou a efeito julgamento absolutamente NULO, porque contrariou o comando específico contido no venerando aresto presentemente apontado como arrostado, tendo mencionado em diversas passagens do julgamento colegiado e em vários trechos do venerando acórdão exarado por ocasião do julgamento a existência dos elementos de prova.

"A existência dos citados elementos derivados da colaboração premiada foi também reverberada pela imprensa nacional, ato contínuo ao julgamento, o que igualmente reforça a ideia e comprova que os fatos foram, sim, determinantes para a irrazoável condenação do Reclamante à pena mais gravosa constante do ordenamento administrativo do direito brasileiro, a saber, a pena de aposentadoria compulsória.

"Repise-se que o Autor é Juiz de carreira promovido a desembargador, que já está no seu 41° ano de exercício na magistratura fluminense, com estatística exemplar e folha funcional sem nota desabonadora, e acaba de sofrer afastamento compulsório de suas funções pelo Tribunal de Justiça do Rio de Janeiro" (doc. eletrônico 1, fls. 5-11).

"Como igualmente já dito, o e. Conselho Nacional de Justiça buscou julgar, a toque de caixa, o referido PAD quando já havia notícia da prolação da referida decisão desta Suprema Corte nos autos do HC nº 200.197-RJ, incluindo-o em pauta de julgamento, o que obrigou o ora Reclamante a impetrar um mandado de segurança, de nº 38.099 – DF, cuja decisão vem a ser a decisão paradigma de controle da presente Reclamação, porquanto violado o comando dela derivado pelo julgamento de mérito havido naquele Conselho. *Mandamus* [*nota do autor: "mandado de segurança"*] esse que tinha por objeto retirar o referido PAD da pauta da sessão de julgamento do Conselho Nacional de Justiça, além de dar cumprimento imediato à decisão proferida no referido HC por esse e. STF, com o expurgo das provas reconhecidamente nulas dos autos. 52. Isso porque resultou cristalino que no mínimo uma das imputações feitas ao desembargador Siro Darlan não mais poderia prosperar,

> eis que nulificada a única prova que sustentava a imputação e determinada a retirada dos autos de todos os elementos que a sustentavam, lembrando que o ora Reclamante enfrentou e enfrenta verdadeira *via crucis*, no âmbito do procedimento administrativo em análise, e tudo com espeque em prova absolutamente nula.
>
> "Inegável, assim, que o processo administrativo sofreu vertiginosa mudança em seu seguimento, o que fez imperioso suspender seu trâmite e lhe retirar de pauta de sessão de julgamento, oportunizando que tanto o impetrante quanto o Ministério Público novamente falassem em razões finais, buscando garantir a regularidade ao feito, que há muito não ocorre, data vênia.
>
> "[...]
>
> "Nessa linha de raciocínio, está absolutamente comprovado que o Conselho Nacional de Justiça violou a autoridade da decisão paradigma de controle tomada nos autos do Mandado de Segurança nº 38.099, deste Supremo Tribunal Federal, quando, ao julgar o Processo Administrativo Disciplinar nº 0006926- 94.2018.2.00.0000, sendo Relatora a e. conselheira Salise Monteiro Sanchotene, mencionou e utilizou expressamente como razões de decidir as provas consideradas nulas no HC 200.197/RJ, também desta Corte Suprema.
>
> "O que reivindica o julgamento de procedência da presente Reclamação Constitucional, para fins de garantir a autoridade das decisões deste Supremo Tribunal, com a suspensão dos efeitos do acórdão exarado no PAD nº 0006926-94.2018.2.00.0000, em tempo de liminar, e a cassação, no mérito, da decisão referida, porque exorbitante do seu julgado, devendo ser proferida outra em seu lugar, desta feita com o efetivo expurgo dos elementos de prova anulados, pelo plenário do Conselho Nacional de Justiça, na forma da fundamentação" (doc. eletrônico 1, fls. 18-25)."

Obviamente, comemorei efusivamente e, nas redes sociais, fiz questão de compartilhar meu contentamento após a decisão do ministro Lewandowski. Registrei que "Deus é maravilhoso" e que "me ressuscitou" de uma perseguição implacável, desleal, mentirosa... insana, sem provas e demoníaca. Demoníaca porque meus algozes chegaram ao cúmulo de investigar as contas de Ricardo Abbud, alguém que não conheço, nunca vi, e de quem até hoje não sei quem é, na tentativa de encontrar uma "agulha no palheiro". Queriam provar que, no dia em que deferi o *habeas corpus*, Abbud havia movimentado 50 mil reais. Nada encontraram nas contas dele nesse sentido; acredito que nem mesmo oito mil reais havia nelas. Desesperados, partiram para as contas da esposa de Abbud. Nos extratos dela, viram que havia feito compras em um supermercado. Inconformados, somaram tudo, tentando chegar aos "50 mil". Listaram cheques, pagamentos de aluguel, e ainda assim nada confirmava o que queriam provar para me atacar.

Sem sucesso nas contas de Abbud e de sua esposa, começaram a vasculhar as contas dos familiares do casal. Mesmo assim, nunca chegaram à metade do valor de 50 mil reais. Esses detalhes foram decisivos para desmontar a farsa de todo aquele processo contra mim e minha família.

Meu advogado então me aconselhou a encomendar uma perícia contábil, que me custou 35 mil reais, para provar que, durante os últimos cinco anos da minha vida, todo o dinheiro que recebi do TJ-RJ era compatível com as minhas despesas e aplicações. Isso deu um trabalho imenso, pois implicava listar cada gasto, cada extrato da conta da minha esposa, e provar a origem de cada um deles. Após todo esse árduo processo, o contador elaborou um laudo perfeito e minucioso, comprovando que todos os meus rendimentos eram compatíveis com as minhas despesas. Mesmo assim, fui denunciado. Embora tenha vencido no final, essa vitória deixou uma cicatriz que jamais fechará, especialmente em relação àqueles que um dia considerei amigos.

Como diz o poeta: "Mas não sê tão ingrata! Não esquece quem te amou." É hora de homenagear aqueles profissionais do direito que, com dedicação e seriedade, tiraram de meu pescoço a corda que me empurrava para o cadafalso, impedindo que a mão injusta de um Torquemada moderno executasse a sentença bruta com rapidez. Esses profissionais dedicados abraçaram minha causa com rara sensibilidade, enxergando a injustiça da acusação e o caráter arrivista dos acusadores e julgadores. Com muita dedicação e respeito às suas trajetórias, lutaram e obtiveram êxito, levando ao trancamento da ação penal 951DF e à declaração da falsidade das provas utilizadas.

Os grandes responsáveis por essa vitória foram meus brilhantes advogados, capitaneados pelo amigo de sempre, doutor Carlos Eduardo Machado, e seus admiráveis colegas Rafael Duque Estrada e Ignácio Machado. Todos eles jamais largaram a minha mão. Um agradecimento muito especial e cordial vai também para meu amigo de toda vida, o doutor Geraldo Prado, que, me conhecendo profundamente, voluntária e graciosamente contribuiu para minha defesa com seu vasto conhecimento e expertise.

Geraldinho não era advogado da Amaerj, que patrocinou minha defesa técnica, mas mesmo assim se colocou ao meu lado e, com seu talento, me entregou a vitória final. Os doutores Julio Matuch e Murilo Matuch, também contratados pela Amaerj, foram outros baluartes, defendendo-me com admirável talento e dedicação nos procedimentos administrativos no CNJ, vencendo todas as batalhas – que não foram poucas. O professor e doutor Nilo Batista também foi fundamental, emoldurando minha vitória ao representar meus interesses nessa árdua busca pela justiça.

É importante mencionar a doutora Fernanda Pereira, uma advogada talentosa, corajosa e competente, que, nas duas vezes em que fui atacado em meu próprio lar pelos "homens de preto" da Polícia Federal, segurou minha mão, transmitindo a segurança de quem sabe estar do lado certo da história. De longe, em Brasília, mas sempre presente, tive o apoio do brilhante advogado e parecerista da Associação de Magistrados Brasileiros, doutor Alexandre Pontieri, que sempre pontificou com bons argumentos e foi uma presença preciosa na minha defesa e na de muitos outros magistrados injustiçados. Outro advogado que nunca me negou inteligentes argumentos foi o doutor Dionisio Cristóvan, representando a Associação Nacional de Juízes Estaduais (Anajes).

O doutor James Walker, presidente da Associação Nacional de Advogados Criminalistas (Anacrim), também me assistiu com brilhantismo, sendo um parceiro que jamais esquecerei pelo apoio incondicional.

A esses brilhantes profissionais, meus eternos agradecimentos por terem acreditado na minha inocência desde o primeiro instante e por terem esmagado a cabeça da serpente que tentou me afundar no mar de lama em que ela está acostumada a chafurdar. Graças a eles, alcancei uma vitória, mas não a final, pois a luta continua. Se o preço for manter minha coerência e honestidade, não hesitarei em enfrentar os fantasmas do mal. Como dizem, e eu repito: "Deus não dorme".

***

Penso muito na viagem de minha mãe para o Rio de Janeiro. Sair de Cajazeiras, deixar a cidade pela porta dos fundos, partir com os quatro filhos rumo à Capital Federal em busca de uma vida nova. Quais sentimentos prevaleciam em sua alma? A angústia, a tristeza, a decepção pela partida, ou a esperança de encontrar uma nova razão de alegria no Rio de Janeiro? Eu tinha apenas um ano e passei a viagem em seu colo. Chorava, sujava as fraldas, ria em resposta aos seus carinhos, sem saber que eu era a causa daquela viagem, do abandono de sua cidade natal, da decisão de embarcar em uma aventura incerta. De tantas coisas que eu não sabia, algumas descobri naturalmente ao crescer, e outras só vim a compreender mais de 60 anos depois, com minha mãe já falecida.

A decisão de escrever minhas memórias, de publicá-las e expor minha vida ao público, nasceu de dois desejos. O primeiro é compartilhar a história de minha família, uma lição sobre a força do amor materno, dado por uma mulher simples, mas de caráter forte, pronta para enfrentar a vida de frente. Ela viveu seus sentimentos e cumpriu seus compromissos com coragem, superando obstáculos imensos para progredir com sua família em uma sociedade preconceituosa.

O segundo desejo é uma reflexão sobre o que significa ser juiz nessa mesma sociedade preconceituosa e arcaica, baseada em princípios muitas vezes distantes da realidade da maioria de seus homens, mulheres e crianças. O que significa "aplicar a lei" em um povo muitas vezes ignorante, em crianças nascidas sem lar, deseducadas, sem estudo, sem futuro? O que significa ser justo em uma sociedade estruturalmente injusta?

Eu vivi os dois lados da moeda. Vim ao mundo em condições desfavoráveis, com todas as chances de me tornar uma dessas crianças que julguei em meus anos como juiz da infância e nas varas de família. Nunca me esqueci disso em nenhum desses inúmeros julgamentos. Julguei com a melhor técnica, consciente de que aquelas crianças poderiam ter sido minhas colegas na Funabem ou no colégio Santo Agostinho. Estudei em ambos, fui bom aluno em ambos, e aprendi a distinguir o bom do mau em ambos.

Fiz questão de trazer essa experiência para todas as audiências e julgamentos que presidi. Aos que chegarem ao final deste livro, espero que este texto os incite a refletir sobre valores como a caridade, o perdão, a justiça, o esforço e o apego ao compromisso. Não guardo ressentimentos contra as inúmeras pessoas que se opuseram de boa-fé a várias das minhas decisões e me atacaram. Tenho a clareza de que, ao longo das décadas de atuação na magistratura, acertei e errei muitas vezes, como é próprio da condição humana, mas sempre mirando no tecnicamente correto e humanamente defensável.

Neste livro, também trato daqueles que agiram contra mim de má-fé, dos que me antagonizaram pelas razões erradas, por não aceitarem um juiz humano, preocupado com o próximo, com as vítimas, e que entendesse que, muitas vezes, o réu também é uma vítima. Acredito que, mesmo ao pagar por seus erros, o réu deve fazê-lo em condições que preservem sua dignidade e humanidade.

A todos tenho a dizer que, até hoje, guardo o sono tranquilo que dormi no colo de minha mãe quando viajávamos de Cajazeiras para o Rio de Janeiro há mais de 60 anos, em busca de uma vida nova.

VII

Resgate da verdade ou "Somos todos Siro Darlan!"

"Até o dia de hoje, ainda não perdi uma hora de sono por inquietação de consciência. Minha consciência nunca me acusou de ter desobedecido. [...] A calúnia, com audácia e autoridade, moveu uma perseguição que deu a morte de Jesus Cristo, quanto mais a mim."

Frases atribuídas ao Padre Cícero Romão Batista, o santo "*Padim pade Ciço*"

SOMOS TODOS
SIRO DARLAN:
UM ABRAÇAÇO NA JUSTIÇA E NA DEMOCRACIA
11 JUN
QUINTA • 18 H
EM FRENTE AO TJRJ

Cajazeiras, onde nasci, é um município situado na extremidade ocidental da Paraíba, próximo à fronteira com o Ceará e o Rio Grande do Norte, bem no coração do sertão nordestino. A cidade, a 475 quilômetros da capital João Pessoa, tem uma população de aproximadamente 70 mil habitantes. Sua emancipação data de 1863, e o nome é originário de uma fazenda que deu origem à cidade. Foi por iniciativa do pioneiro Ignácio de Sousa Rolim, que se tornou padre, que o colégio dos padres salesianos foi fundado, um lugar que formou personalidades notáveis como o Padre Cícero. Por esse motivo, e por sua contribuição à educação, Cajazeiras é conhecida como "A terra que ensinou a Paraíba a ler". Sou descendente dessa família pioneira, pois minha mãe, antes de casar-se, chamava-se Maria de Lourdes Rolim, filha de Vicente de Paula Rolim e Maria da Anunciação Rolim.

Minha mãe, nascida em 1911, cresceu no Sítio São José, distrito de Cajazeiras, onde seus pais criavam gado e cultivavam o solo para sustento. Ela me contava que, quando tinha 12 anos, ela e seu irmão Tancredo, de 16, tiveram um encontro com o bando de Lampião. Há uma música que diz: "Lampião desceu a serra, deu um baile em Cajazeiras, botou as moças donzelas pra cantar muié rendera", da compositora Cida Moreira. Minha mãe contava que usava um anel no dedo, e um *cabra* do bando, após quebrar o pote de água que meu tio carregava na cabeça, tomou o anel para si. Mas quando Lampião chegou, ordenou que o *cabra* devolvesse o anel à menina.

Tenho poucas lembranças desse meu berço tão querido, mas carrego um forte sentimento de "cajazeiribilidade". Acompanho o desenvolvimento da cidade e seus movimentos políticos. Cajazeiras tornou-se uma cidade universitária, com quase uma dezena de universidades, transformando-se em um polo de ensino para toda a região. Estima-se que mais de um terço de sua população seja formada por jovens estudantes, o que confere à cidade uma energia vibrante e uma população renovada e academicamente bem-preparada. Não é raro ver jovens da região se destacando no cenário nacional, ingressando em universidades dos grandes centros do país.

O pioneiro do jornalismo moderno brasileiro, Francisco de Assis Chateaubriand Bandeira de Mello, também era paraibano, nascido em Umbuzeiro. Jornalista, escritor, advogado, professor de Direito e empresário, Chatô, como era conhecido, foi um dos homens públicos mais influentes do Brasil. Decidido a mostrar sua "invenção" ao povo de Cajazeiras, ele montou toda uma estrutura na Praça da Matriz para apresentar a primeira exibição por televisão na cidade. Na época, havia um único cidadão comunista convicto em Cajazeiras, Beto Padeiro.

Enquanto todos aguardavam a transmissão, estranhava-se o silêncio de Beto Padeiro. Mas, pouco antes da exibição, ele invadiu a praça montado em um carro de boi e destruiu o palanque onde estava a televisão, gritando que jamais permitiria essa invasão imperialista em solo cajazeirense. E assim, acabou com a festa.

Outra lembrança querida de Cajazeiras é que, toda vez que minha mãe voltava para visitar nosso torrão natal, ela trazia para o Rio de Janeiro duas ou três amigas, que passavam longas temporadas dividindo nosso lar, que, embora apertado, era repleto de afeto. Uma das visitantes mais frequentes era Sinhá Abel, uma sanfoneira talentosa que chegava com seu instrumento para encher nossa casa de alegria. Outro que veio para ficar foi Titonho, um primo de minha mãe, que, apesar de viver na cidade grande, agia como se ainda estivesse no sertão. Ele era muito engraçado, embora frequentemente mal-humorado.

Cajazeiras, além do calor, tem em comum com a Cidade Maravilhosa a imagem do Cristo Redentor. Meu coração se encantava toda vez que olhava para o pequeno monte cercado de antenas e via a mesma imagem que abençoa o Rio de Janeiro, irradiando religiosidade e ecumenismo. Sempre fui encantado e submisso ao amor pela minha cidade-berço. Fui adicionado a um grupo chamado "cajazeirenses e cajazeirados" e mantinha em dia as notícias. Sempre me proclamei um paraibano de Cajazeiras com muito orgulho.

Nas poucas vezes em que voltei a Cajazeiras, desejei ter passado mais tempo, acompanhado mais de perto minhas origens. Procurei nas pessoas os traços de minha história, especialmente pelo lado de meu pai, que tinha muitos irmãos. Tinha a esperança de encontrar tios e primos, mas, em vez disso, encontrei novos irmãos, sobrinhos e até uma querida irmã depois de descobrir os Holanda, que completaram minha existência. No entanto, não tive a felicidade de encontrar meu pai, pois ele já havia partido para a eternidade. Domício de Holanda foi um desejo de encontro não realizado. Ainda assim, saber que tenho outros irmãos – Nilmar, Marcelo, Glaucia, Luciano, Rafael e Domicinho – foi uma bênção que completou minha existência, mesmo que nunca tenha dado um abraçado afetuoso em meu pai. Essa ausência paterna deve ter influenciado minha escolha de ser juiz da infância e da adolescência, desempenhando o papel de pai substituto para muitas crianças abandonadas.

Parte dessa história já foi contada, e minha vida seguia seu curso com normalidade. Construí uma família maravilhosa, com uma filha e três filhos, cada um com suas características únicas, mas todos com uma riqueza de caráter e humanismo que me comovem. Eles me presentearam com cinco netas e um neto, todos alegres, saudáveis e inteligentes.

Vivi para receber essa graça e ainda estou inebriado por tanto amor e bênção. Acreditei que nada mais de extraordinário poderia acontecer no curso da minha vida, já seguindo para a curva descendente. Perdi meu irmão mais novo em 2017, e agora convivo com os remanescentes, Rudimaci e Iata Anderson, os quais amo incondicionalmente. De repente, recebi em meu lar uma carta contendo uma reportagem sobre um homem ilustre e sua fotografia. A remetente apenas informava: “Esse é seu pai biológico”. Respondi à remetente, indagando a razão de tal revelação, completamente desconhecida por mim. Não houve resposta. Arquivei o assunto, acostumado que estou a receber todo tipo de provocação de alguns que gostam de mim e outros que não gostam.

Mas o maior alento,, em um dos momentos mais duros e desafiadores da minha vida, foi ter regressado à terra onde nasci, em 2019, quando me encontrava no olho do furacão, sofrendo os mais desleais ataques, inclusive de ex-amigos. Estive lá antes, em agosto de 2016, para ser agraciado com a Medalha Epitácio Pessoa, concedida pela Câmara Municipal de Cajazeiras, e a mais alta comenda outorgada pela Casa de Epitácio Pessoa, a Medalha João Bosco Braga Barreto. Agradeço ao Jeová Campos, autor do projeto que possibilitou essa linda homenagem, que tanto me honra.

Emocionou-me profundamente o discurso do deputado Jeová. Recordo com gratidão cada linha de seu discurso:

> “Eu sou literalmente encantado com a trajetória do desembargador Siro Darlan. A Medalha Epitácio Pessoa está sendo entregue no peito de um homem que, de fato, merece conduzi-la. A história do desembargador Siro é para ser contada às nossas crianças, para ser contada a quem tem esperança de que este país se transformará em uma grande nação. Sua caminhada tem substância, e por isso é tão justa a homenagem com a Medalha Epitácio Pessoa, que é concedida a Vossa nobre Excelência. O nobre que Vossa Excelência carrega é o nobre dos humildes, dos justos. Essa homenagem é uma mensagem de amor a um cajazeirense digno.”

Outro discurso que me emocionou profundamente foi o da vereadora Lea Silva. Ela falava não apenas como parlamentar, mas como alguém que se apresentava como parente muito próxima. Pensei: esse discurso não é para mim. Nunca havia visto essa senhora. Como ela podia afirmar que era minha parente? Após a cerimônia, perguntei a ela qual seria o nosso parentesco. Ela respondeu exibindo uma fotografia e perguntou se eu conhecia o homem na foto. Quando disse que não, ela foi direta: "Esse é seu pai biológico." Era a segunda pista que eu recebia! Ainda não convencido, questionei-a sobre os detalhes. Mas, como em um capítulo de novela, fomos interrompidos porque estava para começar outra cerimônia para a qual nos dirigimos, e a conversa parou ali.

Meu coração ficou inquieto, especialmente porque outra pessoa me disse que havia duas pessoas, Nilmar e Marcelo, que se diziam meus irmãos e que gostariam de se encontrar comigo. Achando tudo muito estranho, me abri para todos que quisessem falar sobre esse assunto, e acabamos nos encontrando na casa de uma antiga amiga de minha mãe, Maria José, que nos recebeu para um café com tapioca. Os "irmãos" compareceram com suas esposas, tomamos café, comemos tapioca, mas nada foi dito sobre o tema da paternidade. Curioso, desconfiado e ansioso, voltei para o Rio de Janeiro, mas meu coração não se aquietava.

Estava em Nova Iorque, na casa de meu filho Carlo, quando minha filha Fernanda me contou que, ao ser operada, o anestesista Karlos de Holanda afirmou ser primo dela e que o avô dele era irmão do meu pai, Domício de Holanda. Curiosa, minha filha fez todas as perguntas que só a curiosidade de uma mulher inteligente é capaz de fazer. O fio da meada foi se desvendando, e descobri que, além dos meus três irmãos, eu tinha mais sete – dentre eles a minha primeira e única irmã.

Abri meu coração e, junto com minha amada esposa, Heloisa, fui ao encontro dessa tão sonhada nova família. Marcamos nossa ida a João Pessoa para o início de janeiro de 2019, mas antes, nos preparamos em um retiro em Porto de Galinhas. Ansiosos pelo encontro, encurtamos o retiro e antecipamos a tão aguardada reunião familiar. No dia 8 de janeiro daquele ano, os primeiros membros da família Holanda chegaram ao hotel. Como na história do meu "parente" Chico Buarque de Holanda, que também descobriu tardiamente que tinha um irmão alemão, abracei o primeiro dos sete irmãos: Rafael, um ser extraordinário, de coração imensamente bom, que escreve divinamente sobre temas de grande relevância para os corações. Médico e humanista, Rafael me emocionou durante todo o tempo em que estivemos juntos, apresentando-me sua família.

Viviane, sua amada esposa, é uma figura iluminada, com uma forte personalidade que espalha sorrisos e amor por onde passa. Sua mãe, dona June, é pura energia. As filhas de Rafael me emocionaram continuamente, especialmente Gabrielle, que, com sua filha Lorena, uma menina inteligente e falante, me surpreendia com lições que nos lembravam, a nós adultos, a humildade de aprender com as crianças. E como não mencionar o pai, Alan? Um verdadeiro mestre, Alan me guiou com carinho por todos os lugares de Pernambuco à Paraíba, não permitindo que eu pisasse no chão sem sua presença protetora. Como um mestre de cerimônias, ele me apresentava à família e documentava cada encontro.

Julianne, uma advogada cuidadosa e atenciosa, é uma mulher de fé e força, uma atleta da vida e de Cristo. Sua presença ilumina qualquer ambiente. Talvez eu esteja exagerando, mas quem lê essas linhas não pode imaginar o quanto fui contagiado pelo abraço dos Holandas, e como fui amado nesses dias de tanta ternura! Juju, como a chamamos carinhosamente, não me largou, enchendo-me de afeto e atenção. Um capítulo à parte foi o Leo. Um abraço de quebrar as costelas disse tudo sobre ele: uma pessoa que, silenciosamente, demonstra sua capacidade de amar. Precisamos olhar com atenção e carinho para os diferentes, pois são eles que nos mostram o quanto precisamos uns dos outros para sentir nossa humanidade e grandeza como criaturas de Deus.

Esses foram os primeiros passos e abraços, que já me abasteceram com energia para o resto da vida. Muitas emoções ainda me aguardavam nesses quatro dias. O encontro com minha irmã Gláucia foi arrebatador. Descobrir que eu tinha uma irmã linda, cativante e emocionante foi um momento mágico, culminando em um abraço terno e cheio de amor. Seu marido Ricardo, embora mais reservado, foi um ótimo coadjuvante nesse festivo encontro familiar. Os filhos, Ricardo Cesar, o "Zico" e Ana Cecília, também cativantes e supercarinhosos. Faltou apenas conhecer Eduardo.

Ao entrar na casa do Pai, deparei-me com uma foto impactante: a comemoração dos 50 anos de casados de Domício e dona Adoriva. Aquela imagem dissipou qualquer dúvida que pudesse ter restado sobre o acaso. No retrato, eu via meu próprio reflexo ao lado de dona Adoriva. Foi então que compreendi que tudo era maravilhoso e que poderia, finalmente, dar por encerrada a busca, como se encerrasse a criação do mundo, e descansar. Não era um sonho, era uma realidade com anos de atraso. Mas uma frustração invadiu meu coração: por que não encontrei esse homem antes? Por que não tive o direito a esse abraço, a essa presença, a esse exemplo, a esse afeto? Por que me foi negado esse encontro em vida?

Deus é o senhor do tempo e dos encontros, e nada poderia atrapalhar o que o destino me revelava naquele momento mágico de janeiro de 2019.

Ainda havia mais para descobrir. Quando finalmente abracei Luciano, vi minha própria imagem refletida nele – não apenas em sua aparência física, mas também na semelhança de valores. Mais uma confirmação do milagre. E Luciano não veio sozinho; sua esposa, Walenska, completava a felicidade daquela família, com filhos promissores como Targininho e Radmila. Ser chamado de tio por eles me fez sentir incluído e acolhido. Mais tarde, conheci o doutor Targino e sua energizante esposa, dona Marluce, sempre alegre e com um sorriso acolhedor.

Chegou então a hora de abraçar Wagner, um irmão tímido e sorridente, cujo abraço me fez chorar. Ele foi um companheiro constante, conversando, perguntando, respondendo, e me deixando à vontade no ambiente familiar, juntamente com Ione, que, assim como Walenska e Gláucia, fez com que Heloisa, minha esposa, se sentisse completamente à vontade e incluída nesse caloroso manto familiar. Houve tantos sobrinhos que me acariciaram que certamente serei injusto ao não mencionar alguns. Desculpem-me, mas lembro-me que esse casal querido tem Gabriel e Fernanda, sendo esta última sempre presente com um belo sorriso e seu carinho constante.

Domicinho e Cândida marcaram presença com um discreto carinho. Confesso que fiquei fã de Domicinho, com quem pouco conversei, mas senti muita afinidade político-social. Deu-me até vontade de deixar a barba crescer pelo mesmo motivo e finalidade. Afinal, sou nordestino e sei bem o que é ser vítima de preconceito de gênero, cor e origem. Ser nordestino em alguns lugares é um risco, porque somos, antes de tudo, fortes, e há quem não nos queira fortes e vitoriosos. Ainda faltou conhecer Peterson e Makson, que foram mencionados e que desejo muito conhecer.

Deixei por último os primeiros que conheci, não como irmãos ainda, embora já sentisse neles o cheiro dos Holanda pelo jeito carinhoso de se aproximar. Discretos, não me anunciaram a boa nova. Estiveram comigo antes de nosso Pai nos deixar e poderiam ter proporcionado esse tão desejado encontro. Mas nada tenho a reclamar. Tudo tem seu tempo. Nilmar e Marcelo estiveram presentes antes de tudo acontecer e silenciaram. Essa é uma pergunta para a qual não obtive resposta, mas a emoção de encontrá-los e abraçá-los como irmãos superou qualquer percalço. Foi muito bom abraçá-los como irmãos. Valeu até um porre após 11 anos de abstinência, Marcelo.

As companheiras de vida, Mercês (a detentora de todos os segredos) e Fátima, me deixaram muito feliz com a confirmação da realização desses sonhos. Hoje, ganhei uma nova família cheia de irmãos, cunhados, cunhadas e sobrinhos como Luciana, Ricardo, Raquel, Renata, Patrícia e Luciano, que me fazem muito feliz.

Não posso esquecer minha prima tão querida, Claudia Holanda, que saiu de Campina Grande com seu esposo Alexandre e suas lindas filhas Maria Clara e Maria Vitória, para reafirmar que havia lido para meu pai minha biografia mencionada anteriormente, e que ele vibrava ao saber dos caminhos que percorri. Claudia é uma prima muito querida e sensível, que trabalha com causas sociais e me emocionou muito pelo papel que desempenhou ao ler para Domício notícias sobre mim, que, segundo ela, o deixavam muito feliz.

E agora, como será o amanhã? Exultando de alegria, me perguntava a toda hora: o que fiz para merecer tanta felicidade? O que deveria fazer para retribuir tanta sorte e tanto amor? Encontrei-me não apenas na aparência física de meu pai, mas, sobretudo, nos valores humanísticos que ele transmitiu aos filhos. Meu pai, segundo fui informado, era um homem bom. Ajudava a todos, não era egoísta, e não se apegava a nada material, sempre disposto a auxiliar os mais necessitados. Era o homem que eu queria ser. Quem sabe se serei, se é que esses valores estão no DNA e também nos exemplos que ele deixou? Para alguém como eu, que nunca teve uma referência paterna, saber que ele nunca me esqueceu, que me procurou algumas vezes e me apresentou aos irmãos como seu filho, não tem preço. Valeu cada momento desse resgate amoroso com o qual fui abençoado.

Viver daqui para frente com o orgulho de ter um pai com essas características não compensa o tempo perdido, mas me encoraja ainda mais a seguir seu exemplo como pai e a ser para meus filhos e netos um pouco do que aprendi a admirar em meu pai, Domício de Holanda, e em meus irmãos. Resta-me ainda viver procurando merecer tanto amor recebido, já que esperei 69 anos para conhecer essa maravilhosa família.

***

As perseguições que sofri ao longo da minha jornada como magistrado passaram a ser enfrentadas de forma mais resoluta por mim após aquele janeiro de 2019, quando, finalmente, conheci uma parte crucial da minha história. No auge dos processos injustos movidos contra mim, que atingiram impiedosamente minha esposa, filhos e netos, houve um clamor significativo da opinião pública em meu favor. "Somos todos Siro Darlan!" era a estampa de uma camisa que várias pessoas vestiram para me defender, para clamar contra meus algozes.

Toda sorte de ataques era engendrada de maneira vil. Após o ministro Ricardo Lewandowski proferir sua última decisão no STF, diretamente de Paris, encerrando de vez as manobras contra mim, regressei ao meu gabinete de desembargador e me deparei com uma cena lastimável. Já não havia mais computadores, tampouco assessores. O presidente do CNJ, Luiz Felipe Salomão, havia mandado retirar tudo do gabinete, como se tivesse enterrado minha carreira, não como um ceifador, mas como meu coveiro. O que Salomão não previa é que ainda viria uma decisão coerente e vigorosa como a do ministro Fachin. A sanha era realmente cega e ilimitada.

Certa vez, fiz um curso de especialização na Escola Nacional de Formação de Magistrados (Enfam). O tema? Sistema penitenciário. Foi um curso excelente, que durou um ano. Uma das missões determinadas pelos professores era que nós, alunos, fizéssemos uma pesquisa sobre o custo de um preso, e é por isso que venho alertando (há décadas!) sobre o custo exorbitante das penitenciárias, que abrigam uma superpopulação de presidiários em condições extremamente precárias. Fui, então, desenvolver a pesquisa para escrever minha tese, que abordava o racismo estrutural como causa do superencarceramento. Para realizar uma tese com essa abordagem, era imprescindível visitar presídios. Não há outro meio senão o estudo de campo, e uma das visitas que fiz foi a um presídio especial em Niterói que abriga apenas policiais militares. O lugar é conhecido pelo vulgo "Sítio do Picapau Amarelo". Não sei se é porque os PMs presos têm certas regalias, não ficam nas grades... não sei.

E lá, quem encontro? O coronel da PM que assassinou a juíza Patrícia Acioli. Não escondo o nojo e o ódio que nutro por esse indivíduo, especialmente porque Patrícia era minha grande amiga, uma magistrada extraordinária. Mas o sujeito estava lá e, no dia em que fui fazer meu estudo de campo, ele estendeu a mão e me elogiou. Eu, por dever profissional, estendi a minha. "Pois não, coronel Cláudio[54], como vai o senhor?" E ficou nisso. Segui meu caminho sem prolongar a conversa com aquele repugnante indivíduo.

Mas havia outra figura naquele presídio: o ex-governador Sérgio Cabral. O breve diálogo que tivemos foi o seguinte:

> — Governador, como vai? Soube que o senhor está lendo muito... vocês têm biblioteca aqui?
> — Temos.
> — Vocês precisam de livros?
> — Precisamos.
> — Vou fazer uma doação de livros para vocês, porque tenho muitos, inclusive de filosofia.

E assim se desenrolou a breve conversa com o ex-governador. Dias depois, cumpri a promessa e fiz a doação de livros para a instituição. Mas, para minha surpresa, também dias depois, o presidente do TJ-RJ, Ricardo Rodrigues Cardozo, apresentou

---

[54] O ex-tenente-coronel da Polícia Militar Cláudio Luiz de Oliveira, condenado a 36 anos de prisão pela morte da juíza Patrícia Acioli, recebeu, em novembro de 2023, autorização da Justiça para cumprir a pena em casa. Ver: https://g1.globo.com/rj/rio-de-janeiro/noticia/2023/11/08/tenente-coronel-condenado-a-36-anos-de-prisao-pela-morte-da-juiza-patricia-acioli-vai-para-prisao-domiciliar.ghtml.

uma representação no CNJ alegando que eu havia ido ao presídio visitar Sérgio Cabral. Mas o que haveria de errado em visitar Sérgio Cabral? É proibido? Uma das bem-aventuranças é justamente essa: "Eu estava preso e me visitaste." Mas, na verdade, não fui ao presídio de Niterói para visitar Sérgio Cabral, até porque aquela prisão era destinada a policiais militares e oficiais, e não consta que o ex-governador fosse militar. Estive lá para realizar um estudo de campo imprescindível para minha tese. O mais surpreendente é que ainda hoje respondo por essa representação aberta no CNJ.

E há um detalhe importante. Após essa minha visita, o CNJ emitiu uma resolução proibindo todos os juízes brasileiros de visitar presídios. Inimaginável, não é? Mas foi o que aconteceu logo após minha ida ao presídio para simplesmente fazer uma pesquisa. Parece mesmo que minha presença incomodou tanto que a medida arbitrária do CNJ ficou conhecida entre os magistrados como "Resolução Siro Darlan". Fiquei com a impressão de que essa medida foi criada para evitar que a sociedade conhecesse o verdadeiro "inferno de Dante" que é o sistema penitenciário.

Mas vamos falar do meu estudo, que é muito mais interessante do que essa tolice de resolução, cuja finalidade parece ser unicamente me atingir.

Participo da Comissão Estadual da Verdade da Escravidão Negra no Brasil (Cevenb) da OAB-RJ. É uma comissão composta por advogados que estudam o resgate desse pecado histórico que foi a escravidão. Quem me conhece sabe que sempre fui um defensor combativo e intransigente dos direitos humanos. Em uma das discussões no grupo de WhatsApp dessa comissão, questionei o fato de que muitos reclamam da ausência de juízes e desembargadores negros, mas poucos se candidatam a esses postos. Conclamei que se habilitassem, que concorressem. E fui além, criticando o fato de que as posses de presidentes de tribunais são festas para brancos. Isso incomodou muita gente, e incomodou ainda mais quando sugeri a criação de uma comissão da Cevenb para levar cerca de 100 negros e negras à posse do presidente do TJ. Afinal, a posse do magistrado não é pública? Disse mais: "Todo mundo pode entrar, e vocês vão chegar lá para mostrar e dizer: 'Olha, nós somos pretos, nós somos advogados e estamos aqui'." E assim aconteceu. Não chegou a 100, mas havia aproximadamente 50 ou 60 advogados negros e negras, algumas vestidas no estilo africano. Em dado momento, uma senhora levantou um papel no qual estava escrito "Onde estão os juízes negros?" Esse ato isolado não estava previsto. Eu apenas os convidei para comparecer à posse.

O segurança do tribunal partiu para cima daquela mulher indefesa, que devia ter presumíveis 60 e poucos anos. Bruscamente, ele torceu o braço dela para trás, arrancando o papel de suas mãos e rasgando-o violentamente. A cena provocou uma gritaria no tribunal, e o tom era de indignação e revolta: "Vocês estão fazendo isso porque somos negros!" e "Isso é racismo!". Saí do lugar onde estava na mesa de celebração e fui até eles para tentar acalmar a situação. "Não vamos estragar a festa. Vamos manter a calma. Fiquem tranquilos," disse eu, tentando apaziguar os ânimos. Dirigi-me aos seguranças: "Vocês não podem fazer isso. Não podem agredir as pessoas." As pessoas se acalmaram, e retornei ao meu lugar.

Apesar da minha tentativa de apaziguar a situação, dias depois, o presidente do Tribunal, Ricardo Rodrigues Cardozo, apresentou uma representação contra mim no CNJ, alegando que eu não havia mantido o comportamento ético exigido pela magistratura. Agora, estou respondendo a um processo administrativo disciplinar (PAD) simplesmente porque convidei advogados negros para a posse do presidente do TJ.

Gaeco "Gestapo"

Aquele episódio no TJ, em que defendi advogadas e advogados negros, foi apenas um dos inúmeros outros que meus desafetos exploraram para me atacar. Por exemplo, no dia 10 de outubro de 2022, a procuradora Flávia Ferrer solicitou ao Órgão Especial do Tribunal de Justiça que eu fosse retirado dos julgamentos das operações "Calígula" e "Águia na Cabeça," que investigavam o jogo do bicho e resultaram na prisão do delegado Allan Turnowski. E qual foi o motivo para a digníssima procuradora ir contra mim? Vamos aos fatos: no final de novembro de 2022, durante os julgamentos dos pedidos de *habeas corpus* da Operação Calígula, que visava a quadrilha do bicheiro Rogério Andrade, em uma audiência online com outros desembargadores na 7ª Câmara Criminal do Tribunal de Justiça do Rio de Janeiro (TJRJ), comparei o Grupo de Atuação Especializada no Combate ao Crime Organizado (Gaeco), do Ministério Público, à Gestapo, a polícia secreta do ditador sanguinário Adolf Hitler.

Eu presidia a sessão que votava os pedidos de *habeas corpus* de Turnowski e de outros delegados, como Adriana Belém e Marcos Cipriano. Fui voto vencido. Na ocasião, porém, deixei claro que não é aceitável numa República, numa democracia, num processo legal, que o Ministério Público tenha uma "polícia de bolso" como o Gaeco, em um modelo semelhante ao da Gestapo nazista. Afirmei que as investigações e escutas foram ilegais, que o modo de proceder do Gaeco é um método fascista. O Gaeco não é uma polícia reconhecida, pois não está prevista na Constituição, ao contrário de órgãos de segurança como o Exército, Marinha, Aeronáutica, Polícia Federal, Polícia Rodoviária, Polícia Civil, e Polícia Militar. O Gaeco é uma "polícia" que o MP inventou, uma "polícia" para a acusação fazer suas investigações, enquanto a defesa não tem uma força equivalente para realizar contra-investigações.

Repito o que afirmei naquela sessão: vejo essa "polícia" como um grave defeito na democracia. Se o Estado, além da polícia judiciária, quer proporcionar ao MP uma "polícia de bolso" para ser usada em ações espetaculares, muitas vezes fraudulentas, deve conceder a mesma prerrogativa aos defensores, à defesa. Minha argumentação foi um prato cheio para a parte da imprensa que não me tolera e me persegue. Transcrevo aqui mais do que disse naquela audiência com meus pares:

> "A calúnia vem aos pouquinhos. É um ventinho [...] é assim que a gente vê no noticiário aqui do Brasil. No noticiário privilegiado. A gente não vê isso no jornal *O Povo*. O jornal *O Povo* não tem essa parceria. Ele não chega junto ou antes dos investigadores. Ora, a ação espetaculosa e midiática utilizada na prisão dos pacientes já é em si causa de nulidade de toda essa ação e o Judiciário tem o dever de, interpretando a Constituição e as leis, na defesa da dignidade da pessoa humana, travar esta nefasta ação policialesca *ab initio*, trancando esta ação penal repristinatória. Essa é uma ação penal que se reporta a fatos de 2018, cuja ação foi trancada pelo Supremo Tribunal Federal, e vem aqui a acusação recolher provas, tirar cópia, 'copiar e colar', para reutilizar como uma forma de vindita contra a decisão do Supremo Tribunal Federal. É preciso que se diga isso. Isso está bem historiado nos memoriais dos advogados e eu fiz a pesquisa e é verdadeira. E aqui se falou várias vezes: 'o alvo', que é como eles costumam usar, 'o alvo' [...], cuja ação penal foi trancada por ilegalidade pelo Supremo Tribunal Federal. Mas já que não se pegou o 'capo', vamos pegar o homem da informática, vamos pegar a secretária. Uma ação em que estrategicamente a polícia e a assessoria de comunicação do Ministério Público 'vazam pra uma determinada empresa jornalística', *O Globo* [...]. Justamente com a finalidade de expor os suspeitos a uma pena de exposição pública [...]. Quem há de recuperar a alma da família destes funcionários públicos que já foi vilipendiada

> por ação do Estado brasileiro [...]. É em si uma ação criminosa praticada pelo Estado. [...] Isso não é sério. Isso não é republicano.
> "[...] Não se combate crime cometendo crimes [...] Olha como isso se encaixa no momento que nós estamos julgando. Você repristina provas de um processo que foi julgado pelo Supremo Tribunal Federal, foi trancada a ação por se basear em fraudes, você tira estas provas fraudulentas e repristina em outros processos, contra o andar de baixo, que é mais fácil atacar o andar de baixo."

A procuradora Flávia Ferrer pediu a minha cabeça como prêmio, ou seja, que eu fosse afastado do julgamento do caso. Na mesma linha, o procurador-geral de Justiça, Antonio José Campos Moreira, entrou com uma reclamação disciplinar contra mim, alegando que eu havia causado "desgaste" à imagem e à reputação institucional do MP-RJ. Ao todo, foram cinco exceções de suspeição levantadas contra mim.

Ora, minhas alegações estavam baseadas no garantismo que sempre defendi, sem nenhum viés revanchista. Mas é sempre bom reforçar: e o que vinham fazendo comigo até então, senão me perseguir?

Em fevereiro de 2023, a decisão do Órgão Especial do Tribunal de Justiça do Rio de Janeiro (TJRJ) mostrou que eu jamais infringi regras com o meu posicionamento naquele julgamento que tanto melindrou o MP. Por unanimidade, rejeitaram a exceção de suspeição contra mim.

O relator, desembargador Nagib Slaibi, escreveu:

> "assim sendo, não se encontrando presente nos autos qualquer das hipóteses previstas na Lei Processual Civil, a conduzir para o reconhecimento da suspeição da parcialidade do Magistrado. Ante o exposto, o voto é no sentido de rejeitar a exceção de suspeição, determinando-se o seu arquivamento"

Seu voto foi acompanhado por todos os outros desembargadores. Para o desembargador Nagib, minhas declarações não foram parciais; ou seja, prevaleceu a defesa do argumento garantista. E ele prosseguiu em seu voto:

> "Mesmo que duras, o que se observa das declarações do excepto, são questionamentos sobre a competência e atribuição do Gaeco, Órgão do Ministério Público, sobre apurações de infrações penais, não entendendo como possível parcialidade em seus julgamentos. [...] Ainda que procedessem as irregularidades procedimentais alegadas pelo excipiente, por evidente nada tem o condão de revelar qualquer inclinação de parcialidade do excepto."

Para o desembargador e relator Nagib, não houve, de minha parte, transgressão aos princípios da independência e imparcialidade, ou mesmo inobservância da Lei Complementar nº 35, de 14/03/1979, Lei Orgânica da Magistratura e do Código de Ética da Magistratura Nacional, Resolução CNJ nº 60, de 19/09/2008.

> "Assim sendo, não se encontrando presente nos autos qualquer das hipóteses previstas na Lei Processual Civil, a conduzir para o reconhecimento da suspeição da parcialidade do Magistrado. Ante o exposto, o voto é no sentido de rejeitar a exceção de suspeição, determinando-se o seu arquivamento."

Não aceitei, entretanto, passivamente a manobra do MP, e assim rebati as acusações levianas proferidas contra mim por conta da minha argumentação naquele julgamento:

> "Cumpre destacar que a função das procuradorias de Justiça criminais em segundo grau de jurisdição inverte-se em relação à das promotorias criminais. Ao passo que estas são em regra parte nos processos, e só excepcionalmente atuam como custos *legis*, as procuradorias são em regra custos *legis*, é só excepcionalmente atuam como parte, diante disso, *in casu*, não

se configura a legitimidade para interposição da Exceção de Suspeição em voga.

"NO CASO EXSURGE TOTAL AUSÊNCIA DE LEGITIMIDADE PARA ARGUIR QUALQUER TIPO DE EXCEÇÃO.

"Assevera-se, ainda, diante do teor do artigo 144, da Constituição Federal de 1988, o Gaeco não se encontra elencado como órgão oficial, para exercer o mister de controle da segurança pública, portanto, esvazia-se a tese sobre a alegada "posição irrestrita sobre como identifica este órgão de execução.

"Ademais, afigura-se verdadeiro desvio funcional a oferta de exceção em razão de críticas feitas pelo magistrado à atuação de órgão desprovido de poder de polícia quando faz parte da análise e fundamentação do julgador de segunda instância verificar e criticar os abusos praticados pelos agentes públicos que promoveram o constrangimento que está sendo julgado na ação constitucional do *habeas corpus*, onde o "Excipiente" não atua como parte interessada e sim como custos *legis*, como está bem claro no próprio site do MPRJ.

"Nos processos da denominada operação "Calígula" constam os já citados impedimentos da desembargadora Maria Angelica Guimaraes Guerra Guedes, do desembargador Marcius Da Costa Ferreira e do desembargador Sidney Rosa. Porém, nos processos da operação "Águia na cabeça" também do Gaeco e preventa a 07ª Câmara Criminal, até a data do julgamento do Paciente Allan Turnowisk não constava nenhum impedimento pela e. 2ª Vice-Presidência, sendo certo que a exma. desembargadora Maria Angélica somente se deu por impedida no dia da sessão.

"Ocorre que o paciente Allan Turnowisk impetrou além do *writ* supracitado em que foi interposta a exceção outros dos HCs a saber: 0069797-92.2022.8.19.0000 e 0070542-72.2022.8.19.0000 ambos da Relatoria do Des. Joaquim Domingos nos quais os impetrantes buscaram de forma peremptória junto ao Relator que o processo fosse pautado na sessão do dia 27 de setembro, indeferido na pasta 1165, novamente pedido para que fosse julgado na sessão do dia 29 de setembro, indeferida por se tratar de sessão virtual e determinando que fosse incluso em pauta respeitando os prazos do art. 9º do ato normativo 14.

"Porém, a mesma lógica não foi aplicada ao HC 007385711.2022.8.19.0000, o qual após decisão do C. STF concedendo a liberdade ao paciente, o Des. Relator em

05/10/22 determinou a inclusão do feito em mesa na sessão do dia 11 de outubro já sem a preocupação dos prazos regimentais, mas exatamente na sessão da suspeição deste signatário, que nem sequer imaginava compor o quórum, que somente correu pelas férias dos desembargadores Sidney Rosa e do JDS André Fracicis.

"Porém, qual não foi a perplexidade ao descobrir que nos processos 0072311-18.2022.8.19.0000 – 0069118-92.2022.8.19.0000 – 007504976.2022.8.19.0000 e 0070744-49.2022.8.19.0000, todos da denominada "operação Calígula", foi oferecida exceção de suspeição e, segundo as palavras do Des. Relator em seus caprichosos despachos:

"Processo pautado para 25/10/2022 com exceção de suspeição oposta ao Presidente da Câmara, que em razão de suspeição declarada de outros membros do colegiado passa a compor o quórum em tese.

"Na forma prevista no art. 98 do Regimento Interno deste Tribunal, façam-se estes autos conclusos ao Exmº Sr. desembargador Exceptuo, voltando-me conclusos após."

"Nesta esteira, foi criada uma figura jurídica, a exceção de suspeição por prevenção, porquanto O Gaeco está opondo exceção em processos selecionados a dedo, de que nem sequer sou relator e posso ou não funcionar como vogal, e, reitere-se, naquele que sou relator não oferece suspeição, e tais fatos aos olhos do Des. Relator que s.m.j possui um entendimento do regimento bastante particular, o qual inclusive no processo 0075049-76.2022.8.19.0000 por conta própria determinou a abertura de vista a Exma. des. Adriana Moutinho da e. 8ª Câmara Criminal consoante despacho da pasta 1302 em total afronta ao disposto no Regimento interno deste e. TJRJ.

"Art. 19 – Em caso de falta de quórum para julgamento nas Câmaras, o Presidente do Tribunal de Justiça designará Desembargadores, na ordem inversa de antiguidade, com assento nas Câmaras de numeração subsequente para as respectivas substituições. Nas Câmaras Cíveis considera-se a Câmara de nº 1 subsequente à Câmara de nº 27.

"Art. 40- O quórum para o funcionamento dos Órgãos do Tribunal, salvo disposição especial em contrário, será o seguinte, nele incluído o Presidente:

"§1º- Ressalvada a hipótese do art. 19, se qualquer das Câmaras ficar sem o quórum previsto neste artigo, o Presidente do Tribunal convocará para integrá-la, enquanto perdurar esta situação, Desembargador em exercício na Câmara subsequente na numeração ordinal, a não ser que esta, em virtude

"Exmo. Des. Relator, no prefácio destas informações me referi como figura de linguagem a uma espécie de "Blitzkrieg", e agora cabe esclarecer que, diante de tantos movimentos anômalos do Gaeco, quedando-se inerte por três meses para surpreendentemente fazer "cair de paraquedas" a suspeição em um processo colocado em mesa pelo Relator, que não tinha operado da mesma forma nos outros feitos do mesmo paciente em respeito ao "prazo regimental para ambas as partes", e agora com o surgimento de exceções de suspeição em autos sobre os quais nem sequer tenho jurisdição, este Magistrado se percebe em um campo de batalha, onde a luta deve ser pela verdade, imparcialidade e devido processo legal.

"A pretensão do Gaeco de calar a voz daquele que se opõe a sua forma de conduzir o direito penal data vênia é um capítulo vergonhoso da honrada instituição do MPRJ, a qual é fundamental para a Justiça nos moldes esculpidos na Constituição Federal.

"Cabe ao autor provar o que alega e, diante do cenário trazido aos autos, tudo que resta demonstrado é que o Gaeco realmente persegue aqueles que ousam discordar de seus métodos, os quais, reitero, são de constitucionalidade duvidosa e merecem ser debatidos no foro competente, mas principalmente resta provado que em nenhum momento infringi qualquer artigo do CPP, Lei Orgânica da Magistratura ou recomendação do CNJ que justificasse a declaração de suspeição, pois certo é que o Juiz deve ser imparcial e transparente e assim agi ao não me calar diante do que considero afronta ao melhor direito.

"Novamente desafio que seja trazido um elemento de prova de que faltei com educação ou urbanidade com qualquer colega, parte ou servidor, e o reconhecimento por parte destes é algo de que muito me orgulho e me orgulho ainda mais que, depois de tantos anos na Magistratura, tantas perseguições, minha voz ainda ecoe e incomode os inimigos da democracia, tiranos de ocasião que sempre terão neste Magistrado um combatente na busca da verdadeira Justiça, e com toda certeza V. Exa. é um digno representante deste bom combate e não irá ser diferente nesta causa.

"Por último, conforme o demonstrado, não há qualquer transgressão aos princípios da independência e imparcialidade, inobservância da Lei Complementar n.º 35, de 14 de março de 1979 (Lei Orgânica da Magistratura) e Código de Ética da Magistratura Nacional (Resolução CNJ n.º 60, de 19/09/2008).

> "Nesta linha de intelecção, não se trata de argumentos ou fatos inexistentes, ora retratados, frise-se, em meus votos ou decisões, que possam caracterizar o alegado descumprimento de meus deveres de urbanidade e de atuação imparcial, serena e independente. Às tais considerações, rejeito a presente Exceção de Suspeição ora arguida nestes autos."[55]

O "Salomônico" reaparece

A resposta inconformada do MP foi um prato cheio para meus desafetos. Entre eles, naturalmente, estava Luis Felipe Salomão, que, no dia 9 de maio de 2023, sob um ardil oportunista, acatou a reclamação disciplinar do MP. Ele já havia perdido em várias frentes que deflagrara contra minha reputação e viu, naquela manobra dos melindrados procuradores, a oportunidade de novamente fazer carga contra mim.

No entanto, não fiquei parado e rebati imediatamente Luis Felipe, com um pedido de suspeição contra ele no CNJ. Assim argumentou meu advogado, Humberto Adami:

> "Há uma contenda entre togados no Conselho Nacional de Justiça (CNJ). O desembargador do TJ-RJ Siro Darlan entrou no CNJ com um pedido de suspeição contra o ministro do STJ, Luis Felipe Salomão. Na condição de corregedor nacional de Justiça, Salomão conduziu o processo no próprio Conselho que resultou na aposentadoria compulsória de Darlan, no último mês de março. No pedido de dez páginas endereçado à ministra Rosa Weber, presidente do CNJ, o desembargador joga querosene na fogueira, acusando Salomão de 'perseguição e inimizade, com uso de provas ilícitas duas vezes'. Darlan sustenta que o corregedor deveria ter se declarado impedido de atuar no processo que culminou na sua punição, uma vez que ambos se frequentavam familiarmente. O magistrado menciona, inclusive, a relação de amizade

[55] Ver em: https://tribunadaimprensalivre.com/editorial-a-pretensao-do-gaeco/.

com o irmão do ministro, o também desembargador Paulo Cesar Salomão. Todo o episódio é cercado de polêmicas. Siro Darlan foi Julgado no CNJ pela suspeita de 'transgressões funcionais' em razão da 'concessão indevida de liminar em plantão noturno'. Um termo eufemístico para a grave acusação de participar de um esquema de venda de sentenças no TJ-RJ. Ocorre que apenas um mês depois o ministro Ricardo Lewandowski suspendeu a punição aplicada a Darlan alegando que as provas utilizadas para o seu afastamento definitivo eram de uma ação penal já arquivada pelo ministro Edson Fachin."

***

Fico imaginando o que é ser perseguido e tornar-se réu. Quantas vezes reflito sobre isso... Sei bem o que significa essa dor, especialmente quando se é alvo de perseguição e injustiça.

Lembro-me do caso de Flordelis, que antecede meu período como desembargador. Naquela época, eu já vinha sendo implacavelmente perseguido por meus algozes.

Entre todas as polêmicas em que me envolvi enquanto Juiz da Segunda Vara, ou talvez até em toda a minha carreira, o caso de Flordelis merece destaque. É um caso único, onde a justiça foi posta à prova por uma pessoa indecifrável, mas que não pode ser considerada alienada ou desequilibrada mentalmente. Flordelis é uma mulher de sucesso: destacou-se como cuidadora de menores, cantora gospel, e foi eleita deputada, obtendo êxito em todas essas fases de sua vida. No entanto, foi também julgada criminosa, condenada a cinquenta anos de prisão por ter matado seu companheiro e por ter manipulado um filho adotivo para consumar o assassinato. Com um nome que remete à flor-de-lis, um dos principais símbolos heráldicos, frequentemente associado à Virgem Maria, a São José e à Santíssima Trindade, Flordelis viveu uma vida atribulada e distante da paz que abençoa as almas de fé.

Para meus detratores, a decadência de Flordelis serve como argumento para afirmar que eu teria falhado como juiz de menores, ao não avaliar corretamente o risco que ela representava para as crianças sob sua guarda. E me atacam ainda mais por eu ter sido testemunha de defesa no julgamento de Flordelis.

Valem aos fatos: em primeiro lugar, é preciso esclarecer que oficialmente ela não adotou nenhuma criança comigo, nenhuma. Porém, sou responsável pela concessão que lhe permitiu permanecer com as crianças ao revogar um mandado de busca e apreensão para retirá-las de sua guarda. Quando assumi a Primeira Vara, já havia um mandado de busca e apreensão para retirar as crianças que ela acolhia em uma casa, ou orfanato, onde eram mantidas 25 a 27 crianças de forma absolutamente irregular. Ela não tinha documentos, não tinha autorização. Ela dizia que havia pegado essas crianças na rua e as levado para casa, mas nunca ficou comprovado de onde elas vieram. Algumas, inclusive, não eram do Rio; eram de Macaé, Casimiro de Abreu, e outras cidades do estado do Rio. Ela poderia até ter sequestrado essas crianças, ninguém sabia ao certo.

O fato é que ela criou esse núcleo familiar no Jacarezinho, com financiamento, parceria e proteção do tráfico. Ela recebia dinheiro dos traficantes, como relata em seu próprio livro. Quando os oficiais de justiça tentavam cumprir o mandado, o tráfico impedia a entrada deles na comunidade, dificultando o acesso às crianças. Para complicar ainda mais, Flordelis mudava constantemente de lugar, como uma cigana, dificultando o trabalho dos oficiais.

Nesse ínterim, assumi o caso e mandei cumprir o mandado normalmente. Mais tarde, mudei de opinião a respeito de Flordelis, tanto que desenvolvi uma história com ela. No lançamento do filme sobre sua vida, cheguei a dizer que me sentia como São Paulo, que perseguia os cristãos, e que caí do cavalo ao conhecê-la.

E por que eu mudei de opinião sobre Flordelis?

Neste ponto, entram na história dois irmãos empresários de sucesso e de grande reconhecimento profissional e social: Carlos e Pedro Werneck. Eles são pessoas excepcionalmente notáveis. Pedro criou e ainda hoje dirige o Instituto da Criança, uma organização que financia projetos para a infância carente. Ele possui um projeto de crianças especiais em Nova Friburgo, que é financiado pelo seu grupo empresarial com recursos próprios. É uma ação legítima de filantropia, atuando como um guarda-chuva para arrecadar e distribuir recursos.

Pedro decidiu apoiar Flordelis e foi ao meu gabinete para me apresentar quem ela era e destacar as virtudes do trabalho que ela prestava para as crianças. Durante a entrevista, Pedro foi o mais assertivo ao dizer:

— "Então, Dr. Siro, sei que o senhor quer deter a Flordelis, retirar as crianças e tudo mais, mas queremos ajudar a resolver essa questão e manter o trabalho que ela executa. O que precisamos fazer?"

Eles estavam acompanhados de uma advogada extremamente competente, Dra. Tânia da Silva Pereira, filha de Caio Mário da Silva Pereira, um dos maiores escritores de livros de direito civil que já tivemos. Eles perguntaram o que era necessário para que Flordelis pudesse continuar seu trabalho, e eu respondi que as crianças deveriam ser entregues. Eles não se conformaram e indagaram:

— "Não, mas se quisermos ajudar a manter o núcleo, quais são as condições?"

Expliquei que as condições eram ter uma casa digna, com quartos próprios para as crianças, camas individuais, matrículas escolares, a origem das crianças devidamente informada, documentos e registros civis, além de cumprir outras exigências legais. Eles escutaram atentamente e perguntaram quanto tempo eu concederia para que tudo isso fosse implementado. Respondi 30 dias.

Trinta dias depois, eles me convidaram para conhecer uma casa na Rua Santa Alexandrina, no Rio Comprido. Lembro-me de ter chegado lá e ficado encantado. Cada criança tinha sua cama, beliche, armário, velocípede, bicicleta, bonecas e brinquedos. Havia até uma piscina de plástico, cuidadores e Flordelis estava presente com Anderson, que ainda estava aguardando julgamento por assassinato. Anderson, inicialmente, era um filho adotivo de Flordelis, um dos adolescentes que faziam parte daquele grupo. Agora, ele estava com ela, talvez como parceiro ou namorado, mas as crianças mais velhas cuidavam das mais novas, formando uma família interessante e acolhedora.

Essa realidade me impactou profundamente e decidi permitir o funcionamento do orfanato. O Ministério Público, indignado comigo, não concordava, mas eu mantive a decisão de apoiar Flordelis sob a condição de que ela informasse a origem das crianças. Eu mesmo fazia o registro de algumas delas. Aliás, essa era uma prática que eu mantinha: registrava toda criança que necessitava de documentação. Encontrava uma criança na rua, sem origem ou documentos, e providenciava seu registro. Por exemplo, João Manuel do Céu, que passou a ser parte da família do Céu; filha de Maria do Céu. Todos recebiam seus documentos oficiais.

Um bom exemplo de como eu agia é a história de um caso ocorrido no hospital Souza Aguiar. Uma criança sem nenhuma identificação foi encontrada dentro de uma lata de lixo, com 70% do corpo queimado. Trouxeram o caso para mim, e eu dei ao menino o nome de Pedro Souza Aguiar do Céu. Por quê? Pedro, em homenagem a D. Pedro, pois o caso ocorreu na semana da Pátria. Souza Aguiar, em referência ao hospital onde o menino foi encontrado, e "do Céu" porque ele se juntaria à família do "Céu" que eu havia criado.

As pessoas às vezes me criticavam porque, antes, as crianças eram conhecidas apenas por números: "criança número tal", "criança número tal". Eu, no entanto, passei a dar nomes a elas. Se o Romário fazia um gol, o menino era registrado como Romário do Céu, filho de Maria do Céu. Uma vez, após Athirson do Flamengo fazer um golaço, registrei um garoto como Athirson do Céu. O próprio Athirson foi ao meu gabinete agradecer a homenagem. No dia seguinte, fomos notícia no jornal *O Dia*.

Esses registros que eu fazia eram provisórios, pois, quando o menino ou menina fosse adotado, os pais poderiam escolher o nome que desejassem. O menino Pedro Souza Aguiar do Céu foi adotado por ninguém menos que uma cirurgiã plástica do hospital Souza Aguiar, que realizou 18 cirurgias no garoto. Hoje, ele tem cerca de 28 ou 30 anos e está completamente reabilitado. Que história! E eu a acompanho até hoje. A cirurgiã manteve o nome Pedro, apenas alterando o sobrenome. No entanto, devido à mesquinhez de alguns de meus adversários, histórias tão bonitas como essa acabaram despertando inveja contra mim.

Quem leu até aqui já conhece o suficiente da minha vida para entender que quis ser juiz da infância para poder ser, de certa forma, pai dessas crianças.

Voltando à história de Flordelis, ela se mudou da Rua Santa Alexandrina para uma casa mais ampla em Jacarepaguá. Nesse período, Flordelis cresceu em popularidade e se transformou em um grande sucesso da música gospel, com vários discos gravados, tudo isso produzido pelos irmãos Werneck. Para mim, Flordelis, a cantora, foi um produto dos irmãos Werneck, que viam nela uma oportunidade de atrair mais financiamento para aplicarem em outras causas filantrópicas. Essa é a minha visão sobre o interesse deles na carreira artística de Flordelis. A partir daí, ela se transformou em um produto de classe A, tornando-se tema de um filme estrelado por artistas globais, que participaram gratuitamente.

O lançamento do filme foi digno de Hollywood, realizado no cinema Odeon, com direito a tapete vermelho. Eu estava lá, junto com uma nata de artistas globais como Giselle Itié, Isabel Fillardis, Pedro Neschling, Ana Furtado, Reynaldo Gianecchini, Thiago Rodrigues, Rodrigo Hilbert e Letícia Sabatella. Lembro-me de todos eles emocionados e comprometidos com Flordelis. Nesse ponto, ela cresceu também como líder religiosa, fundando igrejas e mudando-se para São Gonçalo. Com essa mudança, ela saiu do meu acompanhamento, da minha jurisdição, e eu deixei de monitorar a família. As condições que impus, como a documentação da origem das crianças, nunca foram completamente cumpridas.

É importante frisar que Flordelis recebia acompanhamento do serviço social, que produzia relatórios mensais. Nunca houve registro de queixas sobre o tratamento dado às crianças. Esses relatórios mensais, que acompanhavam o núcleo familiar formado por Flordelis e seus filhos adotivos, devem estar todos no tribunal. Ela se tornou guardiã de um abrigo, uma função reconhecida pela lei, mas faltava documentar a origem dos meninos e meninas abrigados. Quando se mudou para São Gonçalo, ela evoluiu, fundou suas igrejas, entrou na vida política e se distanciou completamente de mim, até porque o campo político dela era outro, sem relação com o meu.

Depois de muito tempo sem contato, um dia fui surpreendido por uma ligação do Anderson. Ele me disse que Flordelis queria uma reunião comigo para acertar as condições legais das crianças e discutir a situação delas. Naquela noite, eu estava prestes a partir para fora do Brasil em uma viagem de férias. Combinamos que falaríamos na minha volta. Porém, no dia seguinte, Anderson foi assassinado. Soube disso quando já estava na França. Através do noticiário, fiquei sabendo do crime e da acusação de que Flordelis o matara. Foi uma virada de 180 graus na história, algo tão inverossímil que nenhum autor de novelas ousaria colocar no ar.

Quando se deu o julgamento, a defesa me consultou para saber se eu aceitaria depor como testemunha e contar a história que eu conhecia de Flordelis. Eu aceitei. Todos esses fatos fazem parte da vida dela, e não havia por que os omitir em um julgamento. Contei ao juiz exatamente o que relato aqui.

Embora meu depoimento não tenha tido influência no veredito, é bom recordar que Flordelis teve um momento de descontrole durante minha fala. No meio do meu depoimento, ela teve um *impromptu*, interrompendo-me com um "muito obrigado" e dizendo: "Dr. Siro, me desculpe por tudo". Disse isso e saiu. Pode ter sido uma crise nervosa, algo ensaiado, ou qualquer outra coisa. É difícil saber o que realmente se passava no estado emocional em que ela estava naquele momento.

Ao final, Flordelis foi condenada, assim como sete dos seus filhos adotivos. Três foram absolvidos. Em que ponto de sua vida Flordelis "virou a chave" e deixou de ser a pessoa que se doava às crianças sob sua guarda? É uma pergunta difícil de responder. Como já mencionei, nunca tive intimidade com ela; agi apenas como juiz de menores, com o objetivo de regularizar um abrigo que enfrentava problemas legais e falta de documentação, mas que tratava bem as crianças que ali viviam. Naquele ponto da sua vida, Flordelis tinha uma proposta capaz de atrair pessoas da qualidade dos irmãos Werneck e atores vitoriosos e famosos. Quando ela se perdeu, eu não sei. Mas não foi no meu turno.

Ser réu

Durante mais de 40 anos, julguei meus semelhantes, mas sempre fui julgado por eles: pela mídia, pelos superiores hierárquicos do Tribunal, pela minha família. Sempre quis prestar contas do que fazia e me orgulhava dessa função. A vida de magistrado, embora tenha suas vantagens, não é fácil para quem não é um simples "batedor de ponto" – algo que, na magistratura, nem existe. Mas, como disse, em razão de minha opção ideológica e social, e de minhas origens de carência econômica, sempre fui foco de uma eterna situação de defesa.

Logo na minha primeira experiência como juiz, sofri a primeira representação de um advogado por não ter dado cumprimento imediato a uma ordem do Tribunal de Alçada para despejar 30 famílias de posseiros em Silva Jardim. Foi minha primeira experiência como réu. O advogado me acusava de não ter cumprido a ordem emanada pelo juiz de Alçada, e isso era verdade em parte. Antes de mandar a polícia desalojar os posseiros, busquei um acordo pacífico com suas lideranças e já havíamos chegado a um termo. Mas, então, chegou a ordem para que eu explicasse por que não havia cumprido a determinação superior. Dei cumprimento, e a representação foi arquivada. Perdi minha "virgindade", mas foi uma experiência dolorosa, pois ainda não tinha essa vivência.

Quando atuei como juiz auxiliar na Vara de Execução Penal, sofri outro assédio psicológico, desta vez midiático. Concedi uma saída natalina a um homem que tinha todas as condições legais, mas era conhecido como "o maior ladrão de carros do país". Houve até aposta de que ele não voltaria, e a consequente condenação antecipada por minha "ousadia" e "favorecimento". Passei as festas de fim de ano preocupado com o desfecho, que, felizmente, foi positivo, pois ele foi o primeiro a se apresentar ao fim do período festivo.

Nos 15 anos que passei no Juizado da Infância, da Juventude e do Idoso, experimentei a cadeira dos réus 52 vezes, pelos mais variados motivos: por ter oferecido um emprego na cantina do Juizado a um jovem que praticara assaltos; por promover tai chi chuan como prática de relaxamento dos infratores; por haver matriculado na escola um adolescente usuário de drogas; por ter dividido o espaço ocupado pelo Ministério Público com a Defensoria Pública, entre outros.

Nenhuma dessas experiências foi tão dolorosa, porém, quanto a ação penal 951-DF. Todas as anteriores tinham uma origem natural, derivada de meus posicionamentos pessoais, mas essa foi fruto de uma fraude que começou com uma delação instrumentalizada por um delegado federal e pelo Ministério Público do Rio de Janeiro, com a finalidade de imputar-me um fato inverídico. Felizmente, esse caso foi parar nas mãos de um ministro isento e sensível, que percebeu toda a farsa e declarou ineficaz o acordo de colaboração premiada celebrado entre Crystian Guimarães Viana e o Ministério Público do Estado do Rio de Janeiro. O ministro determinou a nulidade das provas obtidas mediante atos de colaboração envolvendo o paciente, especialmente as gravações de diálogos realizadas por Crystian Guimarães Viana, e de todas as demais delas decorrentes. Por fim, ordenou o trancamento da APn 951/DF. Assim decidiu o ministro Edson Fachin, acompanhado por toda a Segunda Turma do STF.

Até que esse fim fosse alcançado, um verdadeiro tsunami dizimou minha reputação, atingindo meus familiares, filhos, netos, irmãos e, sobretudo, minha esposa. Eu e ela fomos desrespeitados em nossa privacidade, invadida pelos federais às 6h da manhã, que nos tolheram de toda intimidade, tirando-nos da cama com roupas de dormir, tudo isso com a assistência privilegiada dos abutres da mídia global na portaria do meu prédio. Todos os vizinhos souberam que, por duas vezes, em plena pandemia de covid-19, minha casa foi virada ao avesso em busca do fruto de uma "venda de sentença" que nunca houve.

Meu sigilo bancário, fiscal, telefônico, assim como os da minha esposa e de meu filho, foi quebrado, e nada do que buscavam foi encontrado, mesmo depois de revirarem as peças íntimas de minha companheira, baterem nas paredes em busca de cofres embutidos, e revirarem roupas e documentos. Um delegado federal e um promotor de Justiça, não autorizados, misturavam-se aos agentes federais, filmando todo o meu apartamento para me expor à total humilhação. Essa pena aplicada antecipadamente jamais será reparada, além de ser totalmente ilegal. Mas, para esses agentes, amigos do *lawfare*, tudo é possível e sem limites, porque autorizados por uma ordem ilegal, assinada pelo ódio persecutório de um ministro.

Mesmo com o ponto final posto pela Suprema Corte, o suplício não teve fim. O mesmo agente torturador resistiu até mesmo à ordem suprema, tergiversando o quanto pôde, e só cumpriu a decisão do STF após meus excelentes advogados, sob o comando dos doutores Carlos Eduardo Machado e Geraldo Prado, expedirem uma reclamação contra o recalcitrante ministro.

Pensa que acabou? Não. Esse senhor foi guindado a corregedor e, mesmo impedido pela letra da lei, promoveu, votou e induziu os conselheiros em três novos procedimentos administrativos, um deles repetindo os mesmos fatos e argumentos já enfrentados judicialmente. Até o momento, continuo sendo réu no CNJ, mesmo já não sendo magistrado. Não há limites quando a base e o fundamento não são as leis ou o devido processo legal, mas a perseguição e o espírito de vingança por ter sido derrotado em seus instintos persecutórios pela Suprema Decisão do STF.

Toda essa sanha impetrada contra mim e meus familiares teve outro desdobramento lamentável. Choro algumas vezes ao constatar que muitos que eu considerava amigos se afastaram. É como se eu carregasse uma doença altamente contagiosa. Quando precisei, muitos pelos quais eu tinha apreço e carinho negaram apoio moral, excetuando-se poucos, mas fiéis e de valor. A maioria virou as costas, sem emitir um som sequer em minha defesa ou de consolo. Fiquei isolado, marginalizado, com minha imagem enxovalhada por parte da imprensa e da opinião pública.

Mas a vida segue, com firmeza e princípios inabaláveis. Há alguns combustíveis essenciais para isso. No meu caso, guardo em mim o amor que recebi – além, claro, da minha esposa, filhos e netos – de muitos meninos e meninas desamparados com os quais tive contato durante os mais de 30 anos que fui juiz da infância e da adolescência. Foram milhares deles, tenham certeza. Guardo o carinho das prostitutas da Vila Mimosa, tão dignas e batalhadoras, com as quais aprendi a importância da alteridade. Guardo o carinho e respeito com que fui tratado por presidiários que tentam se regenerar como poetas e escritores de dentro de suas celas. São essas pessoas, tão à margem da sociedade, que me ensinam até hoje a ser cada vez mais o Siro Darlan de Cajazeiras, o menino um dia tão amado por sua mãe, que cresceu sem o pai. O Siro Darlan que aprendeu a fazer da vida seu terreno para vencer os desafios, sempre com amor ao próximo. Essa é a minha missão, e dela, me desculpem os abespinhados, só posso me orgulhar.

POST SCRIPTUM

Uma Decepção Compulsória

Quando o livro já se aproximava da conclusão, fui surpreendido por uma decisão do ministro Zanin, em quem, especialmente por seu papel na reabilitação do presidente Lula, eu depositava elevadas expectativas. Contudo, lamentavelmente, ele recorreu aos mesmos métodos utilizados para perseguir e encarcerar o presidente. Zanin, que se destacou como defensor da República, sancionou minha aposentadoria compulsória.

Essa decisão foi tomada desconsiderando o parecer do ministro Fachin, que arquivara a ação penal por estar fundamentada em provas nulas, declaradas inválidas por ele próprio. Além disso, Zanin ignorou a decisão de seu antecessor, ministro Lewandowski, que havia suspendido a penalidade imposta pelo CNJ.

Foi com profunda decepção que testemunhei o ministro Zanin, outrora reconhecido pelo garantismo e autor de livro sobre lawfare, desprezar a decisão de Fachin e ignorar a deliberação de Lewandowski. Para mim, essa decisão causou apenas espanto e dano moral, pois, após 42 anos dedicados ao Judiciário, já estava aposentado voluntariamente, com meus direitos assegurados pelo tempo de serviço.

A decisão dele, portanto, não afetou minha vida prática, uma vez que já me encontrava aposentado e com meus proventos garantidos. Isso, no entanto, não diminui minha perplexidade diante da atitude de Zanin.

Para quem interesse tiver, disponho aqui todos os documentos relativos a este caso, da inicial à sentença final:

Reclamação 58.612
19/04/2024.

Petição complementação
Reclamação Nº 58.612
03/05/2024.

Minuta de voto
Ministro Cristiano Zanin
14/06/2024

Embargos de Declaração II
Reclamação Nº 58.612
28/06/2024.

Minuta de voto
Ministro Cristiano Zanin
09/08/2024

pólen bold 90 gr/m2
tipologia calisto mt
impresso na primavera de 2024